高职高专财务会计类专业规划教材

财务会计（上）

第 3 版

主　编　李　群
副主编　李　英　李　坤　李代俊
参　编　赵　燕　孔德军

机械工业出版社

本书按照最新的企业会计准则，结合现阶段高职高专学生生源的多样性和对财务会计教学内容的新需求，遵循会计工作流程，按照学生的认知规律，分《财务会计》（上）（下）两册进行编写，上册主要包括资产部分，下册包括负债、所有者权益、收入、费用、利润和财务报表等内容。其中，《财务会计》（上）具体内容包括总论、货币资金、应收及预付款项、存货、金融资产、长期股权投资、固定资产、投资性房地产、无形资产和其他资产。

本书紧紧围绕高职高专培养目标，努力培养学生的学习能力和业务技能，内容安排上突出高职高专的特点，力求做到由浅入深、循序渐进，体现会计工作流程；书中典型业务举例配有原始凭证，每章章末还有题型多样的习题，以满足培养高素质技术技能型人才的需要，从而使会计理论学习与实际操作能力培养相结合。为方便教学，本书还配有电子课件、习题答案等教学资源，索取方式见前言。

本书既可以作为高职高专院校财务会计课程的教材，也可以作为会计实务工作者继续教育和进修培训的参考用书。

图书在版编目（CIP）数据

财务会计. 上 / 李群主编. —3 版. —北京：机械工业出版社，2019. 2 (2021. 3 重印)

高职高专财务会计类专业规划教材

ISBN 978 - 7 - 111 - 61995 - 6

Ⅰ. ①财⋯　Ⅱ. ①李⋯　Ⅲ. ①财务会计-高等职业教育-教材　Ⅳ. ①F234.4

中国版本图书馆 CIP 数据核字（2019）第 024793 号

机械工业出版社（北京市百万庄大街 22 号　邮政编码 100037）
策划编辑：孔文梅　　责任编辑：孔文梅　乔　晨
责任校对：朱继文　　封面设计：鞠　杨
责任印制：常天培
固安县铭成印刷有限公司印刷
2021 年 3 月第 3 版·第 2 次印刷
184mm×260mm·17. 75 印张·432 千字
标准书号：ISBN 978 - 7 - 111 - 61995 - 6
定价：46. 00 元

前　言

随着我国高等职业教育改革不断地深入推进，高职高专会计教育进入内涵发展阶段。如何按照最新企业会计准则的要求，构建科学的会计专业课程体系，保证高职高专会计教育质量，成为现阶段高职高专会计教育的核心。这对会计教材建设提出了新的、更高的要求。

有鉴于此，在机械工业出版社的大力支持下，我们按照最新的企业会计准则，结合现阶段高职高专学生生源的多样性和对财务会计教学内容的新需求，发挥团队的智慧，遵循会计工作流程，按照学生的认知规律，分《财务会计》（上）（下）两册进行编写，上册主要包括资产部分，下册包括负债、所有者权益、收入、费用、利润和财务报表等内容。本书紧紧围绕高职高专培养目标，努力培养学生的学习能力和业务技能，内容安排上突出高职高专的特点，力求做到由浅入深、循序渐进，体现会计工作流程；书中典型业务举例配有原始凭证，每章章末还有题型多样的习题，以满足培养高素质技术技能型人才的需要，从而使会计理论学习与实际操作能力培养相结合。

为方便教学，本书还配有电子课件、习题答案等教学资源。凡选用本书作为教材的教师均可登录机械工业出版社教育服务网 www.cmpedu.com 免费下载。如有问题请致信cmpgaozhi@ sina. com，或致电 010 - 88379375 联系营销人员，QQ：945379158。

本书是江苏高校品牌专业建设工程资助项目（PPZY 2015 A094），由江苏财经职业技术学院李群任主编并负责总体组织策划，淮安信息职业技术学院李英、江苏财经职业技术学院李坤、四川财经职业学院李代俊任副主编。具体分工是：李群编写第一、七章，李英编写第二、三章，赵燕编写第四、五章，李坤、李代俊编写第六、九章，孔德军编写第八章。江苏中烟工业有限责任公司财务部副部长、高级会计师杨勇和江苏沙钢集团淮钢特钢股份有限公司副董事长、高级会计师王振林参与本书内容研讨。全书最后由李群总纂、修改和定稿。

本次修订根据新收入准则和新金融准则的要求进行。修订工作由江苏财经职业技术学院李群教授主持，参与修订的还有赵燕副教授。瑞华会计师事务所副所长李云彬和淮安禧联华会计师事务所所长王松也参与了修订研讨。

江苏财经职业技术学院程淮中教授、张卫平教授担任本书主审，在此表示感谢。

由于编者水平有限，加之时间仓促，书中不足之处在所难免，恳请广大读者批评指正。

编　者

目 录

Contents

Contents

Contents

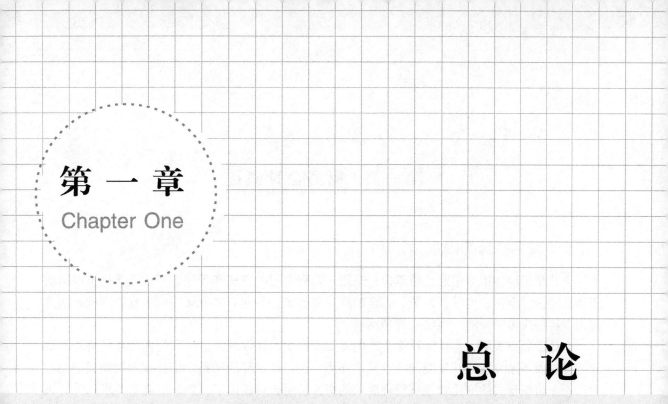

第 一 章
Chapter One

总 论

本章学习目标 /////////////////////////////

- 了解财务会计的概念和目标
- 理解会计假设和会计基础
- 掌握会计信息的质量要求
- 了解会计要素的确认、计量与报告的主要内容
- 熟悉财务会计规范体系
- 具备相应的会计职业判断能力

第一节　财务会计概述

一、财务会计的概念

会计是指以货币为主要计量单位，采用一系列专门的方法和程序，对企业等经济组织的经济活动进行全面、连续、系统、综合的核算和监督，并向有关方面提供信息，以满足信息使用者经济决策需要的一项经济管理活动。

会计发展史表明，会计因社会生产的需要而产生，并随着社会生产的发展和经济管理要求的提高而不断发展，其发展与社会经济环境、法律政治环境和科学信息技术的发展密切相关。企业组织形式的变化和经济管理要求的提高，对会计提出了更新、更高的要求；计算机在会计领域的应用，促使会计程序和方法不断优化。进入20世纪50年代以来，伴随着会计的职能从对经济活动的结果进行事后反映，提供会计信息，发展到对经济活动的全过程进行核算和监督，通过参与企业的经营决策强化企业的经营管理水平，提高企业的竞争能力，现代会计逐步发展成为财务会计和管理会计（如图1-1所示），共同服务于市场经济下的现代企业。财务会计作为一个重要分支，它是依据《会计法》《企业会计准则》及相关制度等法律法规，以货币为主要计量单位，通过确认、计量、记录和报告等专门程序和方法，对企业经济活动进行核算和监督，并向财务报告使用者提供有关企业财务状况、经营成果、现金流量等会计信息的经济信息系统。

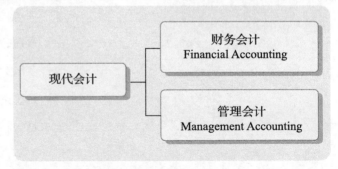

图1-1　现代会计分支

提示　管理会计是利用财务会计提供的财务信息及其他生产经营活动中的有关资料，运用数学、统计等方面的一系列方法，通过整理、计算、对比、分析等手段，向企业内部各级管理人员提供用于短期和长期经营决策、制订计划、指导和控制企业经营活动的信息。

（1）财务会计与管理会计的联系：① 二者是现代会计两大基本内容。财务会计与管理会计共同构成了现代企业会计系统的有机整体，两者相互依存、相互制约、相互补充。② 最终目标相同。财务会计与管理会计所处的工作环境相同，共同为实现企业管理目标和经营目标服务。③ 分享部分信息。管理会计所需的许多资料来源于财务会计，其主要工作是对财务会计信息进行深加工和再利用，受到财务会计工作质量的约束。

（2）财务会计与管理会计的区别：① 会计主体不同。财务会计往往只以整个企业为工作主体；而管理会计主要以企业内部各层次的责任单位为主体，更突出以人为中心的行为管理，同时兼顾企业主体。② 基本职能不同。财务会计工作的侧重点在于为股东、债权人、政府主管部门等相关信息使用者提供会计信息，采用统一的财务会计制度和准则，方法和程序是固定的，主要履行反映、报告企业财务状况和经营成果的职能。管理会计作为企业会计的内部管理系统，其侧重点主要是为企业内部管理服务，适用的方法灵活多样，主要履行预测、决策、规划、控制和考核的职能。③ 信息特征不同。财务会计信息大多为过去时态；而管理会计信息则跨越过去、现在和未来三个时态。财务会计在对外公开提供信息时，其载体是具有固定格式和报告日期的财务报表；管理会计大多以没有统一格式、不固定报告日期和不对外公开的内部报告为其信息载体。

二、财务会计的目标

会计目标是指会计工作所期望达到的目的。会计目标是会计工作的内在规定，它决定着会计活动的方向。

现代会计目标主要包括以下两个方面的内容：

1. 向会计信息使用者提供对决策有用的信息

会计作为一项经济管理活动，要向会计信息使用者提供有助于其做出经济决策的数量化信息，包括企业财务状况、经营成果和现金流量等方面的信息。例如，投资者进行投资决策需要大量可靠且相关的会计信息，而会计信息的提供又必须依赖于会计人员所从事的工作。这时，会计工作就必须以提供服务于决策的信息为目标取向。如果会计提供的信息对信息使用者的决策没有价值，那么会计管理活动的本质属性就不能真正得到体现。

> 提示 会计信息使用者包括外部和内部两个方面。会计信息的外部使用者具体包括投资者、债权人、政府有关部门、社会公众等。投资者包括现有的和潜在的投资者；债权人主要包括银行、非银行金融机构、企业债券购买人及其他提供信贷的单位和个人。会计信息的内部使用者主要是指企业内部管理者及企业职工。会计信息使用者需要什么样的信息，取决于信息使用者的不同目的及不同需求。

2. 反映企业管理层受托责任的履行情况

在现代企业制度下，企业的所有权与经营权相分离，企业管理层受委托人的委托，经营和管理企业，负有受托责任。由于委托人十分关注资本的保值和增值，需要定期评价企业管理层的经营业绩和管理水平，决定是否需要更换管理层，以及对企业的经营管理提出有针对性的建议与措施。因此，会计的目标应能充分体现反映企业管理层受托责任的履行情况，以有助于评价企业的经营管理责任和资源使用的有效性。

第二节　会计假设与会计基础

一、会计假设

会计假设是指对那些未经确切认识或无法正面论证的经济事物和会计现象，根据客观的正常情况或趋势所做出的合乎逻辑的推断，是日常会计处理的前提或必要条件。从会计目标的角度看，会计目标的实现也是以会计基本假设为前提来推定或假定谁是会计信息的使用者，以及会计信息的使用者需要什么样的会计信息。根据我国颁布的《企业会计准则》，会计基本假设包括会计主体假设、持续经营假设、会计分期假设和货币计量假设（如图 1-2 所示）。

图 1-2　会计基本假设

（一）会计主体假设

会计主体是指会计为其服务的特定单位或组织。它规定了会计确认、计量和报告的空间范围，明确了会计人员为谁核算、核算谁的经济业务。在会计主体假设下，企业应当对其本身发生的交易或事项进行会计确认、计量和报告，反映企业本身所从事的各项生产经营活动。

会计主体不同于法律主体。一般来说，法律主体必然是会计主体，但会计主体并不一定是法律主体。会计主体可以是独立法人，也可以是非法人单位；可以是一个企业，也可以是企业内部的某一单位或一个特定的部分；可以是单一企业，也可以是由几个企业组成的企业集团。

会计核算依据这一假设，才能真实、正确地反映企业本身的财务状况、经营成果和现金流量，以满足企业独立核算、自负盈亏的要求，并便于会计信息使用者根据会计信息做出正确的决策。

（二）持续经营假设

持续经营是指企业在可以预见的未来，不会面临破产和清算，将会持续地经营下去。持续经营假设规定了会计核算的时间范围。

只有以持续、正常的生产经营活动为前提，企业才能按照既定的用途使用现有的资产，企业的销货款才能在未来按期收回；同时企业所承担的债务，也才能按事先承诺的条件去清偿。这样才能解决有关财产计价、费用摊销和预提、收益确认等问题，使企业在会计信息的搜集和处理上所使用的会计处理方法保持稳定，企业的会计确认、计量和报告才能真实可靠。

（三）会计分期假设

会计分期是指将一个企业持续经营的生产经营活动划分为若干相等的会计期间，以便分期结算账目和编制财务会计报告。它规定了会计结算账目和编制财务会计报告的时间范围。

企业的经营活动是连续不断进行的，在时间上具有不间断性。在实际工作中，我们需要将企业持续经营的生产经营活动人为地划分为若干个期间，以便确认某个会计期间的收入、费用和利润，确认某个会计期末的资产、负债和所有者权益，定期编制财务会计报告。

根据我国《企业会计准则》的规定，会计期间分为年度、半年度、季度和月度。年度、半年度、季度和月度均按公历起讫日期确定。以每年 1 月 1 日至 12 月 31 日作为一个会计期间，称为会计年度，它是最重要的会计期间。短于一年的会计期间统称为会计中期。

有了会计分期假设，才产生了当期与前期、后期的差别，不同类型的会计主体才有了记账的基础，进而出现了应收、应付、折旧、递延、预提、摊销等会计处理方法。

（四）货币计量假设

货币计量是指企业在会计核算过程中采用货币作为计量单位，确认计量和报告企业的生产经营活动。货币计量假设规定了会计核算的统一计量尺度——货币，还包含两层含义：①记账本位币（用于记账的货币）的选择。在我国，会计核算应以人民币作为记账本位币。业务收支以人民币以外的货币为主的企业，也可以选择人民币以外的一种货币作为记账本位币，但编制的财务会计报告应当折算为人民币反映。在境外设立的中国企业向国内报送的财务会计报告，应当折算为人民币。②币值稳定的假设，即在一般情况下会计核算应当按照币值稳定的原则进行。对于货币购买能力的波动可以不予考虑，否则货币计量假设就不能成立。

提示 会计核算统一采用货币计量也存在缺陷。例如：企业经营战略、研发能力、市场竞争力等因素会对企业财务状况和经营成果产生重大影响，但这些因素往往难以用货币来计量，可是这些信息对于使用者决策又相当重要。为此，企业可以在财务会计报告中补充披露有关非财务信息来弥补上述缺陷。

会计假设的作用总结见表 1-1。

表 1-1　会计假设的作用

会计假设	作　用
会计主体假设	规定了会计确认、计量和报告的空间范围
持续经营假设	规定了会计核算的时间范围
会计分期假设	规定了会计结算账目和编制财务会计报告的时间范围
货币计量假设	规定了会计核算的统一计量尺度

二、会计基础

《企业会计准则——基本准则》第九条规定，企业应当以权责发生制为基础进行会计确认、计量和报告。权责发生制是指凡是当期已经实现的收入和已经发生或应当负担的费用，不论款项是否收付，都应当作为当期的收入和费用；凡是不属于当期的收入和费用，即使款项已在当期收付，也不应当作为当期的收入和费用。

> **提示** 权责发生制是相对于收付实现制来说的。收付实现制是以收到或支付现金作为确认收入和费用的依据，即收到现金时确认收入，支出现金时确认费用。目前，我国企业采用权责发生制，行政单位则采用收付实现制。事业单位除经营业务采用权责发生制外，其他业务采用收付实现制。

第三节 会计要素确认、计量与报告

会计要素是对会计对象进行的基本分类，是会计核算对象的具体化。它主要解决向会计信息使用者提供哪些会计信息以及如何提供这些信息的问题。从一般意义上说，会计的对象就是企业的资金运动，即能够用货币表现的各项经济业务。由于企业的经营活动多种多样，而每天发生的经济业务更是数不胜数，为了便于会计确认、计量、记录和报告，就要利用会计要素形式，使会计对象更加具体化。企业应当按照交易或者事项的经济特征确定会计要素。我国《企业会计准则——基本准则》将会计要素划分为资产、负债、所有者权益、收入、费用和利润六大类。其中，前三项是表现资金运动的相对静止状况，属于反映企业在某一特定日期财务状况的会计要素，为资产负债表要素；后三项是表现资金运动的显著变动状态，属于反映企业在一定时期内经营成果的会计要素，为利润表要素（如图1-3所示）。财务会计的主要内容就是对会计六大要素的确认与计量以及会计报告的编制。

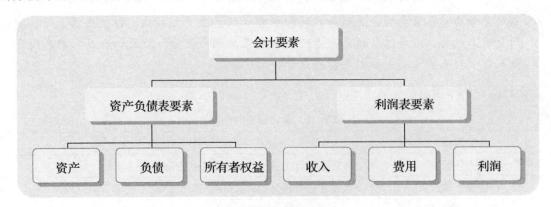

图1-3 会计要素分类

一、会计确认

会计确认是指某一会计事项作为资产、负债、所有者权益、收入、费用和利润等会计要素正式加以记录并列入财务报告的过程。会计确认是要明确依据一定的标准，辨认哪些数据

能否输入、何时输入会计信息系统以及如何进行报告的过程。会计确认包括会计记录的确认和编制会计报表的确认。

(一) 资产

资产是指企业过去的交易或事项形成的、由企业拥有或者控制的、预期会给企业带来经济利益的资源。符合资产定义的资源，在同时满足以下条件时，确认为资产：①与该资源有关的经济利益很可能流入企业；②该资源的成本或者价值能够可靠地计量。

> **注意** 企业过去的交易或者事项，包括购买、生产、建造行为或其他交易或者事项，预期在未来发生的交易或者事项不形成资产。由企业拥有或者控制是指企业享有某项资源的所有权，或者虽然不享有某项资源的所有权，但该资源能被企业所控制。预期会给企业带来经济利益是指直接或者间接导致现金和现金等价物流入企业的潜力。

资产按其流动性不同，分为流动资产和非流动资产。

(1) 流动资产是指预计在一个正常营业周期中变现、出售或耗用，或者主要为交易目的而持有，或者预计自资产负债表日起一年内（含一年）变现的资产，以及自资产负债表日起一年内交换其他资产或清偿负债的能力不受限制的现金或现金等价物，主要包括货币资金、以公允价值计量且其变动计入当期损益的金融资产、应收票据、应收账款、预付款项、应收利息、应收股利、其他应收款、存货等。

(2) 非流动资产是指流动资产以外的资产，主要包括以摊余成本计量的金融资产、以公允价值计量且其变动计入其他综合收益的金融资产、长期股权投资、固定资产、在建工程、工程物资、无形资产、开发支出、其他资产等。

符合资产定义和资产确认条件的项目，应当列入资产负债表；符合资产定义、但不符合资产确认条件的项目，不应当列入资产负债表。

(二) 负债

负债是指企业过去的交易或者事项形成的、预期会导致经济利益流出企业的现时义务。符合负债定义的义务，在同时满足以下条件时，确认为负债：①与该义务有关的经济利益很可能流出企业；②未来流出的经济利益的金额能够可靠地计量。

> **注意** 现时义务是指企业在现行条件下已承担的义务。未来发生的交易或者事项形成的义务，不属于现时义务，不应当确认为负债。

负债按其流动性不同，分为流动负债和非流动负债。

(1) 流动负债是指预计在一个正常营业周期中偿还，或者主要为交易目的而持有，或者自资产负债表日起一年内（含一年）到期应予以清偿，或者企业无权自主地将清偿推迟至资产负债表日以后一年以上的负债，主要包括短期借款、应付票据、应付账款、预收账款、应付职工薪酬、应交税费、应付利息、应付股利、其他应付款等。

（2）非流动负债是指流动负债以外的负债，主要包括长期借款、应付债券、长期应付款等。

符合负债定义和负债确认条件的项目，应当列入资产负债表；符合负债定义、但不符合负债确认条件的项目，不应当列入资产负债表。

（三）所有者权益

所有者权益是指企业资产扣除负债后由所有者享有的剩余权益。公司的所有者权益又称为股东权益。所有者权益的来源包括所有者投入的资本、直接计入所有者权益的利得和损失、留存收益等。所有者权益金额取决于资产和负债的计量。

> **注意** 直接计入所有者权益的利得和损失是指不应计入当期损益、会导致所有者权益发生增减变动的、与所有者投入资本或者向所有者分配利润无关的利得或者损失。利得是指由企业非日常活动所形成的、会导致所有者权益增加的、与所有者投入资本无关的经济利益的流入。损失是指由企业非日常活动所发生的、会导致所有者权益减少的、与向所有者分配利润无关的经济利益的流出。

所有者权益项目应当列入资产负债表。

> **提示** 会计要素中，资产、负债及所有者权益能够反映企业在某一时点的财务状况，属于静态要素，应该在资产负债表中予以列示。它们之间的关系为

$$资产 = 负债 + 所有者权益$$

上述等式反映了资产、负债和所有者权益三个要素之间的关系，它是设置账户、复式记账、试算平衡和编制资产负债表的理论依据。

（四）收入

收入是指企业在日常活动中形成的、会导致所有者权益增加的、与所有者投入资本无关的经济利益的总流入，包括销售商品收入、劳务收入、租金收入等，不包括为第三方或客户代收的款项。收入只有在经济利益很可能流入从而导致企业资产增加或者负债减少且经济利益的流入额能够可靠计量时才能予以确认。

> **提示** 日常活动是指企业为完成其经营目标所从事的经常性活动以及与之相关的活动。

符合收入定义和收入确认条件的项目应当列入利润表。

（五）费用

费用是指企业在日常活动中发生的、会导致所有者权益减少的、与向所有者分配利润无关的经济利益的总流出。费用只有在经济利益很可能流出从而导致企业资产减少或者负债增加且经济利益的流出额能够可靠计量时才能予以确认。

注意 企业为生产产品、提供劳务等发生的可归属于产品成本、劳务成本等的费用，应当在确认产品销售收入、劳务收入等时，将已销售产品、已提供劳务的成本等计入当期损益。企业发生的支出不产生经济利益的，或者即使能够产生经济利益但不符合或者不再符合资产确认条件的，应当在发生时确认为费用，计入当期损益。企业发生的交易或者事项导致其承担了一项负债而又不确认为一项资产的，应当在发生时确认为费用，计入当期损益。

符合费用定义和费用确认条件的项目应当列入利润表。

（六）利润

利润是指企业在一定会计期间的经营成果，包括收入减去费用后的净额、直接计入当期利润的利得和损失等。利润金额取决于收入和费用、直接计入当期利润的利得和损失金额的计量。

注意 直接计入当期利润的利得和损失是指应当计入当期损益、会导致所有者权益发生增减变动的、与所有者投入资本或者向所有者分配利润无关的利得或者损失。

利润项目应当列入利润表。

提示 会计要素中，收入、费用及利润能够反映企业在某一期间的经营成果，属于动态要素，应在利润表中列示。它们之间的关系为

$$收入 - 费用 = 利润$$

上述等式反映了收入、费用及利润三个要素之间的关系，它是编制利润表的理论依据。

二、会计计量

会计计量是指用货币或其他度量单位计量各项经济业务及其结果的过程。其特征是以数量（主要是以货币单位表示的价值量）关系来确定物品或事项之间的内在联系，或将数额分配于具体事项。其关键是计量属性的选择和计量单位的确定。作为财务会计的一个重要环节，会计计量的主要内容包括资产、负债、所有者权益、收入、费用、成本、损益等，并以资产（负债往往可称为负资产，而所有者权益为资产扣除负债后的剩余资产或净资产）计价与盈亏决定为核心。

（一）会计计量属性的内容

会计计量属性是指会计要素的数量特征或外在表现形式，反映了会计要素金额的确定基础。企业在将符合确认条件的会计要素登记入账并列报于会计报表及其附注（又称财务报表，下同）时，应当按照规定的会计计量属性进行计量，确定其金额。会计计量属性主要包括：

1. 历史成本

在历史成本计量下，资产按照购置时支付的现金或现金等价物的金额，或者按照购置资

产时所付出的对价的公允价值计量。负债按照因承担现时义务而实际收到的款项或者资产的金额，或者承担现时义务的合同金额，或者按照日常活动中为偿还负债预期需要支付的现金或者现金等价物的金额计量。

2. 重置成本

在重置成本计量下，资产按照现在购买相同或者相似资产所需支付的现金或现金等价物的金额计量。负债按照现在偿付该项债务所需支付的现金或现金等价物的金额计量。

3. 可变现净值

在可变现净值计量下，资产按照其正常对外销售所能收到现金或现金等价物的金额扣减该资产至完工时估计将要发生的成本、估计的销售费用以及相关税费后的金额计量。

4. 现值

在现值计量下，资产按照预计从其持续使用和最终处置中所产生的未来净现金流入量的折现金额计量。负债按照预计期限内需要偿还的未来净现金流出量的折现金额计量。

5. 公允价值

在公允价值计量下，资产和负债按照市场参与者在计量日发生的有序交易中，出售资产所能收到或者转移负债所需支付的价格计量。

（二）会计计量属性的应用

《企业会计准则——基本准则》规定：企业在对会计要素进行计量时，一般应当采用历史成本，采用重置成本、可变现净值、现值、公允价值计量的，应当保证所确定的会计要素金额能够取得并可靠计量。

三、财务会计报告

财务会计报告是指企业对外提供的反映企业某一特定日期的财务状况和某一会计期间的经营成果、现金流量等会计信息的文件。

财务会计报告包括会计报表及其附注和其他应当在财务会计报告中披露的相关信息和资料。会计报表至少应当包括资产负债表、利润表、现金流量表和所有者权益（股东权益）变动表等报表。资产负债表是指反映企业在某一特定日期的财务状况的会计报表。利润表是指反映企业在一定会计期间的经营成果的会计报表。现金流量表是指反映企业在一定会计期间的现金及现金等价物流入和流出的会计报表。所有者权益（股东权益）变动表是指反映构成所有者权益的各组成部分当期变动情况的财务报表。附注是指对在会计报表中列示项目所做的进一步说明，以及对未能在这些报表中列示项目的说明等。对于尚未执行新金融准则和新收入准则的企业，其报表格式见表1-2~表1-5；对于已执行新金融准则和新收入准则的企业，其报表格式见表1-6~表1-9。

> **注意**　小企业编制的会计报表可以不包括现金流量表和所有者权益变动表。

表 1-2 资产负债表   会企 01 表

编制单位：   ____年___月___日   单位：元

资　产	期末余额	年初余额	负债及所有者权益（或股东权益）	期末余额	年初余额
流动资产：			**流动负债：**		
货币资金			短期借款		
以公允价值计量且其变动计入当期损益的金融资产			以公允价值计量且其变动计入当期损益的金融负债		
衍生金融资产			衍生金融负债		
应收票据及应收账款			应付票据及应付账款		
预付款项			预收款项		
其他应收款			应付职工薪酬		
存货			应交税费		
持有待售资产			其他应付款		
一年内到期的非流动资产			持有待售负债		
其他流动资产			一年内到期的非流动负债		
流动资产合计			其他流动负债		
非流动资产：			**流动负债合计**		
可供出售金融资产			**非流动负债：**		
持有至到期投资			长期借款		
长期应收款			应付债券		
长期股权投资			其中：优先股		
投资性房地产			永续债		
固定资产			长期应付款		
在建工程			预计负债		
生产性生物资产			递延收益		
油气资产			递延所得税负债		
无形资产			其他非流动负债		
开发支出			**非流动负债合计**		
商誉			**负债合计**		
长期待摊费用			**所有者权益（或股东权益）：**		
递延所得税资产			实收资本（或股本）		
其他非流动资产			其他权益工具		
非流动资产合计			其中：优先股		
			永续债		
			资本公积		
			减：库存股		
			其他综合收益		
			盈余公积		
			未分配利润		
			所有者权益（或股东权益）合计		
资产总计			**负债和所有者权益（或股东权益）总计**		

表 1-3　利　润　表　　　　　　　　会企 02 表

编制单位：　　　　　　　　　　　　_____年___月　　　　　　　　　　单位：元

项　　　目	本期金额	上期金额
一、营业收入		
减：营业成本		
税金及附加		
销售费用		
管理费用		
研发费用		
财务费用		
其中：利息费用		
利息收入		
资产减值损失		
加：其他收益		
投资收益（损失以"-"号填列）		
其中：对联营企业和合营企业的投资收益		
公允价值变动收益（损失以"-"号填列）		
资产处置收益（损失以"-"号填列）		
二、营业利润（亏损以"-"号填列）		
加：营业外收入		
减：营业外支出		
三、利润总额（亏损总额以"-"号填列）		
减：所得税费用		
四、净利润（净亏损以"-"号填列）		
（一）持续经营净利润（净亏损以"-"号填列）		
（二）终止经营净利润（净亏损以"-"号填列）		
五、其他综合收益的税后净额		
（一）不能重分类进损益的其他综合收益		
1. 重新计量设定受益计划变动额		
2. 权益法下不能转损益的其他综合收益		
……		
（二）将重分类进损益的其他综合收益		
1. 权益法下可转损益的其他综合收益		
2. 可供出售金融资产公允价值变动损益		
3. 持有至到期投资重分类为可供出售金融资产损益		
4. 现金流量套期损益的有效部分		
5. 外币财务报表折算差额		
……		
六、综合收益总额		
七、每股收益		
（一）基本每股收益		
（二）稀释每股收益		

表 1-4 现金流量表

会企 03 表

编制单位：　　　　　　　　　　＿＿＿年＿＿月　　　　　　　　　　　　　单位：元

项　　目	本期金额	上期金额
一、经营活动产生的现金流量：		
销售商品、提供劳务收到的现金		
收到的税费返还		
收到其他与经营活动有关的现金		
经营活动现金流入小计		
购买商品、接受劳务支付的现金		
支付给职工以及为职工支付的现金		
支付的各项税费		
支付其他与经营活动有关的现金		
经营活动现金流出小计		
经营活动产生的现金流量净额		
二、投资活动产生的现金流量：		
收回投资收到的现金		
取得投资收益收到的现金		
处置固定资产、无形资产和其他长期资产收回的现金净额		
处置子公司及其他营业单位收到的现金净额		
收到其他与投资活动有关的现金		
投资活动现金流入小计		
购建固定资产、无形资产和其他长期资产支付的现金		
投资支付的现金		
取得子公司及其他营业单位支付的现金净额		
支付其他与投资活动有关的现金		
投资活动现金流出小计		
投资活动产生的现金流量净额		
三、筹资活动产生的现金流量：		
吸收投资收到的现金		
取得借款收到的现金		
收到其他与筹资活动有关的现金		
筹资活动现金流入小计		
偿还债务支付的现金		
分配股利、利润或偿付利息支付的现金		
支付其他与筹资活动有关的现金		
筹资活动现金流出小计		
筹资活动产生的现金流量净额		
四、汇率变动对现金及现金等价物的影响		
五、现金及现金等价物净增加额		
加：期初现金及现金等价物余额		
六、期末现金及现金等价物余额		

表 1-5　所有者权益变动表

编制单位：　　　　　　　　　　　　　　　　　　　　　　　　　年度

会企 04 表
单位：元

项目	本年金额									上年金额								
	实收资本（或股本）	其他权益工具			资本公积	减：库存股	其他综合收益	盈余公积	未分配利润	所有者权益合计	实收资本（或股本）	其他权益工具			资本公积	减：库存股	其他综合收益	盈余公积	未分配利润	所有者权益合计
		优先股	永续债	其他								优先股	永续债	其他						
一、上年末余额																				
加：会计政策变更																				
前期差错更正																				
其他																				
二、本年初余额																				
三、本年增减变动金额（减少以"-"号填列）																				
（一）综合收益总额																				
（二）所有者投入和减少资本																				
1. 所有者投入的普通股																				
2. 其他权益工具持有者投入资本																				
3. 股份支付计入所有者权益的金额																				
4. 其他																				
（三）利润分配																				
1. 提取盈余公积																				
2. 对所有者（或股东）的分配																				
3. 其他																				
（四）所有者权益内部结转																				
1. 资本公积转增资本（或股本）																				
2. 盈余公积转增资本（或股本）																				
3. 盈余公积弥补亏损																				
4. 设定受益计划变动额结转留存收益																				
5. 其他																				
四、本年末余额																				

表 1-6 资产负债表   会企 01 表

编制单位：   _____年___月___日   单位：元

资　产	期末余额	年初余额	负债及所有者权益（或股东权益）	期末余额	年初余额
流动资产：			**流动负债：**		
货币资金			短期借款		
交易性金融资产			交易性金融负债		
衍生金融资产			衍生金融负债		
应收票据及应收账款			应付票据及应付账款		
预付款项			预收款项		
其他应收款			合同负债		
存货			应付职工薪酬		
合同资产			应交税费		
持有待售资产			其他应付款		
一年内到期的非流动资产			持有待售负债		
其他流动资产			一年内到期的非流动负债		
流动资产合计			其他流动负债		
非流动资产：			**流动负债合计**		
债权投资			**非流动负债：**		
其他债权投资			长期借款		
长期应收款			应付债券		
长期股权投资			其中：优先股		
其他权益工具投资			永续债		
其他非流动金融资产			长期应付款		
投资性房地产			预计负债		
固定资产			递延收益		
在建工程			递延所得税负债		
生产性生物资产			其他非流动负债		
油气资产			**非流动负债合计**		
无形资产			**负债合计**		
开发支出			**所有者权益（或股东权益）：**		
商誉			实收资本（或股本）		
长期待摊费用			其他权益工具		
递延所得税资产			其中：优先股		
其他非流动资产			永续债		
非流动资产合计			资本公积		
			减：库存股		
			其他综合收益		
			盈余公积		
			未分配利润		
			所有者权益（或股东权益）合计		
资产总计			**负债和所有者权益（或股东权益）总计**		

表 1-7　利　润　表　　　　　　　会企 02 表

编制单位：　　　　　　　　　　　　　　年　　月　　　　　　　　单位：元

项　　目	本期金额	上期金额
一、营业收入		
减：营业成本		
税金及附加		
销售费用		
管理费用		
研发费用		
财务费用		
其中：利息费用		
利息收入		
资产减值损失		
信用减值损失		
加：其他收益		
投资收益（损失以"-"号填列）		
其中：对联营企业和合营企业的投资收益		
净敞口套期收益（损失以"-"号填列）		
公允价值变动收益（损失以"-"号填列）		
资产处置收益（损失以"-"号填列）		
二、营业利润（亏损以"-"号填列）		
加：营业外收入		
减：营业外支出		
三、利润总额（亏损总额以"-"号填列）		
减：所得税费用		
四、净利润（净亏损以"-"号填列）		
（一）持续经营净利润（净亏损以"-"号填列）		
（二）终止经营净利润（净亏损以"-"号填列）		
五、其他综合收益的税后净额		
（一）不能重分类进损益的其他综合收益		
1. 重新计量设定受益计划变动额		
2. 权益法下不能转损益的其他综合收益		
3. 其他权益工具投资公允价值变动		
4. 企业自身信用风险公允价值变动		
……		
（二）将重分类进损益的其他综合收益		
1. 权益法下可转损益的其他综合收益		
2. 其他债权投资公允价值变动		
3. 金融资产重分类计入其他综合收益的金额		
4. 其他债权投资信用减值准备		
5. 现金流量套期储备		
6. 外币财务报表折算差额		
……		
六、综合收益总额		
七、每股收益		
（一）基本每股收益		
（二）稀释每股收益		

表 1 - 8 现金流量表

会企 03 表

编制单位：

_____年___月

单位：元

项　　　目	本期金额	上期金额
一、经营活动产生的现金流量：		
销售商品、提供劳务收到的现金		
收到的税费返还		
收到其他与经营活动有关的现金		
经营活动现金流入小计		
购买商品、接受劳务支付的现金		
支付给职工以及为职工支付的现金		
支付的各项税费		
支付其他与经营活动有关的现金		
经营活动现金流出小计		
经营活动产生的现金流量净额		
二、投资活动产生的现金流量：		
收回投资收到的现金		
取得投资收益收到的现金		
处置固定资产、无形资产和其他长期资产收回的现金净额		
处置子公司及其他营业单位收到的现金净额		
收到其他与投资活动有关的现金		
投资活动现金流入小计		
购建固定资产、无形资产和其他长期资产支付的现金		
投资支付的现金		
取得子公司及其他营业单位支付的现金净额		
支付其他与投资活动有关的现金		
投资活动现金流出小计		
投资活动产生的现金流量净额		
三、筹资活动产生的现金流量：		
吸收投资收到的现金		
取得借款收到的现金		
收到其他与筹资活动有关的现金		
筹资活动现金流入小计		
偿还债务支付的现金		
分配股利、利润或偿付利息支付的现金		
支付其他与筹资活动有关的现金		
筹资活动现金流出小计		
筹资活动产生的现金流量净额		
四、汇率变动对现金及现金等价物的影响		
五、现金及现金等价物净增加额		
加：期初现金及现金等价物余额		
六、期末现金及现金等价物余额		

表1-9　所有者权益变动表

会企04表

编制单位：　　　　　　　　　　　年度　　　　　　　　　　　　单位：元

项目	本年金额										上年金额									
	实收资本（或股本）	其他权益工具			资本公积	减:库存股	其他综合收益	盈余公积	未分配利润	所有者权益合计	实收资本（或股本）	其他权益工具			资本公积	减:库存股	其他综合收益	盈余公积	未分配利润	所有者权益合计
		优先股	永续债	其他								优先股	永续债	其他						
一、上年年末余额																				
加：会计政策变更																				
前期差错更正																				
其他																				
二、本年初余额																				
三、本年增减变动金额（减少以"-"号填列）																				
（一）综合收益总额																				
（二）所有者投入和减少资本																				
1. 所有者投入的普通股																				
2. 其他权益工具持有者投入资本																				
3. 股份支付计入所有者权益的金额																				
4. 其他																				
（三）利润分配																				
1. 提取盈余公积																				
2. 对所有者（或股东）的分配																				
3. 其他																				
（四）所有者权益内部结转																				
1. 资本公积转增资本（或股本）																				
2. 盈余公积转增资本（或股本）																				
3. 盈余公积弥补亏损																				
4. 设定受益计划变动额结转留存收益																				
5. 其他综合收益结转留存收益																				
6. 其他																				
四、本年年末余额																				

第四节　会计信息质量要求

一、会计信息质量要求的概念

会计信息质量要求是对企业财务报告中所提供会计信息质量的基本要求，是使财务报告中所提供的会计信息对信息使用者决策有用应具备的基本特征。它主要包括可靠性、相关性、可理解性、可比性、实质重于形式、重要性、谨慎性和及时性，如图1-4所示。

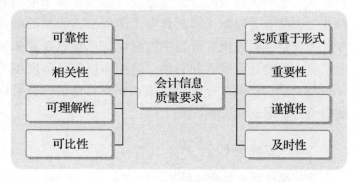

图1-4　会计信息质量要求

二、会计信息质量要求的特征

（一）可靠性

可靠性要求企业应当以实际发生的交易或者事项为依据进行会计确认、计量和报告，如实反映符合确认和计量要求的各项会计要素及其他相关信息，保证会计信息真实可靠、内容完整。可靠性是对会计工作的基本要求，会计信息要有用，必须以可靠为基础，为了贯彻可靠性要求，企业应当做到：

（1）以实际发生的交易或者事项为依据进行确认、计量，将符合会计要素定义及其确认条件的资产、负债、所有者权益、收入、费用和利润等如实反映在财务报表中，不得根据虚构的、没有发生的或者尚未发生的交易或者事项进行确认、计量和报告。

（2）在符合重要性和成本效益原则的前提下，保证会计信息的完整性，其中包括应当编报的报表及其附注内容等应当保持完整，不能随意遗漏或者减少应予披露的信息，与使用者决策相关的有用信息都应当充分披露。

（3）包括在财务报告中的会计信息应当是中立的、无偏的。如果企业在财务报告中为了达到事先设定的结果或效果，通过选择或列示有关会计信息以影响决策和判断，这样的财务报告信息就不是中立的。

➡ 例1-1　某公司于年末发现公司销售业绩增长较快，本年度需缴纳较多的税款，但考虑到企业到年底资金较为紧张，为此公司隐瞒了部分销售额，没有做账，从而达到少交税款的目的。

该公司这种处理不是以其实际发生的交易事项为依据的，而是隐瞒了交易事项，违背了会计信息质量要求的可靠性原则，也违背了我国《会计法》的规定。

（二） 相关性

相关性要求企业提供的会计信息应当与财务会计报告使用者的经济决策需要相关，有助于财务会计报告使用者对企业过去、现在或者未来的情况做出评价或者预测。

会计信息是否有用，关键是看其与使用者的决策需要是否相关，是否有助于决策或者提高决策水平。相关的会计信息应当能够有助于使用者评价企业过去的决策，证实或者修正过去的有关预测，因而具有反馈价值。相关的会计信息还应当具有预测价值，有助于使用者根据财务报告所提供的会计信息预测企业未来的财务状况、经营成果和现金流量。企业正确区分收入和利得、费用和损失、适度引入公允价值、正确区分流动资产和非流动资产、正确区分流动负债和非流动负债，都可以提高会计信息的预测价值，进而提升会计信息的相关性。

（三） 可理解性

可理解性要求企业提供的会计信息应当清晰明了，便于财务会计报告使用者理解和使用。会计信息的目的就是便于信息使用者有效使用会计信息，所以会计信息使用者首先必须了解会计信息的内涵，弄懂会计信息的内容，这就要求财务报告所提供的会计信息应当清晰明了、易于理解。只有这样，才能提高会计信息的有用性，实现财务报告的目标，满足向财务报告使用者提供决策有用信息的要求。

> **注意** 会计信息具有较强的专业性，在强调会计信息的可理解性要求的同时，还应假定使用者具有一定的企业经营活动和会计方面的知识。

（四） 可比性

可比性要求企业提供的会计信息应当相互可比。这主要包括两层含义，见表 1-10。

表 1-10   可比性的含义

一是纵向可比	二是横向可比
要求同一企业不同时期发生的相同或者相似的交易或者事项，应当采用一致的会计政策，不得随意变更。确需变更的，应当在附注中说明	要求不同企业发生的相同或者相似的交易或者事项，应当采用规定的会计政策，确保会计信息口径一致、相互可比

（五） 实质重于形式

实质重于形式要求企业应当按照交易或者事项的经济实质进行会计确认、计量和报告，不应仅以交易或者事项的法律形式为依据。

企业发生的交易或事项在多数情况下，其经济实质和法律形式是一致的。但在有些情况下，会出现不一致。遵循实质重于形式的要求，能够体现对经济实质的尊重，保证会计信息与客观经济事实相符。

例1-2 以融资租赁方式租入的资产，虽然从法律形式上来讲企业并不拥有其所有权，但是由于租赁合同中规定的租赁期很长，接近于该资产的使用寿命，租赁期结束时承租企业有优先购买该资产的选择权，在租赁期内承租企业有权支配资产并从中受益等。因此，从其经济实质来看，企业能够控制该融资租入资产所创造的未来经济利益，在会计确认、计量和报告上就应当将以融资租赁方式租入的资产视为企业的资产，列入资产负债表。

（六）重要性

重要性要求企业提供的会计信息应当反映与企业财务状况、经营成果和现金流量有关的所有重要交易或者事项。

重要性的应用需要依赖职业判断，企业应当根据其所处环境和实际情况，从会计事项的性质和数量两方面加以判断。在实务中，从性质方面讲，如果会计信息的省略或者错报会影响投资者等财务报告使用者据此做出决策的，该信息就具有重要性；从数量方面讲，当某一会计事项的发生达到总资产的一定比例（如5%）时，一般认为该信息就具有重要性。

（七）谨慎性

谨慎性要求企业对交易或者事项进行会计确认、计量和报告应当保持应有的谨慎，不应高估资产或者收益、低估负债或者费用。

会计信息质量的谨慎性要求企业在面临不确定性因素的情况下做出职业判断时，应当保持应有的谨慎，充分估计到各种风险和损失，既不高估资产或者收益，也不低估负债或者费用。

例1-3 企业对可能发生的资产减值损失计提资产减值准备、对售出商品可能发生的保修义务等确认预计负债等，就体现了会计信息质量的谨慎性要求。

> **提示** 遵循谨慎性要求的同时要注意并不允许企业设置秘密准备。如果企业故意低估资产或者收益，或者故意高估负债或者费用，这些行为会扭曲企业实际的财务状况和经营成果，从而对使用者的决策产生误导，这不符合会计信息的可靠性和相关性要求，是会计准则所不允许的。

（八）及时性

及时性要求企业对于已经发生的交易或者事项，应当及时进行会计确认、计量和报告，不得提前或者延后。

会计信息的价值在于帮助所有者或者其他方面做出经济决策，具有时效性。如果不及时提供，会计信息对于使用者的效用就会大大降低甚至不再具有实际意义。在会计确认、计量和报告过程中应贯彻及时性，具体要求见表1-11。

表 1-11 及时性的具体要求

及时收集会计信息	及时处理会计信息	及时传递会计信息
要求在经济交易或者事项发生后，及时收集整理各种原始单据或者凭证	要求及时对经济交易或者事项进行确认或者计量，并编制出财务报告	要求及时将编制的财务报告传递给财务报告使用者，便于其及时使用和决策

第五节 财务会计规范体系

财务会计的目标之一是向投资者、债权人、政府及其有关部门和社会公众等有关方面提供真实准确的会计信息，会计工作必须遵循一定的规范。

一、财务会计规范体系的层次

我国的会计规范体系从立法的层面，可分为以下四个层次：

第一个层次是会计法律，是指由全国人民代表大会及其常委会经过一定立法程序制定的有关会计工作的法律，如《中华人民共和国会计法》（以下简称《会计法》）。

第二个层次是会计行政法规，是指由国务院制定并发布，或由国务院有关部门拟定并经国务院批准发布的，用以调整经济生活中某些方面会计关系的规范性文件，如《总会计师条例》《企业财务会计报告条例》等。

第三个层次是国家统一会计制度，是指由国务院财政部根据《会计法》制定的，关于会计核算、会计监督、会计机构和会计人员，以及会计工作管理的制度，包括会计规章和规范性文件，会计规章如《企业会计准则——基本准则》等，会计规范性文件如《企业会计准则——具体准则》《企业会计准则——应用指南》等。

第四个层次是地方性会计法规，是指由各省、自治区、直辖市人民代表大会及其常委会在与宪法和会计法律、行政法规不相抵触的前提下制定发布的会计规范性文件，也是我国会计法律制度的重要组成部分之一。

二、财务会计规范的内容

本书主要介绍《会计法》《企业财务会计报告条例》和《企业会计准则》。

（一）《会计法》

《中华人民共和国会计法》（简称《会计法》）是会计工作最高层次的法律规范，是指导会计工作的最高准则，也是制定其他会计法规的依据。

新中国成立后，经 1985 年 1 月 21 日第六届全国人大常委会第九次会议通过，以主席令形式首次发布《中华人民共和国会计法》，自 1985 年 5 月 1 日起施行。根据 1993 年 12 月 29

日第八届全国人大常委会第五次会议《关于修改〈中华人民共和国会计法〉的决定》进行了第一次修正。1999 年 10 月 31 日第九届全国人大常委会第十二次会议对其进行了修订。根据 2017 年 11 月 4 日第十二届全国人民代表大会常务委员会第三十次会议《关于修改〈中华人民共和国会计法〉等 11 部法律的决定》第二次修正，以中华人民共和国主席令第 81 号公布，自 2017 年 11 月 5 日起施行。

《会计法》共七章 52 条，包括总则、会计核算，公司、企业会计核算的特别规定，会计监督，会计机构和会计人员，法律责任及附则。《会计法》强调：要规范会计行为，保证会计资料真实完整；各单位必须依法设置会计账簿，并保证其真实、完整；单位负责人对本单位的会计工作和会计资料的真实性、完整性负责；会计机构、会计人员依法进行会计核算，实行会计监督；国务院财政部门主管全国的会计工作；国家实行统一的会计制度。国家统一的会计制度由国务院财政部门根据本法制定并公布。2017 年修改的《会计法》强调：会计人员应当具备从事会计工作所需要的专业能力。担任单位会计机构负责人（会计主管人员）的，应当具备会计师以上专业技术职务资格或者从事会计工作三年以上经历。因有提供虚假财务会计报告，做假账，隐匿或者故意销毁会计凭证、会计账簿、财务会计报告，贪污，挪用公款，职务侵占等与会计职务有关的违法行为被依法追究刑事责任的人员，不得再从事会计工作。

（二）《企业财务会计报告条例》

为了规范企业财务会计报告，保证财务会计报告的真实、完整，根据《会计法》，国务院于 2000 年 6 月 21 日以国务院令形式制定并颁布了《企业财务会计报告条例》。该条例指出，企业负责人对本企业财务会计报告的真实性、完整性负责，同时对财务会计报告的构成、编制、对外提供等内容做出了具体规范，该条例自 2001 年 1 月 1 日起施行。

（三）《企业会计准则》

会计准则是会计人员从事会计工作的规则和指南，是反映企业经济活动、确认产权关系、规范收益分配的会计技术标准，是生成和提供会计信息的重要依据。随着资本市场的发展，会计准则成为资本市场的一种重要规则，是实现社会资源优化配置的重要依据。会计准则体系作为技术规范，有着严密的结构和层次。我国的企业会计准则由财政部负责制定。

1992 年至 1993 年财政部相继发布了《企业财务通则》和《企业会计准则》，以及分行业的企业财务、会计制度。2006 年 2 月 15 日和 10 月 30 日，财政部相继发布了 1 项基本会计准则、38 项具体会计准则以及相应的操作性较强的应用指南，新准则自 2007 年 1 月 1 日起在上市公司执行，并逐步在大中型企业全部执行。财政部 2014 年修订了会计基本准则和长期股权投资、职工薪酬、财务报表列报、合并财务报表、金融工具列报五项具体准则，新发布公允价值计量、合营安排和在其他主体中权益的披露三项具体准则。2017 年修订了收入、政府补助、金融工具确认和计量、金融资产转移、套期保值、金融工具列报六项具体准则，新发布持有待售的非流动资产、处置组和终止经营具体准则。2018 年修订了租赁具体准则。目前，我国企业会计准则有基本准则 1 项，具体准则 42 项。

提示 2011 年 10 月 18 日财政部发布了《小企业会计准则》，自 2013 年 1 月 1 日起在小企业范围内施行。

1. 基本会计准则

基本会计准则是企业会计准则体系的概念基础，是具体会计准则及会计准则应用指南等的制定依据。基本准则规定了整个准则体系的目的、假设、前提条件、基本原则、会计要素及其确认与计量、会计报表的总体要求等内容。

2. 具体会计准则

具体会计准则是根据基本准则的要求制定的，用以规范企业发生的具体交易或事项的会计处理原则。具体会计准则按照内容分为共同性业务会计准则、特殊行业的特定业务准则和报告准则三类。其中，共同性业务会计准则主要规范各类企业普遍适用的一般经济业务的确认和计量要求；特殊行业的特定业务准则主要规范特殊行业的特定业务的确认与计量要求；报告准则主要规范普遍适用于各类企业的报告类准则。《企业会计准则》具体内容见表 1 - 12。

表 1 - 12　《企业会计准则》具体内容

名　　称	制定、修订时间
《企业会计准则》基本准则	2006 年制定、2014 年修订
《企业会计准则》具体准则 01 号　存货	2006 年制定
《企业会计准则》具体准则 02 号　长期股权投资	2006 年制定、2014 年修订
《企业会计准则》具体准则 03 号　投资性房地产	2006 年制定
《企业会计准则》具体准则 04 号　固定资产	2006 年制定
《企业会计准则》具体准则 05 号　生物资产	2006 年制定
《企业会计准则》具体准则 06 号　无形资产	2006 年制定
《企业会计准则》具体准则 07 号　非货币性资产交换	2006 年制定
《企业会计准则》具体准则 08 号　资产减值	2006 年制定
《企业会计准则》具体准则 09 号　职工薪酬	2006 年制定、2014 年修订
《企业会计准则》具体准则 10 号　企业年金基金	2006 年制定
《企业会计准则》具体准则 11 号　股份支付	2006 年制定
《企业会计准则》具体准则 12 号　债务重组	2006 年制定
《企业会计准则》具体准则 13 号　或有事项	2006 年制定
《企业会计准则》具体准则 14 号　收入	2006 年制定、2017 年修订
《企业会计准则》具体准则 15 号　建造合同	2006 年制定
《企业会计准则》具体准则 16 号　政府补助	2006 年制定、2017 年修订
《企业会计准则》具体准则 17 号　借款费用	2006 年制定
《企业会计准则》具体准则 18 号　所得税	2006 年制定
《企业会计准则》具体准则 19 号　外币折算	2006 年制定

（续）

名　称		制定、修订时间
《企业会计准则》具体准则 20 号	企业合并	2006 年制定
《企业会计准则》具体准则 21 号	租赁	2006 年制定、2018 年修订
《企业会计准则》具体准则 22 号	金融工具确认和计量	2006 年制定、2017 年修订
《企业会计准则》具体准则 23 号	金融资产转移	2006 年制定、2017 年修订
《企业会计准则》具体准则 24 号	套期保值	2006 年制定、2017 年修订
《企业会计准则》具体准则 25 号	原保险合同	2006 年制定
《企业会计准则》具体准则 26 号	再保险合同	2006 年制定
《企业会计准则》具体准则 27 号	石油天然气开采	2006 年制定
《企业会计准则》具体准则 28 号	会计政策、会计估计变更和差错更正	2006 年制定
《企业会计准则》具体准则 29 号	资产负债表日后事项	2006 年制定
《企业会计准则》具体准则 30 号	财务报表列报	2006 年制定、2014 年修订
《企业会计准则》具体准则 31 号	现金流量表	2006 年制定
《企业会计准则》具体准则 32 号	中期财务报告	2006 年制定
《企业会计准则》具体准则 33 号	合并财务报表	2006 年制定、2014 年修订
《企业会计准则》具体准则 34 号	每股收益	2006 年制定
《企业会计准则》具体准则 35 号	分部报告	2006 年制定
《企业会计准则》具体准则 36 号	关联方披露	2006 年制定
《企业会计准则》具体准则 37 号	金融工具列报	2006 年制定、2014 年修订、2017 年修订
《企业会计准则》具体准则 38 号	首次执行企业会计准则	2006 年制定
《企业会计准则》具体准则 39 号	公允价值计量	2014 年制定
《企业会计准则》具体准则 40 号	合营安排	2014 年制定
《企业会计准则》具体准则 41 号	在其他主体中权益的披露	2014 年制定
《企业会计准则》具体准则 42 号	持有待售的非流动资产、处置组和终止经营	2017 年制定

3. 会计准则应用指南

会计准则应用指南是根据基本会计准则、具体会计准则制定的，用以指导会计实务的操作性指南。会计准则应用指南主要包括具体准则解释和会计账户、主要账务处理、财务报表及其格式等，为企业执行会计准则提供操作性规范。

4. 会计准则解释公告

随着企业会计准则的实施，就实务中遇到的实施问题而对准则做出的具体解释。

截至 2017 年 11 月已发布的《会计准则解释公告》见表 1 - 13。

表 1-13　会计准则解释公告

名　称	发布时间
企业会计准则解释第 1 号	财会〔2007〕14 号
企业会计准则解释第 2 号	财会〔2008〕11 号
企业会计准则解释第 3 号	财会〔2009〕8 号
企业会计准则解释第 4 号	财会〔2010〕15 号
企业会计准则解释第 5 号	财会〔2012〕19 号
企业会计准则解释第 6 号	财会〔2014〕1 号
企业会计准则解释第 7 号	财会〔2015〕19 号
企业会计准则解释第 8 号	财会〔2015〕23 号
企业会计准则解释第 9 号	财会〔2017〕16 号
企业会计准则解释第 10 号	财会〔2017〕17 号
企业会计准则解释第 11 号	财会〔2017〕18 号
企业会计准则解释第 12 号	财会〔2017〕19 号

三、会计机构与会计人员

（一）会计机构

会计机构是指单位内部设置的办理会计事务的职能部门。合理地设置会计机构，是保证会计工作正常进行，充分发挥会计职能作用的重要条件。

我国《会计法》第七条规定，国务院财政部门主管全国的会计工作，县级以上地方各级人民政府的财政部门管理本行政区域内的会计工作。《会计法》第三十六条规定，各单位应当根据会计业务的需要，设置会计机构，或者在有关机构中设置会计人员并指定会计主管人员；不具备设置条件的，应当委托经批准设立从事会计代理记账业务的中介机构代理记账。一个单位是否需要设置会计机构，一般取决于三方面的因素：①单位规模的大小；②经济业务和财务收支的繁简；③经营管理的要求。

提示　代理记账是指从事代理记账业务的社会中介机构（如会计咨询公司等）接受委托人的委托，办理会计业务。

《会计法》第三十七条规定，会计机构内部应当建立稽核制度。出纳人员不得兼任稽核、会计档案保管和收入、支出、费用、债权债务账目的登记工作。

（二）会计人员

会计人员是指根据《会计法》的规定，在国家机关、社会团体、企业、事业单位和其他组织（以下统称单位）中从事会计核算、实行会计监督等会计工作的人员。

会计人员包括从事下列具体会计工作的人员：①出纳；②稽核；③资产、负债和所有者权益（净资产）的核算；④收入、费用（支出）的核算；⑤财务成果（政府预算执行结果）的核算；⑥财务会计报告（决算报告）的编制；⑦会计监督；⑧会计机构内会计档案管理；⑨其他会计工作。担任单位会计机构负责人（会计主管人员）、总会计师的人员，也属于会计人员。

会计人员从事会计工作，应当符合下列要求：①遵守《会计法》和国家统一的会计制度等法律法规；②具备良好的职业道德；③按照国家有关规定参加继续教育；④具备从事会计工作所需要的专业能力。

提示 会计人员具有会计类专业知识，基本掌握会计基础知识和业务技能，能够独立处理基本会计业务，表明其具备从事会计工作所需要的专业能力。

建立健全会计机构，配备好会计人员，是各单位做好会计工作，充分发挥会计职能作用的重要保证。

1. 会计专业技术资格考试

我国目前的会计专业技术资格分为初级资格、中级资格和高级资格三个级别。其中报名参加初级资格考试的人员，应具备下列条件：①坚持原则，具备良好的职业道德品质；②认真执行《会计法》和国家统一的会计制度，以及有关财经法律、法规、规章制度，无严重违反财经纪律的行为；③履行岗位职责，热爱本职工作；④具备国家教育部门认可的高中毕业以上学历。初级、中级会计资格的取得实行全国统一考试制度；高级会计师资格实行考试与评审相结合制度。会计专业技术资格考试见表1-14。

表1-14 会计专业技术资格考试一览表

项 目	考试科目	要 求
初级资格考试	初级会计实务、经济法基础	一个考试年度内通过全部科目
中级资格考试	中级会计实务、财务管理、经济法	两个考试年度内通过全部科目
高级资格考试	高级会计实务	考试与评审相结合制度

2. 总会计师

总会计师是组织领导本单位财务管理、成本管理、预算管理、会计核算和会计监督等方面的工作，参与本单位重要经济问题分析和决策的单位行政领导人员。总会计师协助单位主要行政领导人工作，直接对单位主要行政领导人负责。

提示 总会计师不是一种专业技术职务，而是一种行政职务，其任职资格、任免程序、职责权限依照《总会计师条例》的规定执行。

我国《会计法》第三十六条第二款规定：国有的和国有资产占控股地位或者主导地位的大、中型企业必须设置总会计师。目的在于通过总会计师的设置，完善法人治理结构，发挥会计的职能作用，加强企业的财务管理，保护所有者权益。

提示 国有大、中型企业以外的其他单位可以根据业务需要，视情况自行决定是否设置总会计师。凡设置总会计师的单位不能再设置与总会计师职责重叠的副职。

（三）会计工作岗位

会计工作岗位的设置由各单位根据会计业务需要确定。《会计基础工作规范》第十一条规定，会计工作岗位一般可分为：会计机构负责人或者会计主管人员、出纳、财产物资核算、工资核算、成本费用核算、财务成果核算、资金核算、往来结算、总账报表、稽核、档案管理等。开展会计电算化和管理会计的单位，可以根据需要设置相应工作岗位，也可以与其他工作岗位相结合。会计工作岗位可以一人一岗、一人多岗或者一岗多人，但应当符合内部牵制制度的要求。会计人员的工作岗位应当有计划地进行轮换，以促进会计人员全面熟悉业务，不断提高业务素质。

（四）注册会计师

注册会计师是依法取得注册会计师证书并接受委托从事审计和会计咨询、会计服务业务的执业人员。会计师事务所是依法设立并承办注册会计师业务的机构。注册会计师执行业务，应当加入会计师事务所。

在我国从事注册会计师职业，必须取得注册会计师考试全科合格证，并在会计师事务所从事审计工作两年以上，申请注册取得执业资格，才能独立承担审计业务。未取得职业资格的，作为注册会计师的助理人员。注册会计师考试见表 1-15。

表 1-15　注册会计师考试一览表

项　目	考试科目	要　求
第一层级：专业阶段考试	会计、审计、财务成本管理、经济法、税法、公司战略与风险管理	对在连续 5 个年度考试中取得专业阶段全部科目考试合格成绩的应考人员，颁发专业阶段考试合格证书
第二层级：综合阶段考试	职业能力综合测试（试卷一、试卷二）	对在取得专业阶段考试合格证后，取得综合阶段考试科目考试合格成绩的人员，财政部考委会颁发注册会计师全国统一考试全科合格证

❦ 本章习题 ❧

一、单项选择题（下列答案中有一个是正确的，请将正确答案前的英文字母填入括号内）

1. 下列有关会计假设的表述，不正确的是（　　）。

A. 会计主体假设规定了会计确认、计量和报告的空间范围

B. 固定资产采用历史成本计量是以会计分期为前提的

C. 由于会计分期，才产生了折旧、摊销等会计处理

D. 货币计量规定了会计核算的统一计量尺度

2. 下列关于会计基础的表述中，不正确的是（　　）。

   A. 企业会计的确认、计量和报告应当以收付实现制为基础

   B. 行政单位采用收付实现制，事业单位除经营业务可以采用权责发生制外，其他大部分业务采用收付实现制

   C. 权责发生制要求凡是当期已经实现的收入，无论是否收到款项都应作为当期收入

   D. 权责发生制要求凡是当期已经发生或应当负担的费用，无论款项是否支付都应作为当期费用

3. 新迎公司本月应付办公用楼租金60万元，其中用银行存款支付10万元，其余50万元尚未支付。按照权责发生制和收付实现制分别确认费用为（　　）万元。

   A. 10、60　　　　　B. 60、0　　　　　C. 60、50　　　　　D. 60、10

4. 目前，我国的行政单位会计主要采用（　　）。

   A. 权责发生制　　　B. 收付实现制　　　C. 实地盘存制　　　D. 永续盘存制

5. 下列项目中，不属于会计信息的质量要求的是（　　）。

   A. 可靠性　　　　　B. 形式重于实质　　C. 可理解性　　　　D. 重要性

6. 下列各项中，体现实质重于形式这一会计信息质量要求的是（　　）。

   A. 确认预计负债　　　　　　　　　　B. 对存货计提跌价准备

   C. 对外公布财务报表时提供可比信息　D. 将融资租入固定资产视为自有资产入账

7. 企业应当以实际发生的交易或者事项为依据进行确认、计量和报告，如实反映符合确认和计量要求的各项会计要素及其他相关信息，保证会计信息真实可靠、内容完整，体现的是会计信息质量要求的（　　）。

   A. 可靠性　　　　　B. 相关性　　　　　C. 可理解性　　　　D. 可比性

8. 要求企业提供的会计信息应当相互可比，保证同一企业不同时期可比、不同企业相同会计期间可比，以上描述的是会计信息质量要求的（　　）。

   A. 及时性　　　　　B. 可比性　　　　　C. 实质重于形式　　D. 重要性

9. （　　）要求企业应当按照交易或者事项的经济实质进行会计确认、计量和报告，不应仅以交易或者事项的法律形式为依据。

   A. 实质重于形式　　B. 重要性　　　　　C. 谨慎性　　　　　D. 及时性

10. 对应收账款计提坏账准备，体现了（　　）的要求。

   A. 可靠性　　　　　B. 相关性　　　　　C. 实质重于形式　　D. 谨慎性

11. 在我国财务会计规范体系中，《会计法》属于（　　）。

   A. 会计法律　　　　　　　　　　　　B. 会计行政法规

   C. 国家统一会计制度　　　　　　　　D. 地方性会计法规

12. 在我国财务会计规范体系中，《企业财务会计报告条例》属于（　　）。

    A. 会计法律
    B. 会计行政法规

    C. 国家统一会计制度
    D. 地方性会计法规

13. 企业取得或生产制造某项财产物资时所实际支付的现金或者其他等价物属于（　　）。

    A. 现值
    B. 重置成本
    C. 历史成本
    D. 可变现净值

14. 资产和负债按照市场参与者在计量日发生的有序交易中，出售资产所能收到或者转移负债所需支付的价格计量，其计量属性是（　　）。

    A. 历史成本
    B. 重置成本
    C. 可变现净值
    D. 公允价值

15. 下列有关会计信息质量要求、会计要素和会计计量属性的说法中，正确的是（　　）。

    A. 融资租入固定资产当作自有资产入账，体现了谨慎性的要求

    B. 出售无形资产导致经济利益流入属于企业收入，应计入其他业务收入

    C. 采用公允价值计量，就是资产按照预计从其持续使用和最终处置中所产生的未来净现金流入量的折现金额计量

    D. 企业在对会计要素进行计量时，一般应当采用历史成本

二、多项选择题（下列答案中有多个答案是正确的，请将正确答案前的英文字母填入括号内）

1. 下列项目中，属于会计基本假设的有（　　）。

    A. 会计主体
    B. 持续经营
    C. 会计分期
    D. 货币计量

2. 下列说法正确的有（　　）。

    A. 会计人员只能核算和监督所在主体的经济业务，不能核算和监督其他主体的经济业务

    B. 会计主体可以是企业中的一个特定部分，也可以是几个企业组成的企业集团

    C. 会计主体一定是法律主体

    D. 会计主体假设界定了从事会计工作和提供会计信息的空间范围

3. 根据《企业会计准则——基本准则》，下列属于会计信息质量要求内容的有（　　）。

    A. 公司应当按照交易或者事项的经济实质进行会计确认、计量和报告，不应仅以交易或者事项的法律形式为依据

    B. 公司提供的会计信息应当反映与公司财务状况、经营成果和现金流量等有关的所有重要交易或者事项

    C. 公司对交易或者事项进行会计确认、计量和报告应当保持应有的谨慎，不应高估资产或者收益，也不应低估负债或者费用

    D. 公司应当以权责发生制为基础进行会计确认、计量和报告

4. 下列关于会计信息质量要求的表述，正确的有（　　）。

    A. 谨慎性要求可以设置秘密准备

B. 实质重于形式要求企业不仅以交易或事项的法律形式为依据

C. 及时性对相关性和可靠性起着制约作用

D. 重要性要求企业提供的会计信息应当反映与企业财务状况、经营成果和现金流量有关的所有重要交易或者事项

5. 按照权责发生制的要求，下列经济业务中应计入本月收入或费用的有（   ）。

　　A. 发出产品，货款上月已经预收　　　　B. 本月收到预收货款，存入银行

　　C. 预提应由本月负担的短期借款利息　　D. 摊销应由本月负担的财产保险费

6. 我国《企业会计准则》规定的会计信息质量要求包括（   ）。

　　A. 可靠性　　　　　B. 相关性　　　　　C. 重要性　　　　　D. 完整性

7. 本月收到上月销售产品的货款存入银行，下列表述中，正确的有（   ）。

　　A. 收付实现制下，应当作为本月收入　　B. 权责发生制下，不能作为本月收入

　　C. 收付实现制下，不能作为本月收入　　D. 权责发生制下，应当作为本月收入

8. 下列各项中，属于会计信息使用者的有（   ）。

　　A. 企业管理者　　　B. 投资者　　　　　C. 政府部门　　　　D. 社会公众

9. 下列关于可比性的表述中，正确的有（   ）。

　　A. 可比性要求企业提供的会计信息应当相互可比

　　B. 可比性主要包括两层含义，即同一企业不同时期可比、不同企业相同时期可比

　　C. 可比性要求同一企业不同时期发生的相同或相似的交易或事项，应采用一致的会计政策，不得变更

　　D. 可比性要求不同企业同一会计期间发生的相同或相似的交易或事项，应采用统一规定的会计政策，保证会计信息口径一致，相互可比

10. 下列各项中，属于会计信息质量要求的是（   ）。

　　A. 谨慎性　　　　　B. 可理解性　　　　C. 可比性　　　　　D. 及时性

11. 财务会计规范体系包括（   ）。

　　A. 会计法律　　　　　　　　　　　　　B. 会计行政法规

　　C. 国家统一会计制度　　　　　　　　　D. 地方性会计法规

12. 财务会计规范体系中的企业会计准则主要包括（   ）。

　　A. 基本会计准则　　　　　　　　　　　B. 具体会计准则

　　C. 会计准则应用指南　　　　　　　　　D. 会计准则解释公告

13. 会计计量属性包括（   ）。

　　A. 历史成本　　　　B. 现值　　　　　　C. 可变现净值　　　D. 公允价值

14. 下列关于会计计量属性的表述中，正确的有（   ）。

　　A. 企业在对会计要素进行计量时，一般应采用历史成本

  B. 企业会计准则允许交易性金融资产采用公允价值计量，但应当保证其公允价值金额
能够取得并可靠计量

  C. 对存货计提跌价准备时，应采用成本与可变现净值孰低法

  D. 按重置成本计量是资产和负债按照在公平交易中，熟悉情况的交易双方自愿进行资
产交换或者债务清偿的金额计量

15. 下列属于会计计量属性的有（　　　　）。

  A. 重置成本　　　　B. 权责发生制　　　　C. 现值　　　　D. 及时性

三、判断题（正确的在括号内打"√"，错误的打"×"）

1. 持续经营是指企业能持续不断地经营下去，因而它仅仅是一种假设，缺乏客观存在的基
础。　　　　　　　　　　　　　　　　　　　　　　　　　　　　　　　　　　　　　（　　　）

2. 根据《企业会计准则》的规定，会计期间分为年度、半年度、季度和月度。所谓的会计
中期指的是不足一年的会计期间，半年度、季度和月度都属于会计中期。　　　　（　　　）

3. 业务收支以人民币以外的货币为主的企业，可以选定其中一种货币作为记账本位币，但
是编制的财务会计报告应当折算为人民币。　　　　　　　　　　　　　　　　　　（　　　）

4. 一个母公司的若干个子公司均为独立的会计主体，一个企业内部单独核算的部门无法成
为独立的会计主体。　　　　　　　　　　　　　　　　　　　　　　　　　　　　（　　　）

5. 按照权责发生制的要求，凡是本期实际收到款项的收入和付出款项的费用，都应当作为
本期的收入和费用处理。　　　　　　　　　　　　　　　　　　　　　　　　　　（　　　）

6. 持续经营假设是假设企业在可以预见的未来，不会面临破产和清算，将会持续地经营下
去，即使进入破产清算，也不应该改变会计核算方法。　　　　　　　　　　　　（　　　）

7. 会计主体一定是法人实体。　　　　　　　　　　　　　　　　　　　　　　　　　（　　　）

8. 在权责发生制下，收到款项就意味着收入增加。　　　　　　　　　　　　　　　　（　　　）

9. 社会公众不需要关心企业的生产经营活动。　　　　　　　　　　　　　　　　　　（　　　）

10. 谨慎性要求企业对交易或者事项进行会计确认、计量和报告时保持应有的谨慎，不应高
估资产或者收益、低估负债或者费用。　　　　　　　　　　　　　　　　　　　　（　　　）

11. 可靠性要求企业提供的会计信息应当反映与企业财务状况、经营成果和现金流量有关的
所有重要交易或者事项。　　　　　　　　　　　　　　　　　　　　　　　　　　（　　　）

12. 负债必须是企业承担的现时义务。　　　　　　　　　　　　　　　　　　　　　　（　　　）

13. 可供出售金融资产的公允价值变动额计入公允价值变动损益，属于计入当期损益的利得
或损失。　　　　　　　　　　　　　　　　　　　　　　　　　　　　　　　　　（　　　）

14. 企业发生的各项利得或损失，均应计入当期损益。　　　　　　　　　　　　　　　（　　　）

15. 在可变现净值计量下，资产按照其正常对外销售所能收到现金或者现金等价物的金额扣
减该资产至完工时估计将要发生的成本、估计的销售费用以及相关税费后的金额计量。

  　　　　　　　　　　　　　　　　　　　　　　　　　　　　　　　　　　　（　　　）

四、计算及账务处理题

红达公司 5 月份发生以下经济业务：

(1) 销售 A 产品 30 000 元，货款已收存银行，销售 B 产品 46 000 元，货款暂欠。

(2) 预付第三季度办公室租金 3 600 元。

(3) 收到黄山公司上月所欠货款 10 000 元，存入银行。

(4) 预收货款 38 900 元。

(5) 以银行存款支付本月份的电话费 770 元。

(6) 本月应负担年初已支付的财产保险费 500 元。

(7) 计提本月应计银行借款利息 150 元，并以银行存款支付上一季度银行借款利息 450 元。

(8) 本月应计利息收入 1 000 元。

(9) 上月预收销货款的产品本月实现销售收入 28 000 元。

要求： 分别用收付实现制、权责发生制计算红达公司 5 月份的收入、费用和利润。

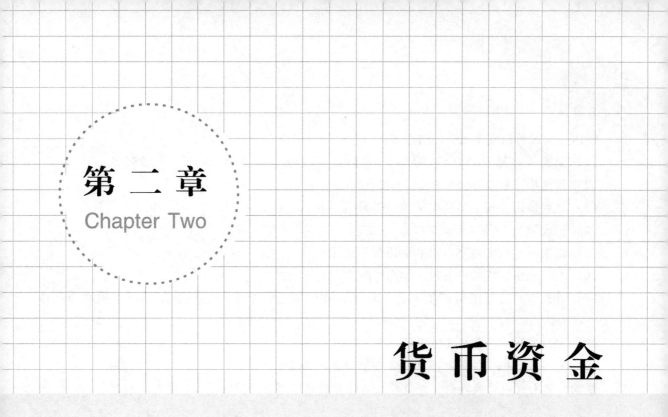

第 二 章
Chapter Two

货币资金

本章学习目标 /////////////////////////////

- 掌握货币资金的内容
- 掌握库存现金管理的有关规定
- 掌握库存现金的核算
- 掌握库存现金的清查方法
- 了解银行存款的种类
- 掌握银行转账结算方式
- 掌握银行存款的核算
- 掌握银行存款的清查方法
- 掌握其他货币资金的内容和处理方法

本章主要科目 /////////////////////////////

- 库存现金
- 银行存款
- 其他货币资金
- 待处理财产损溢

第一节　货币资金概述

一、货币资金的概念

任何企业要进行生产经营活动都必须拥有货币资金。货币资金是指在企业生产经营过程中处于货币形态的资产。

二、货币资金的分类

根据货币资金的存放地点及其用途的不同，货币资金分为库存现金、银行存款和其他货币资金。其中其他货币资金包括银行汇票存款、银行本票存款、信用卡存款、信用证保证金存款、存出投资款和外埠存款等。

提示　货币资金是流动性最强的一项资产，是企业重要的支付手段和流通手段。

企业在生产经营过程中，大量的经济活动都需通过货币资金的收支来进行。如原材料的购进，产成品的销售，工资的发放，税金的缴纳，股利、利息的支付以及进行投资活动等事项，都需要通过货币资金进行收付结算。同时，一个企业货币资金拥有量的多少，标志着企业偿债能力和支付能力的大小，是投资者分析、判断企业财务状况的重要指标。货币资金在企业资金循环与周转过程中起着连接和纽带的作用。因此，企业需要保持一定数量的货币资金，既要保证业务经营的正常需要，又要防止不合理的资金积压，并按照货币资金管理的有关规定，对各种收付款项进行结算。

第二节　库存现金

一、库存现金的概念

现金的概念有广义和狭义之分。广义的"现金"包括企业的库存现金、银行存款及其他符合现金特征的票证；狭义的"现金"概念是指存放于企业财会部门，由出纳人员经管的货币。

提示　我国会计核算中的库存现金即为狭义"现金"的概念，库存现金包括人民币现金和外币现金。

二、库存现金管理的内容

库存现金的收、付业务是各企业、单位经常发生的经济业务，为了保护现金的安全与完整，满足生产经营活动对现金的需要，国务院发布的《现金管理暂行条例》明确了现金管理的主要内容，包括以下方面：

（一）库存现金的使用范围

企业可用现金支付的款项有：

（1）职工工资、津贴。

（2）个人的劳务报酬。

（3）根据国家规定颁发给个人的科学技术、文化艺术、体育比赛等各种奖金。

（4）各种劳保、福利费用以及国家规定的对个人的其他支出。

（5）向个人收购农副产品和其他物资的价款。

（6）出差人员必须随身携带的差旅费。

（7）结算起点（1 000元）以下的零星支出。

（8）中国人民银行确定需要支付现金的其他支出。

> 提示 上述款项以外的结算业务，应通过银行办理转账结算。

（二）库存现金的限额

库存现金的限额是指为了保证单位日常零星开支的需要，允许单位留存现金的最高数额。这一限额由开户银行根据单位的实际需要核定。核定单位库存限额的原则是，既要保证日常零星现金支付的合理需要，又要尽量减少现金的使用，一般为企业3~5天的日常零星开支所需。边远地区和交通不便地区的企业的库存现金限额，可以多于5天，但不得超过15天的日常零星开支，特殊情况除外。

库存现金限额一经开户银行核定，企业必须严格遵守。超过限额规定的库存现金应及时存入银行。在库存现金限额不足以保证日常零星开支时，企业应当及时向开户银行提出申请，经开户银行核定后进行库存限额的调整。

（三）库存现金日常收支管理

企业应做好以下工作，加强库存现金日常收支的管理：

（1）实行账款分管制度，建立严格的货币资金管理责任制，明确会计主管、出纳人员和有关会计人员各自应承担的经济责任。货币资金的收付、结算、审核、登记等工作，不得由一人兼管。现金业务办理、付款和记账由三个经办人员分工负责，以便互相验证、互相控制，达到三方互相牵制的目的。

（2）遵循先收款后记账、先记账后付款的原则。收入现金时，必须先经出纳人员收妥后才能给缴款单位记账；支付现金时，必须先接受票据记账后方能付款。

（3）单位从开户银行提取现金时，应如实写明提取现金的用途，由本单位财会部门负责人签字盖章，并经开户银行审查批准后予以支付。使用现金时，应严格遵守国家规定的现金使用范围，除规定可用现金支付的项目外，一切款项的收付均应通过银行转账结算。单位当日的现金收入，应填写现金缴款单，并于当日送存开户银行，当日送存银行有困难的，由开户银行确定送存时间。

（4）单位应设置"库存现金日记账"，对现金收支业务，应根据审核无误的会计凭证，逐日、逐笔登记入账，加强现金收支的明细核算。

（5）不得"坐支"现金，即不得以本单位的现金收入直接支付现金支出。因特殊情况需要坐支现金的，应当事先报经开户银行审查批准，由开户银行核定坐支范围和限额。坐支单位应当定期向开户银行报送坐支金额和使用情况。

（6）单位不准用不符合制度规定的凭证顶替库存现金，即不得"白条顶库"；不准谎报用途套取现金；不准用银行账户代其他单位和个人存入或支取现金；不准将单位收入的现金以个人名义存入储蓄；不准保留账外公款，即"公款私存"；不得设置"小金库"等。

（7）单位应定期或不定期地由内部审计人员对库存现金进行查核。

提示 库存现金管理内部控制应注意：①实行职能分开原则；②现金收付的交易必须要有合法的原始凭证；③建立收据和发票的领用制度；④加强监督与检查；⑤企业的出纳人员应定期进行轮换，不得一人长期从事出纳工作。

三、库存现金的账务处理

为了反映和监督企业库存现金的收入、支出和结存情况，企业应设置"库存现金"科目。借方登记企业库存现金的增加，贷方登记企业库存现金的减少，期末余额在借方，反映期末企业实际持有的库存现金的金额。

为了全面、连续地反映和监督库存现金的收支和结存情况，企业应当设置库存现金总账和库存现金日记账，分别进行总分类核算和明细分类核算。每日终了，应在库存现金日记账上计算出当日的现金收入合计、现金支出合计，并结计出当日余额，并将库存现金日记账的余额与实际库存现金额相核对，做到账实相符。月度终了，要将库存现金日记账的余额与库存现金总账的余额进行核对，做到账账相符。总而言之，库存现金的核算应做到日清月结。

例2-1 淮洲公司为增值税一般纳税人，增值税率为16%，5月发生了部分现金收支业务：

（1）从银行提取现金6 000元，备作零星开支。

根据现金支票存根所表明的金额，会计分录如下：

　　借：库存现金　　　　　　　　　　6 000
　　　　贷：银行存款　　　　　　　　　　　6 000

（2）办公室主任张微出差预借差旅费1 500元。

根据经批准的借款单支付现金，会计分录如下：

```
        借：其他应收款——张微            1 500
            贷：库存现金                    1 500
```

（3）出售一批多余材料，收到现金 348 元，其中价款 300 元，增值税 48 元。

根据开出的收款收据收取库存现金，会计分录如下：

```
        借：库存现金                          348
            贷：其他业务收入——材料销售收入        300
                应交税费——应交增值税（销项税额）    48
```

（4）将收取的库存现金 348 元送交银行。

根据银行盖章退回的现金缴款单，会计分录如下：

```
        借：银行存款                    348
            贷：库存现金                  348
```

（5）公司办公室主任张微出差归来，报销差旅费 1 346 元，余款退回。

根据差旅费报销单，会计分录如下：

```
        借：管理费用——差旅费          1 346
            库存现金                    154
            贷：其他应收款——张微            1 500
```

四、库存现金的清查

为了保证现金的安全与完整，企业应当按规定对库存现金进行定期和不定期的清查。库存现金的清查一般采用实地盘点法。对清查的结果应当编制"库存现金盘点报告单"。如有挪用现金、白条顶库的情况，应及时予以纠正；对超出现金限额的多余款项要及时送存银行；对于账款不符的情况，要通过"待处理财产损溢——待处理流动资产损溢"科目进行处理，按管理权限经批准后，可进行如下处理：

当现金短缺时，应按实际短缺的金额，借记"待处理财产损溢——待处理流动资产损溢"科目，贷记"库存现金"科目；当现金溢余时，按实际溢余的金额，借记"库存现金"科目，贷记"待处理财产损溢——待处理流动资产损溢"科目。

待查明原因后再分情况处理：

如为现金短缺，属于应由责任人员赔偿的部分，通过"其他应收款"科目核算；属于应由保险公司赔偿的部分，通过"其他应收款"科目核算；属于无法查明原因的现金短缺，根据企业内部管理权限，经批准后计入"管理费用"科目。

如为现金溢余，属于应支付有关人员或单位的，应从"待处理财产损溢——待处理流动资产损溢"科目转入"其他应付款——应付现金溢余"等科目；属于无法查明原因的现金溢余，根据企业内部管理权限，经批准后计入"营业外收入"科目。

➡ 例2-2　淮洲公司 5 月末进行现金定期清查时，发现现金溢余 50 元，原因待查。

根据库存现金盘点报告单，做会计分录如下：

```
        借：库存现金                                  50
            贷：待处理财产损溢——待处理流动资产损溢        50
```

若经反复核查，无法查明原因，报经批准作营业外收入处理：

  借：待处理财产损溢——待处理流动资产损溢   50

   贷：营业外收入   50

▶例2-3 淮洲公司6月末进行现金定期清查时，发现现金短缺310元。

根据库存现金盘点报告单，做会计分录如下：

  借：待处理财产损溢——待处理流动资产损溢   310

   贷：库存现金   310

若经核查，出纳员有管理上的责任，应由出纳员赔偿100元，其余损失由公司承担。

  借：其他应收款——××出纳员   100

   管理费用   210

   贷：待处理财产损溢——待处理流动资产损溢   310

第三节 银行存款

一、银行存款的概念

银行存款是指企业存放在银行或其他金融机构的货币资金。企业一般应在注册地或住所地开立银行结算账户，以办理存款、取款和转账等结算，符合规定条件的，也可以在异地（跨省、市、县）开立银行结算账户。

 提示 银行结算账户是指银行为存款人开立的办理资金收付结算的人民币活期存款账户。银行结算账户按存款人的不同分为单位银行结算账户和个人银行结算账户，其中存款人以单位名称开立的为单位银行结算账户；存款人凭个人身份证件以自然人名称开立的为个人银行结算账户。

二、银行存款账户的种类

根据《人民币银行结算账户管理办法》，单位银行结算账户按用途的不同分为基本存款账户、一般存款账户、专用存款账户、临时存款账户。

（一）基本存款账户

基本存款账户是存款人因办理日常转账结算和现金收付需要开立的银行结算账户。基本存款账户是存款人的主办账户。存款人日常经营活动的资金收付及其工资、奖金和现金的支取，都应通过该账户办理。

 提示 单位银行结算账户的存款人只能在银行开立一个基本存款账户。即单位银行结算账户的存款人只能选择一家银行的一个营业机构开立一个基本存款账户，不得在多家银行机构开立基本存款账户。

（二）一般存款账户

一般存款账户是存款人因借款或其他结算需要，在基本存款账户开户银行以外的银行营业机构开立的银行结算账户。一般存款账户用于办理存款人借款转存、借款归还和其他结算的资金收付。该账户可以办理现金缴存，但不得办理现金支取。

（三）专用存款账户

专用存款账户是存款人按照法律、行政法规和规章，对其特定用途的资金进行专项管理和使用而开立的银行结算账户。专用存款账户用于办理各项专用资金的收付。

> 提示　单位银行卡账户的资金必须由其基本存款账户转账存入。该账户不得办理现金收付业务。

（四）临时存款账户

临时存款账户是存款人因临时需要并在规定期限内使用而开立的银行结算账户。临时存款账户用于办理临时机构以及存款人临时经营活动发生的资金收付。临时存款账户支取现金，应按照国家现金管理规定办理。

三、银行存款账户使用的相关规定

存款人使用银行结算账户，不得有下列行为：
(1) 违反规定将单位款项转入个人银行结算账户。
(2) 违反规定支取现金。
(3) 利用开立银行结算账户逃废银行债务。
(4) 出租、出借银行结算账户。
(5) 从基本存款账户之外的银行结算账户转账存入、将销货收入存入或现金存入单位信用卡账户。
(6) 法定代表人或主要负责人、存款人地址以及其他开户资料的变更事项未在规定期限内通知银行。

> 注意　非经营性的存款人有上述所列一至五项行为的，给予警告并处以 1 000 元罚款；经营性的存款人有上述所列一至五项行为的，给予警告并处以 5 000 元以上 3 万元以下罚款；存款人有上述所列第六项行为的，给予警告并处以 1 000 元罚款。

四、银行存款的核算

为了反映和监督企业银行存款的收入、支出和结存情况，企业应当设置"银行存款"科目，借方登记企业银行存款的增加，贷方登记企业银行存款的减少，期末余额在借方，反映期末企业实际持有的银行存款的金额。企业应当设置银行存款总账和银行存款日记账，分别进行银行存款的总分类核算和明细分类核算。企业可按照开户银行和其他金融机构、存款种类、币种等，分别设置"银行存款日记账"，由出纳人员根据收付款凭证，按照业务的发生顺序逐笔登记。每日终了，应结出余额。

企业将款项存入银行或其他金融机构时，借记"银行存款"科目，贷记"库存现金"等有关科目；提取现金和支付存款时，借记"库存现金"等有关科目，贷记"银行存款"科目。

提示 企业在银行的其他存款，如外埠存款、银行本票存款、银行汇票存款、信用证存款等，在"其他货币资金"科目核算，不通过"银行存款"科目核算。

▶例2-4 淮洲公司为增值税一般纳税人，增值税率为16%，发生了部分银行存款收支业务，淮洲公司的账务处理如下：

（1）销售产品收到销货款11 600元，其中价款10 000元，增值税1 600元，款项已存入银行。

根据销货方开出的增值税专用发票和银行收账通知，做会计分录如下：

```
借：银行存款                              11 600
    贷：主营业务收入                       10 000
        应交税费——应交增值税（销项税额）    1 600
```

（2）收回运海公司前欠本公司的货款30 000元，银行已入账。

根据银行转来的收账通知，做会计分录如下：

```
借：银行存款                              30 000
    贷：应收账款——运海公司                30 000
```

（3）行政部门支付电话费5 000元，开出转账支票付讫。

根据电话费发票和银行代扣款通知，做会计分录如下：

```
借：管理费用                              5 000
    贷：银行存款                           5 000
```

（4）从天健公司购入甲材料一批，支付材料款20 000元，增值税为3 200元，合计23 200元。相关原始凭证如图2-1~图2-3所示。

中国工商银行　电汇凭证（回　单）　　　　1

□普通　□加急　　　　　　委托日期 2019 年 05 月 16 日

汇款人	全　称	淮洲公司	收款人	全　称	天健公司
	账　号	1110010806482122456		账　号	4222303031232456532
	汇出地点	江苏省 淮安市/县		汇入地点	江苏省 南京市/县
	汇出行名称	工商银行淮安清江支行		汇入行名称	工商银行南京中山支行

金额	人民币（大写）：贰万叁仟贰佰元整	亿	千	百	十	万	千	百	十	元	角	分
						¥	2	3	2	0	0	0	0	0

中国工商银行股份有限公司
淮安清江支行
2019年05月16日
转讫

支付密码

附加信息及用途
　　购货款

汇出行签章　　　　　复核：　　　　记账：

此联汇出行给汇款人的回单

图 2-1　电汇凭证

江苏省增值税专用发票
发 票 联

No. 13072346

开票日期：2019 年 05 月 16 日

购货单位	名　称：淮洲公司	密码区	1502 - 7 + 0 < 6 < 92 - 9 < 87 < 36
	纳税人识别号：112366005083349		08 * 837532 - 37913 < > * 810
	地址、电话：淮安市开发区枚乘路 8 号 0517-8068666		5 * 01 -/ + 0 * * < 87 - 6683 * < 4
	开户行及账号：工商银行淮安清江支行 1110010806482122456		1 * + -016269 -37 - + 7/8 > > >1

货物或应税劳务名称	规格型号	单位	数量	单价	金　额	税率（%）	税　额
甲材料		千克	1000	20	20000.00	16	3200.00
合　计					¥20000.00		¥3200.00

价税合计（大写）	⊗贰万叁仟贰佰元整	（小写）¥：23200.00

销货单位	名　称：天健公司	备注	天健公司 2302021672197 发票专用章
	纳税人识别号：2302021672197		
	地址、电话：南京市中山路 29 号 025-86739988		
	开户行及账号：工商银行南京中山支行 4222303031232456532		

第三联：发票联　购货方记账凭证

收款人：刘晓军　　　复核：周文洁　　　开票人：高明　　　销货单位：（公章）

图 2-2　增值税专用发票（发票联）

江苏省增值税专用发票

抵扣联

No. 13072346

开票日期：2019 年 05 月 16 日

购货单位	名　称：淮洲公司 纳税人识别号：112366005083349 地址、电话：淮安市开发区枚乘路 8 号 0517-8068666 开户行及账号：工商银行淮安清江支行 110010806482122456	密码区	1502 - 7 + 0 < 6 < 92 - 9 < 87 < 36 08 * 837532 - 37913 < > * 810 5 * 01 - / + 0 * * < 87 - 6683 * < 4 1 * + - 016269 - 37 - + 7/8 > > > 1

货物或应税劳务名称	规格型号	单位	数量	单价	金　额	税率（%）	税　额
甲材料		千克	1000	20	20000.00	16	3200.00
合　计					¥20000.00		¥3200.00

价税合计（大写）	⊗ 贰万叁仟贰佰元整	（小写）¥：23200.00

销货单位	名　称：天健公司 纳税人识别号：2302021672197 地址、电话：南京市中山路 29 号 025-86739988 开户行及账号：工商银行南京中山支行 4222303031232456532	备注	天健公司 2302021672197 发票专用章

收款人：刘晓军　　　　复核：周文洁　　　　开票人：高明　　　　销货单位：（公章）

第二联：抵扣联　购货方扣税凭证

图 2-3　增值税专用发票（抵扣联）

根据购货取得的增值税专用发票和银行付款通知，做会计分录如下：

借：材料采购——甲材料　　　　　　　　　20 000
　　应交税费——应交增值税（进项税额）　　3 200
　　贷：银行存款　　　　　　　　　　　　　　23 200

（5）以银行存款偿还欠天门公司的货款 10 000 元，汇款凭证如图 2-4 所示。

中国工商银行　电汇凭证（回 单）

1

□普通　□加急　　　　委托日期 2019 年 05 月 20 日

汇款人	全　称	淮洲公司	收款人	全　称	天门公司
	账　号	1110010806482122456		账　号	4222303031232456569
	汇出地点	江苏省 淮安市/县		汇入地点	江苏省 南京市/县
	汇出行名称	工商银行淮安清江支行		汇入行名称	工商银行南京中山支行

金额	人民币（大写）：壹万元整	亿	千	百	十	万	千	百	十	元	角	分
						¥ 1	0	0	0	0	0	0

中国工商银行股份有限公司
淮安清江支行
2019年05月20日
转讫

支付密码

附加信息及用途
偿还购货款

此联汇出行给汇款人的回单

汇出行签章　　　　　复核：　　　　　记账：

图 2-4　电汇凭证

根据银行付款通知，做会计分录如下：

借：应付账款——天门公司　　　　　　10 000

贷：银行存款　　　　　　　　　　　　　　10 000

五、银行存款的清查

为了保证银行存款的安全与完整，应对银行存款进行清查。银行存款清查采用与开户银行核对账目的方法进行。"银行存款日记账"与"银行对账单"每月至少核对一次。企业银行存款日记账余额应与银行对账单余额相等，但在实际工作中，二者往往不一致。造成不一致的原因主要有两个方面：

（1）企业或银行的记账错误。若发现错账、漏账，应由双方及时查明原因，予以更正。

（2）存在"未达账项"。"未达账项"是指企业与银行之间对于同一项经济业务，由于取得结算凭证的时间不一致，而造成的一方已取得结算凭证登记入账，而另一方尚未取得结算凭证而未入账的款项。未达账项的具体情况有四种：①企业已收款入账，而银行尚未收款入账；②企业已付款入账，而银行尚未付款入账；③银行已收款入账，而企业尚未收款入账；④银行已付款入账，而企业尚未付款入账。

银行存款日记账余额与银行对账单余额之间如有差额，应编制"银行存款余额调节表"调节，如没有记账差错，调节后双方余额应相等。

提示　银行存款余额调节表只是为了核对账目，不能作为调整银行存款账面余额的记账依据。调节之后的余额是企业可以动用的银行存款数额。

■►例2-5　2019 年 5 月 31 日，淮洲公司银行存款日记账余额为 432 000 元，银行转来对账单余额为 664 000 元。经逐笔核对，发现以下未达账项：

（1）28 日，淮洲公司收到 A 公司开出的 480 000 元转账支票，交存银行。该笔款项系 A 公司支付的违约赔款，淮洲公司已将该笔赔款登记入账，但银行尚未记账。

（2）29 日，淮洲公司开出转账支票支付 B 公司咨询费 360 000 元，并于当日将支票交给 B 公司。淮洲公司已将该笔咨询费登记入账，但 B 公司尚未将收到的支票送存银行。

（3）淮洲公司委托银行代收 C 公司购货款 384 000 元，银行已于 30 日收妥并登记入账，但淮洲公司尚未收到收款通知。

（4）淮洲公司本月发生借款利息 32 000 元，银行已减少其存款，但淮洲公司尚未收到银行的付款通知。

根据上述资料编制淮洲公司银行存款余额调节表，见表 2-1。

表 2-1　银行存款余额调节表

2019 年 5 月 31 日　　　　　　　　　　　　　　　　　　单位：元

项　目	金　额	项　目	金　额
企业银行存款日记账余额	432 000	银行对账单余额	664 000
加：银行已收、企业未收款	384 000	加：企业已收、银行未收款	480 000
减：银行已付、企业未付款	32 000	减：企业已付、银行未付款	360 000
调节后的余额	784 000	调节后的余额	784 000

第四节 其他货币资金

一、其他货币资金的内容

其他货币资金是指企业除库存现金、银行存款以外的其他各种货币资金，主要包括银行汇票存款、银行本票存款、信用卡存款、信用证保证金存款、存出投资款和外埠存款等。

（一）银行汇票存款

银行汇票是指由出票银行签发，由其在见票时按照实际结算金额无条件支付给收款人或持票人的一种票据。银行汇票的出票银行为银行汇票的付款人。单位和个人的各种款项的结算均可使用银行汇票。银行汇票可用于转账，填明"现金"字样的银行汇票可用于支取现金。银行汇票票样如图2-5所示。

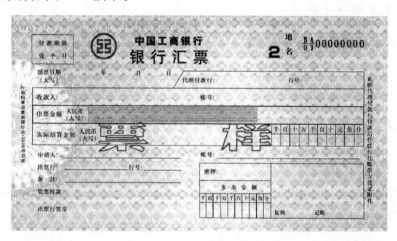

图2-5 银行汇票票样

（二）银行本票存款

银行本票是指申请人将款项交存银行，由银行签发给申请人凭以办理转账结算或支取现金的票据。单位和个人在同一票据交换区域需要支付的各种款项，均可使用银行本票。银行本票可以用于转账，注明"现金"字样的银行本票可以用于支取现金。银行本票票样如图2-6所示。

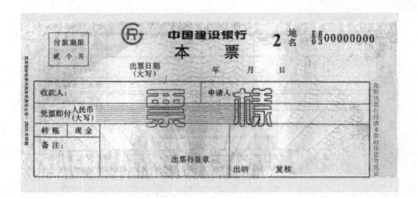

图 2-6　银行本票票样

（三）信用卡存款

信用卡是指商业银行向个人和单位发行的，凭以向特约单位购物、消费和向银行存取现金，且具有消费信用的特制载体卡片。信用卡存款是指企业为取得信用卡而存入银行信用卡专户的款项。

（四）信用证保证金存款

信用证是指开证行依照申请人（付款人）的申请，向受益人（收款人）开出的在一定期限内凭符合信用证条款的单据支付的付款承诺。信用证保证金存款是指采用信用证结算方式的企业为开具信用证而存入银行信用证保证金专户的款项。信用证结算方式是国际结算的一种主要方式。企业向银行申请开立信用证，应当按规定向银行提交信用证申请书、信用证申请人承诺书和购销合同。

（五）存出投资款

存出投资款是指企业为购买股票、债券、基金等，根据有关规定存入在证券公司指定银行开立的投资款专户的款项。

（六）外埠存款

外埠存款是指企业为了到外地进行临时或零星采购而汇往采购地银行开立采购专户的款项。

二、其他货币资金的账务处理

为了反映和监督其他货币资金的收支和结存情况，企业应当设置"其他货币资金"科目，借方登记其他货币资金的增加，贷方登记其他货币资金的减少，期末余额在借方，反映期末企业实际持有的其他货币资金的金额。"其他货币资金"科目应按照其他货币资金的种类设置"银行汇票""银行本票""信用卡""信用证保证金""存出投资款""外埠存款"等进行明细分类核算。

（一）银行汇票存款

汇款单位（申请人）使用银行汇票，应向出票银行填写"银行汇票申请书"，填明收款人名称、汇票金额、申请人名称、申请日期等事项并签章（与其预留在银行的签章要一致）。出票银行受理银行汇票申请书，收妥款项后签发银行汇票，并用压数机压印出票金额，将银行汇票和解讫通知一并交付给申请人。申请人应将银行汇票和解讫通知一并交给汇票上记明的收款人。收款人受理申请人交付的银行汇票时，应在出票金额以内，根据实际需要的款项办理结算，并将实际结算的金额和多余金额准确、清晰地填入银行汇票和解讫通知的有关栏内，到银行办理款项入账手续。收款人可以将银行汇票背书转让给被背书人，背书转让以不超过出票金额的实际结算金额为准。未填写实际结算金额或实际结算金额超过出票金额的银行汇票，不得背书转让。银行汇票的提示付款期限为自出票日起一个月，超过付款期限提示付款的，银行将不予受理。

> **注意** 持票人向银行提示付款时，必须同时提交银行汇票和解讫通知，缺少任何一联，银行不予受理。

银行汇票丧失时，失票人可以凭人民法院出具的其享有票据权利的证明，向出票银行请求付款或退款。

企业填写"银行汇票申请书"并将款项交存银行时，借记"其他货币资金——银行汇票"科目，贷记"银行存款"科目；企业持银行汇票购货并收到有关发票账单时，借记"材料采购"或"原材料""库存商品"和"应交税费——应交增值税（进项税额）"科目，贷记"其他货币资金——银行汇票"科目；采购完毕收回余款时，借记"银行存款"科目，贷记"其他货币资金——银行汇票"科目。

销货单位收到银行汇票、填制进账单到开户银行办理入账手续时，根据进账单和销货发票等，借记"银行存款"科目，贷记"主营业务收入"和"应交税费——应交增值税（销项税额）"科目。

银行汇票流转程序如图2-7所示。

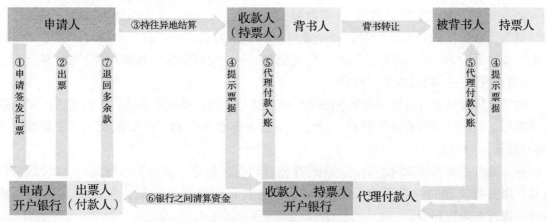

图2-7　银行汇票流转程序图

例 2-6　淮洲公司发生以下银行汇票业务：

（1）为取得银行汇票，将 20 000 元款项交存银行转作银行汇票存款。

根据银行盖章退回的申请书存根联，做会计分录如下：

借：其他货币资金——银行汇票　　　　　　20 000

　　贷：银行存款　　　　　　　　　　　　　　20 000

（2）购买的甲材料已验收入库，取得的增值税专用发票上的价款为 10 000 元，增值税额为 1 600 元，已用银行汇票办理结算。

根据取得的增值税专用发票和收料单，做会计分录如下：

借：原材料——甲材料　　　　　　　　　　10 000

　　应交税费——应交增值税（进项税额）　 1 600

　　贷：其他货币资金——银行汇票　　　　　 11 600

（3）根据收到的开户银行转来的银行汇票多余款项收账通知，做会计分录如下：

借：银行存款　　　　　　　　　　　　　　 8 400

　　贷：其他货币资金——银行汇票　　　　　　8 400

（二）银行本票存款

银行本票分为定额本票和不定额本票两种。定额本票面额为 1 000 元、5 000 元、10 000 元和 50 000 元。

申请人使用银行本票，应向银行填写"银行本票申请书"。申请人或收款人为单位的，不得申请签发现金银行本票。出票银行受理银行本票申请书，收妥款项后签发银行本票，在本票上签章后交给申请人。申请人应将银行本票交付给本票上记明的收款人，收款人可以将本票背书转让给被背书人。

银行本票的提示付款期为自出票日起最长不得超过两个月。在有效付款期内，银行见票即付。申请人因银行本票超过提示付款期限或其他原因要求退款时，应将银行本票提交到出票银行并出具单位证明。

银行本票丧失，失票人可以凭人民法院出具的其享有票据权利的证明，向出票银行请求付款或退款。

企业填写"银行本票申请书"，将款项交存银行时，借记"其他货币资金——银行本票"科目，贷记"银行存款"科目；企业持银行本票购货、收到有关发票时，借记"材料采购"或"原材料""库存商品"和"应交税费——应交增值税（进项税额）"科目，贷记"其他货币资金——银行本票"科目。

销货单位收到银行本票、填制进账单到开户银行办理款项入账手续时，根据进账单和销货发票等，借记"银行存款"科目，贷记"主营业务收入"和"应交税费——应交增值税（销项税额）"科目。

企业要求退回本票款时，借记"银行存款"科目，贷记"其他货币资金——银行本票"科目；用银行本票直接购买办公用品时，借记"管理费用"科目，贷记"其他货币资金——银行本票"科目。

银行本票流转程序如图2-8所示。

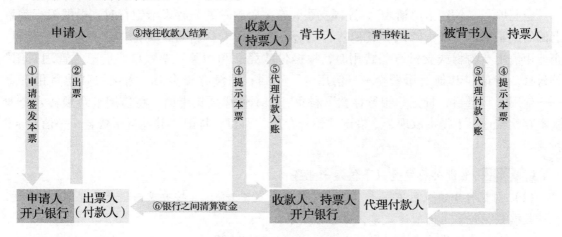

图2-8　银行本票流转程序图

●━例2-7　淮洲公司发生以下银行本票业务：

（1）为取得银行本票，向银行填交"银行本票申请书"，并将12 000元款项转作银行本票存款。

根据银行盖章退回的申请书存根联，做会计分录如下：

借：其他货币资金——银行本票　　　　　12 000

　　贷：银行存款　　　　　　　　　　　　　　12 000

（2）用银行本票购买办公用品12 000元。

根据发票账单等，做会计分录如下：

借：管理费用　　　　　　　　　　　　　12 000

　　贷：其他货币资金——银行本票　　　　　　12 000

（三）信用卡存款

信用卡按发卡对象的不同，可分为单位卡和个人卡。单位卡的发行对象为各类工商企业、科研教育等企事业单位，国家党政机关、部队、团体等法人组织。个人卡的发行对象则为城乡居民个人。凡在中国境内金融机构开立基本账户的单位均可申领单位卡，且可申领若干张，持卡人资格由申领单位法定代表人或其委托的代理人书面指定和注销。单位卡账户的资金一律从其基本存款账户转账存入，不得交存现金，不得将销货收入的款项存入其账户。持卡人可持信用卡在特约单位购物、消费，但是单位卡不得用于10万元以上的商品交易、劳务供应款项的结算，不得支取现金。特约单位需要在每日营业终了，将当日受理的信用卡签购单进行汇总，计算手续费和净额，并填写汇（总）计单和进账单，连同签购单一并送交收单银行办理进账。

信用卡一般按是否向发卡银行交存备用金分为贷记卡和准贷记卡两类。贷记卡是指银行发行的，并给予持卡人一定信用额度，持卡人可在信用额度内先消费后还款的信用卡；准贷记卡是指银行发行的，持卡人按要求交存一定金额的备用金，当备用金账户余额不足支付时，可在规定的信用额度内透支的信用卡。

企业填写"信用卡申请表"，连同支票和有关资料一并送存发卡银行时，根据银行盖章退回的进账单第一联，借记"其他货币资金——信用卡"科目，贷记"银行存款"科目；企业用信用卡购物或支付有关费用时，根据付款凭证和相关发票账单，借记"管理费用"等科目，贷记"其他货币资金——信用卡"科目；需续存资金时，借记"其他货币资金——信用卡"科目，贷记"银行存款"科目；如不使用要销卡时，将信用卡余额转入企业基本存款账户，不得提取现金，借记"银行存款"科目，贷记"其他货币资金——信用卡"科目。

●例2-8　淮洲公司发生以下信用卡业务：

（1）向银行申请领用信用卡，填写"信用卡申请表"，并按要求向银行交存100 000元。

根据银行盖章退回的进账单，做会计分录如下：

借：其他货币资金——信用卡　　　　　100 000
　　贷：银行存款　　　　　　　　　　　　　100 000

（2）使用信用卡支付本月的电话费4 000元。

根据付款凭证等，做会计分录如下：

借：管理费用　　　　　　　　　　　　4 000
　　贷：其他货币资金——信用卡　　　　　　4 000

（3）收到信用卡账户存款利息36.4元。

根据银行收款凭证，做会计分录如下：

借：其他货币资金——信用卡　　　　　36.4
　　贷：财务费用　　　　　　　　　　　　　36.4

（四）信用证保证金存款

企业填写"信用证申请书"，将信用证保证金交存银行时，根据银行盖章退回的"信用证申请书"回单，借记"其他货币资金——信用证保证金"科目，贷记"银行存款"科目；企业接到开证行通知，根据供货单位信用证结算凭证及所附发票账单，借记"材料采购"或"原材料""库存商品"和"应交税费——应交增值税（进项税额）"科目，贷记"其他货币资金——信用证保证金"；将未用完的信用证保证金存款余额转回开户银行时，借记"银行存款"科目，贷记"其他货币资金——信用证保证金"科目。

●例2-9　淮洲公司发生以下信用证业务：

（1）向银行申请开具信用证1 800 000元，用于支付境外采购设备价款，填写"信用证申请书"，并按要求向银行交存款项。

根据银行盖章退回的进账单，做会计分录如下：

借：其他货币资金——信用证保证金　　1 800 000
　　贷：银行存款　　　　　　　　　　　　　1 800 000

（2）收到银行转来的境外销货公司信用证结算凭证及所附发票账单、海关进口增值税专用缴款书等凭证，设备价款1 500 000元，增值税额240 000元。

根据信用证结算凭证及所附发票账单、海关进口增值税专用缴款书等凭证，做会计分录如下：

　　借：固定资产　　　　　　　　　　　　　　1 500 000
　　　　应交税费——应交增值税（进项税额）　　240 000
　　　　贷：其他货币资金——信用证保证金　　　　　　1 740 000

（3）该境外销货公司的信用证余款转回银行账户时：

根据银行收账通知，做会计分录如下：

　　借：银行存款　　　　　　　　　　　　　　60 000
　　　　贷：其他货币资金——信用证保证金　　　　　　60 000

（五）存出投资款

企业向证券公司划出资金时，应按实际划出的金额，借记"其他货币资金——存出投资款"科目，贷记"银行存款"科目；购买股票、债券、基金等时，按实际发生的金额，借记"交易性金融资产"等科目，贷记"其他货币资金——存出投资款"科目。

（六）外埠存款

企业将款项汇往外地时，应填写汇款委托书，委托开户银行办理汇款。汇入地银行以汇款单位名义开立临时采购账户，该账户的存款不计利息、只付不收、付完清户，除了采购人员可以从中提取少量现金外，一律采用转账结算。

企业将款项汇往外地开立采购专用账户，根据汇出款项凭证编制付款凭证时，借记"其他货币资金——外埠存款"科目，贷记"银行存款"科目；收到采购人员转来供应单位发票等报销凭证时，借记"材料采购"或"原材料""库存商品"和"应交税费——应交增值税（进项税额）"等科目，贷记"其他货币资金——外埠存款"科目；采购完毕，收回剩余款项时，根据银行的收账通知，借记"银行存款"科目，贷记"其他货币资金——外埠存款"科目。

例2-10 淮洲公司发生以下外埠存款业务：

（1）为临时采购需要在异地设立采购专户，委托开户银行汇款110 000元。

根据银行汇款凭证回单联，做会计分录如下：

　　借：其他货币资金——外埠存款　　　　110 000
　　　　贷：银行存款　　　　　　　　　　　　110 000

（2）采购员交来从采购专户付款购入材料的有关票据，增值税专用发票上注明的原材料价款为90 000元，增值税14 400元，材料已验收入库。

根据采购发票、收料单等，做会计分录如下：

　　借：原材料　　　　　　　　　　　　　　90 000
　　　　应交税费——应交增值税（进项税额）　14 400
　　　　贷：其他货币资金——外埠存款　　　　　104 400

（3）收到开户银行的收款通知，该采购专户中多余的资金5 600元转回开户银行。

根据银行的收账通知，做会计分录如下：

　　借：银行存款　　　　　　　　　　　　　　　5 600

　　　　贷：其他货币资金——外埠存款　　　　　　　　5 600

本章内容在报表中的信息披露

资产负债表	
资　产	负债和所有者权益
流动资产：	
货币资金（库存现金＋银行存款＋其他货币资金）	
……	
流动资产合计	
非流动资产：	
……	

⟡ 本 章 习 题 ⟡

一、单项选择题（下列答案中有一个是正确的，请将正确答案前的英文字母填入括号内）

1. 我国会计核算中的"库存现金"科目的核算内容包括（　　）。
   A. 库存现金
   B. 库存现金和银行存款
   C. 库存现金、银行存款和有价证券
   D. 库存现金、银行存款、有价证券和其他货币资金

2. 甲公司 12 月 31 日库存现金账户余额为 100 万元，银行存款账户余额为 200 万元，银行承兑汇票余额为 50 万元，商业承兑汇票余额为 30 万元，信用证保证金存款余额为 15 万元，则 12 月 31 日资产负债表中"货币资金"项目的金额为（　　）万元。
   A. 395　　　　　　　B. 315　　　　　　　C. 380　　　　　　　D. 300

3. 企业库存现金清查时，经检查仍无法查明原因的库存现金短款，经批准后应计入（　　）。
   A. 财务费用　　　　B. 管理费用　　　　C. 销售费用　　　　D. 营业外支出

4. 根据规定，下列经济业务中不能用现金支付的是（　　）。
   A. 支付职工奖金 3 000 元　　　　　　B. 支付零星办公用品购置费 500 元
   C. 支付物资采购款 1 500 元　　　　　D. 支付职工差旅费 2 500 元

5. 企业一般不得从现金收入中直接支付现金，因特殊情况需要坐支现金的，应事先报请（　　）审查批准。

A. 工商行政管理部门   B. 上级主管部门

C. 税务部门   D. 开户银行

6. 企业对无法查明原因的现金溢余，经批准后应转入（   ）科目。

   A. 主营业务收入   B. 其他业务收入   C. 其他应付款   D. 营业外收入

7. （   ）是由出票银行签发，由其在见票时按照实际结算金额无条件支付给收款人或持票人的一种票据。

   A. 银行本票   B. 银行汇票   C. 支票   D. 商业汇票

8. 企业采购人员持银行汇票办理款项支付结算后，凭有关发票账单报销时，应借记有关科目，贷记（   ）科目。

   A. 银行存款   B. 应收票据   C. 应付票据   D. 其他货币资金

9. 下列结算方式中，只适用于同城办理结算的是（   ）。

   A. 银行本票   B. 银行汇票   C. 商业汇票   D. 委托收款

10. 可以办理现金缴存，但不得办理现金支取的单位银行结算账户是（   ）。

   A. 基本存款账户   B. 一般存款账户   C. 专用存款账户   D. 临时存款账户

11. 银行本票自出票日起，付款期限为（   ）。

   A. 一个月   B. 二个月   C. 三个月   D. 一年

12. 银行汇票付款期限为自出票日起（   ）。

   A. 一个月   B. 二个月   C. 三个月   D. 六个月

13. 对于银行已入账而企业尚未入账的未达账款，企业应当（   ）。

   A. 根据"银行对账单"入账   B. 根据"银行存款余额调节表"入账

   C. 根据对账单和调节表自制凭证入账   D. 待有关结算凭证到达后入账

14. 外币业务是指企业以（   ）以外的货币进行的款项收付、往来结算等业务。

   A. 人民币   B. 记账本位币   C. 港币   D. 外国货币

15. 按照国家《人民币银行结算账户管理办法》规定，企业的工资、奖金等现金的支取，只能通过（   ）办理。

   A. 基本存款账户   B. 一般存款账户   C. 临时存款账户   D. 专用存款账户

二、多项选择题 （下列答案中有多个答案是正确的，请将正确答案前的英文字母填入括号内）

1. 下列各项，不通过"其他货币资金"科目核算的是（   ）。

   A. 信用证保证金存款   B. 备用金

   C. 外埠存款   D. 商业汇票

2. 编制银行存款余额调节表时，下列未达账项中，会导致企业银行存款日记账的账面余额小于银行对账单余额的有（   ）。

   A. 企业开出支票，银行尚未支付

    B. 企业送存支票，银行尚未入账

    C. 银行代收款项，企业尚未接到收款通知

    D. 银行代付款项，企业尚未接到付款通知

3. 现金日记账由出纳人员根据审核后的（　　　）逐日逐笔序时登记。

    A. 原始凭证　　　　B. 现金收款凭证　　　C. 现金付款凭证　　　D. 银行收款凭证

4. 下列票据可以背书转让的有（　　　）。

    A. 现金支票　　　　B. 银行汇票　　　　　C. 银行本票　　　　　D. 商业汇票

5. 按照《现金管理暂行条例》的规定，属于现金收入范围的有（　　　）。

    A. 职工交回差旅费剩余款　　　　　　　B. 从银行提取现金

    C. 将现金送存银行　　　　　　　　　　D. 收取结算起点以下的小额销货款

6. 按照《现金管理暂行条例》，下列经济业务中属于现金使用范围的有（　　　）。

    A. 支付差旅费 500 元　　　　　　　　　B. 支付购买材料款 1 200 元

    C. 支付职工工资 3 500 元　　　　　　　D. 李强报销医药费 1 500 元

7. 下列项目中，应在"其他货币资金"账户中核算的有（　　　）。

    A. 存出投资款　　　　　　　　　　　　B. 支票存款

    C. 银行汇票存款　　　　　　　　　　　D. 银行本票存款

8. 严格空白支票使用的措施有（　　　）。

    A. 支票上填写日期　　　　　　　　　　B. 支票上填写收款单位和款项用途

    C. 支票领用人在专设登记簿上签章　　　D. 将支票交其他单位签发

9. 下列关于其他货币资金的说法中，正确的是（　　　）。

    A. 核算其他货币资金的收支和结存情况

    B. 应设置"其他货币资金"科目

    C. 借方登记其他货币资金的增加数

    D. 余额在借方，表示其他货币资金的结存数额

10. 下列项目中，通过"其他货币资金"科目核算的有（　　　）。

    A. 取得由本企业开户银行签发的银行本票

    B. 本企业签发并由开户银行承兑的商业汇票

    C. 取得由本企业开户银行签发的银行汇票

    D. 取得由购货单位签发并承兑的商业汇票

11. 下列项目中不能通过"其他货币资金"核算的有（　　　）。

    A. 应收票据　　　　B. 应收账款　　　　　C. 应收股利　　　　　D. 应收利息

12. 甲公司收到投资者投入货币资金 10 万元，下列说法中正确的有（　　　）。

    A. 借记"银行存款"科目　　　　　　　B. 贷记"实收资本"科目

    C. 借记"应收票据"科目　　　　　　　D. 贷记"资本公积"科目

13. 对库存现金进行清查时，正确的清查做法有（　　）。

    A. 应由出纳员将现金全部放入保险柜暂行封存

    B. 事先通知出纳员做必要准备

    C. 盘点库存现金的时间一般安排在营业前或营业后

    D. 清点库存现金时，会计主管人员和审计人员在旁观察监督

14. 下列行为中，不符合结算有关规定的有（　　）。

    A. 用现金支付出差人员的差旅费

    B. 用现金支付向供销社采购的农副产品款

    C. 用信用卡结算 10 万元以上的商品交易款项

    D. 签发的支票金额超过企业的银行存款余额

15. 企业编制银行存款余额调节表，在调整银行存款日记账余额时，应考虑（　　）。

    A. 企业已收、银行未收　　　　　　　B. 银行已收、企业未收

    C. 企业已付、银行未付　　　　　　　D. 银行已付、企业未付

三、判断题（正确的在括号内打"√"，错误的打"×"）

1. 企业可以根据经营需要，在一家或几家银行开立基本存款账户。　　　　（　　）

2. 现金清查是以实地盘点法核对库存现金实有数与账存数的。　　　　（　　）

3. 普通支票左上角画两条平行线的，只能用于转账，不得支取现金。　　（　　）

4. 未达账项是指银行与企业之间，由于结算凭证传递上的时间差，导致一方已入账而另一方未入账的款项。　　　　　　　　　　　　　　　　（　　）

5. 在任何情况下，企业一律不准坐支现金。　　　　　　　　　　　　（　　）

6. 每日终了，企业必须将现金日记账的余额与现金总账的余额及现金的实际库存数进行核对，做到账账、账实相符。　　　　　　　　　　　　　　（　　）

7. 我国会计上所说的现金仅指企业库存的人民币现金，不包括外币现金。　（　　）

8. 银行汇票是由企业签发的、见票时无条件支付确定的金额给收款人或持票人的票据。　　　　　　　　　　　　　　　　　　　　　　　　　（　　）

9. 对于银行已经入账而企业尚未入账的未达账项，企业应当根据"银行对账单"编制自制凭证予以入账。　　　　　　　　　　　　　　　　　　（　　）

10. 每个企业只能在银行开立一个基本存款账户，企业的工资、奖金等现金的支取只能通过该账户办理。　　　　　　　　　　　　　　　　　　（　　）

11. 在企业的外币业务中，人民币也可能属于"外币"范畴。　　　　　（　　）

12. 货币资金内部控制的根本目的是保证货币资金的安全，防止其被贪污、侵占和挪用。　　　　　　　　　　　　　　　　　　　　　　　　（　　）

13. 同城或异地的商品交易、劳务供应均可采用银行本票进行结算。　　（　　）

14. 在现金清查中，如有白条，可以抵充现金，以便账实相符。　　　　（　　）

15. 销货单位收到银行汇票、填制进账单到开户银行办理入账手续时，根据进账单和销货发票等，应借记"其他货币资金"科目。　　　　　　　　　　　（　　）

四、计算及账务处理题

1. 红达公司本月发生货币资金结算业务如下：
   （1）4月1日，周雷报销市内交通费90元，出纳员以现金付讫。
   （2）4月2日，采购员王信去上海采购材料，经银行同意开出信汇结算凭证，委托银行汇往上海市工商银行建国路支行20 000元，开立采购账户。
   （3）4月4日，采购员张立去南京购买材料，采用银行汇票结算方式，填写"银行汇票申请书"向银行申请签发银行汇票，签发金额为5 000元。
   （4）4月17日，采购员王信购入原材料一批，共计价款16 000元，增值税2 560元，已验收入库。同日，接到银行通知，采购专户余额1 440元也已转回本公司结算户。
   （5）4月20日，开出转账支票，付给市文化用品公司购买办公用品款810元。
   要求：根据上述业务编制会计分录。

2. 红达公司12月发生与银行存款有关的业务如下：
   （1）12月28日，红达公司收到A公司开出的4 800元转账支票，交存银行。该笔款项系A公司因违约支付的赔款，红达公司将其计入当期损益。
   （2）12月29日，红达公司开出转账支票支付B公司咨询费36 000元，并于当日交给B公司。
   要求：根据上述业务编制会计分录。

3. 红达公司5月发生经济业务如下：
   （1）2日，出纳员开出现金支票3 000元，补充库存现金。
   （2）4日，人事部门报销办公用品款，以现金支付160元。
   （3）7日，李健出差预借差旅费1 000元，以现金支付。
   （4）17日，由当地银行汇往B市某银行临时采购货款40 000元。
   （5）18日，李健出差回来，报销差旅费850元。
   （6）20日，在B市购买原材料，增值税专用发票上注明价款30 000元，增值税额4 800元，材料尚未运到。转回临时采购账户剩余存款。
   要求：根据上述业务编制会计分录。

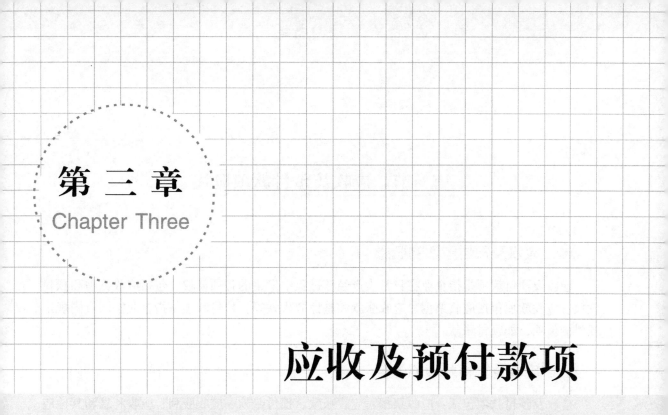

第 三 章
Chapter Three

应收及预付款项

本章学习目标 ///////////////////////////

- 了解应收及预付款项的内容
- 掌握应收票据、应收账款、预付账款和其他应收款的核算
- 掌握应收款项减值的确认方法
- 掌握坏账准备的计提和相关账务处理
- 具备相应的会计职业判断能力，了解应收及预付款项在资产负债表中的披露方法

本章主要科目 ///////////////////////////

- 应收票据
- 应收账款
- 预付账款
- 其他应收款
- 坏账准备
- 信用减值损失

第一节　应收及预付款项概述

一、应收及预付款项的概念

应收及预付款项是指企业在日常生产经营过程中发生的各项债权，包括应收款项和预付款项。应收款项包括应收票据、应收账款和其他应收款等；预付款项是指企业按照合同规定预付的款项，如预付账款。

二、应收及预付款项的内容

应收及预付款项包括：应收票据、应收账款、预付账款、应收股利、应收利息和其他应收款等。具体内容如下：

（一）应收票据

应收票据是指企业因销售商品、提供劳务等而收到的商业汇票。商业汇票是一种由出票人签发的，委托付款人在指定日期无条件支付确定金额给收款人或者持票人的票据。商业汇票是交易双方以商品购销业务为基础而使用的一种信用凭证，适用于同城或异地在银行开立存款账户的法人以及其他组织之间，订有购销合同的商品交易的款项结算。

（二）应收账款

应收账款是指企业因销售商品、提供劳务等经营活动，应向购货单位或接受劳务单位收取的款项，主要包括企业销售商品或提供劳务等应向有关债务人收取的价款及代购货单位垫付的包装费、运杂费等。

（三）预付账款

预付账款是指企业因购货或接受劳务，按照合同规定预付给供应单位的款项。预付款项情况不多的企业，可以不设置"预付账款"科目，而直接通过"应付账款"科目核算。

（四）应收股利

应收股利是指企业应收取的现金股利和应收取其他单位分配的利润。

（五）应收利息

应收利息是指企业根据合同或协议应向债务人收取的利息。

提示 应收股利和应收利息的核算具体内容见本书第五章金融资产和第六章长期股权投资。

（六）其他应收款

其他应收款是企业应收款项的重要组成部分，是指企业除应收票据、应收账款、预付账款、应收股利和应收利息以外的其他各种应收及暂付款项。

第二节 应收票据

一、应收票据的概念、分类和入账价值

（一）应收票据的概念

应收票据是指企业因销售商品、提供劳务等而收到的商业汇票。商业汇票的付款期限最长不得超过6个月。符合条件的商业汇票的持票人，可以持未到期的商业汇票连同贴现凭证向银行申请贴现。

（二）应收票据的分类

（1）商业汇票按承兑人不同，分为商业承兑汇票和银行承兑汇票。商业承兑汇票是指由付款人签发并承兑，或由收款人签发交由付款人承兑的汇票。银行承兑汇票是指由在承兑银行开立存款账户的存款人（这里也是出票人）签发，由承兑银行承兑的票据。企业申请使用银行承兑汇票时，一般应向其承兑银行按票面金额的万分之五缴纳手续费。

提示 承兑是指汇票付款人承诺在汇票到期日支付汇票金额的票据行为。

（2）商业汇票按是否计息，分为不带息商业汇票和带息商业汇票。不带息商业汇票是指商业汇票到期时，承兑人只按票据面值向收款人或被背书人支付款项的票据，即"票据到期值＝票据面值"。带息商业汇票是指商业汇票到期时，承兑人必须按票面金额加上应计利息向承兑人或被背书人支付票款的票据，即"票据到期值＝票据面值＋票据利息"。

（三）应收票据的入账价值

应收票据入账价值的确定，目前存在两种方法，一种是按其票面价值入账，另一种是按票面价值的现值入账。如果考虑到货币的时间价值等因素对票据面值的影响，应收票据按其面值的现值入账是比较合理和科学的。但是，由于商业汇票的期限较短，利息金额相对来说不大，用现值记账计算烦琐，为了简化核算，在我国，应收票据一般按其面值计价，即企业

收到应收票据时，应按照票据的票面价值入账。但对于带息的应收票据，应于期末，按应收票据的票面价值和确定的利率计提利息，计提的利息应增加应收票据的账面余额。

二、应收票据的核算

为了反映和监督应收票据取得、收回和票据贴现等业务，企业应设置"应收票据"科目，借方登记取得的应收票据的面值和计提的票据利息，贷方登记到期收回票款或到期前向银行贴现的应收票据的票面余额，期末余额在借方，反映企业持有的尚未收回且未申请贴现的商业汇票的票面余额。该科目可按照开出、承兑商业汇票的单位进行明细核算，并设置"应收票据备查簿"，逐笔登记每一商业汇票的种类、号数、出票日、票面金额、交易合同号、付款人、承兑人、背书人的姓名或单位名称、到期日、背书转让日、贴现日、贴现率和贴现净额以及收款日和收回金额、退票情况等资料。商业汇票到期结清票款或退票后，应当在备查簿内逐笔注销。

（一）不带息应收票据的核算

不带息应收票据的到期价值等于应收票据的面值。企业销售商品、产品或提供劳务收到开出、承兑的商业汇票时，按应收票据的面值，借记"应收票据"科目，按实现的营业收入，贷记"主营业务收入"科目，按专用发票上注明的增值税额，贷记"应交税费——应交增值税（销项税额）"科目。企业收到应收票据以抵偿应收账款时，借记"应收票据"科目，贷记"应收账款"科目。应收票据到期收回时，按票面金额，借记"银行存款"科目，贷记"应收票据"科目。商业承兑汇票到期，承兑人违约拒付或无力支付票款，企业收到银行退回的商业承兑汇票、委托收款凭证、未付票款通知书或拒绝付款证明等，借记"应收账款"科目，贷记"应收票据"科目。

● 例 3-1 淮洲公司 5 月 23 日向科锐公司销售一批产品，货款为 60 000 元，增值税额为 9 600 元，收到一张期限为三个月、面值为 69 600 元的不带息商业承兑汇票。

根据增值税专用发票、商业承兑汇票，做会计分录如下：

借：应收票据　　　　　　　　　　　　　　　　　69 600
　　贷：主营业务收入　　　　　　　　　　　　　　60 000
　　　　应交税费——应交增值税（销项税额）　　　 9 600

8 月 23 日，商业承兑汇票到期，收回票款存入银行，做会计分录如下：

借：银行存款　　　　　　　　　　　　　　　　　69 600
　　贷：应收票据　　　　　　　　　　　　　　　　69 600

如果商业承兑汇票到期，科锐公司无力承兑票款，做会计分录如下：

借：应收账款——科锐公司　　　　　　　　　　　69 600
　　贷：应收票据　　　　　　　　　　　　　　　　69 600

（二）带息应收票据的核算

企业收到的带息应收票据，除按照不带息应收票据的核算原则进行核算外，还应于期末按规定计提票据利息，并增加应收票据的账面价值。到期不能收回的带息应收票据，企业根据收到银行退回的商业承兑汇票、委托收款凭证、未付票款通知书等，按应收票据的账面价值，转入"应收账款"科目核算后，期末不再计提利息，其所包含的利息，在有关备查簿中进行登记，待实际收到时再冲减收到当期的财务费用。

1. 带息应收票据利息的计算

带息应收票据利息的计算公式为

$$应收票据利息 = 应收票据面值 × 利率 × 期限$$
$$应收票据到期值 = 应收票据面值 × (1 + 利率 × 期限)$$

其中，"利率"一般指年利率，如果按月计算利息，应将利率换算为月利率；如果按日计算利息，应将利率换算为日利率。为计算方便，通常按一年为 360 天计算。

"期限"是指票据签发日至到期日的间隔时间。按月表示期限时，应以到期月份中与出票日相同的日子为到期日，如出票日为 3 月 20 日，期限 2 个月，则到期日为 5 月 20 日；按日表示期限时，到期日应从出票日起，按实际经历天数计算，对出票日和到期日只计算其中的一天，即算头不算尾，算尾不算头。如出票日为 5 月 26 日，期限为 30 天的商业汇票，则到期日为 6 月 25 日。

| 注意 | 月末签发的票据，不论月份大小，均以到期月份的月末为到期日。如 12 月 31 日开出的票据，两个月期，到期日就是 2 月 28 日；三个月期，到期日就是 3 月 31 日。 |

2. 带息应收票据的账务处理

带息应收票据应于期末，按应收票据的票面价值和确定的利率计提利息，计提的利息增加应收票据的账面价值，借记"应收票据"科目，贷记"财务费用"科目。

→ 例 3 - 2　淮洲公司 3 月 31 日，销售一批商品，货款 103 448.28 元，增值税额 16 551.72 元，当日收到面值为 120 000 元的商业承兑汇票一张，利率 6%，期限 5 个月。为简化核算，假设淮洲公司于上半年末和年度终了时计提应收票据利息。

3 月 31 日，根据增值税专用发票和商业承兑汇票，做会计分录如下：

```
借：应收票据                           120 000
    贷：主营业务收入                            103 448.28
        应交税费——应交增值税（销项税额）          16 551.72
```

6 月 30 日，计提利息，做会计分录如下：

应计利息 = 120 000 × 6% ÷ 12 × 3 = 1 800（元）

```
借：应收票据                             1 800
    贷：财务费用                                  1 800
```

8 月 31 日，到期收回票款，根据银行收账通知，做会计分录如下：

$$到期利息 = 120 000 × 6\% ÷ 12 × 5 = 3 000（元）$$
$$到期值 = 120 000 × (1 + 6\% ÷ 12 × 5) = 123 000（元）$$

借：银行存款   123 000
  贷：应收票据   121 800
    财务费用   1 200

提示 应收票据 = 120 000 + 1 800 = 121 800（元）

财务费用 = 3 000 - 1 800 = 1 200（元）

三、应收票据的转让

企业可以将自己持有的商业汇票背书转让。背书是指在票据背面或者粘单上记载有关事项并签章的票据行为。票据被拒绝承兑、拒绝付款或者超过付款提示期限的，不得背书转让。背书转让的，背书人应当承担票据责任。

企业将持有的应收票据背书转让，以取得所需物资时，按应计入取得物资成本的价值，借记"材料采购""原材料"或"库存商品"等科目，按专用发票上注明的增值税额，借记"应交税费——应交增值税（进项税额）"科目，按应收票据的账面余额，贷记"应收票据"科目，如有差额，借记或贷记"银行存款"等科目。

如为带息应收票据，企业将持有的应收票据背书转让，以取得所需物资时，按应计入取得物资成本的价值，借记"材料采购""原材料"或"库存商品"等科目，按专用发票上注明的增值税额，借记"应交税费——应交增值税（进项税额）"科目，按应收票据的账面余额，贷记"应收票据"科目，按尚未计提的利息，贷记"财务费用"科目，按应收或应付的金额，借记或贷记"银行存款"等科目。

四、应收票据的贴现

企业收到商业汇票，如在票据未到期前急需资金，可以持未到期的商业汇票经过背书后向其开户银行申请贴现。贴现是指企业将未到期的票据经过背书转让给银行，银行受理后，从票面金额中扣除贴现日至到期日按银行的贴现率计算的贴现息后，将余额付给贴现企业的融资行为。票据贴现实质上是一种融通资金的行为。在贴现中，企业给银行的利息称为贴现息，所用的利率称为贴现率，票据到期值与贴现息之差称为贴现所得。用应收票据向银行申请贴现时，如果是带息票据，由于受票面载明的利率与银行贴现率的差异和贴现期的影响，其贴现所得与票面金额会产生差异，在会计上作为利息收支处理；如果是不带息票据，其贴现所得与票面金额产生的差异，在会计上作为利息支出处理。企业以应收票据向银行贴现的贴现息及贴现所得计算公式如下：

贴现期 = 票据有效期限 - 持有期限

贴现息 = 票据到期值 × 贴现率 × 贴现期

贴现所得 = 票据到期值 - 贴现息

其中，带息应收票据的到期值，是其面值加上按票据载明的利率计算的票据全部期间的利息；不带息应收票据的到期值就是其面值。

注意 如果承兑人在异地，贴现、转贴现和再贴现的期限以及贴现利息的计算应另加3天的划款日期。

企业持未到期的不带息应收票据向银行贴现，应按实际收到的金额（即减去贴现息后的净额），借记"银行存款"科目，按贴现息部分，借记"财务费用"科目，按应收票据的票面价值，贷记"应收票据"或"短期借款"科目；如为带息应收票据，按实际收到的金额，借记"银行存款"科目，按应收票据的账面价值，贷记"应收票据"或"短期借款"科目，按其差额，借记或贷记"财务费用"科目。

提示 应收票据贴现有两种情况，一种是银行不拥有追索权，另一种是银行拥有追索权。银行对应收票据不拥有追索权，则应收票据贴现时所有的兑现风险和利益在出售时全部转移给银行，当承兑人不能按期付款时，银行不可向申请贴现企业索偿。此时，企业持未到期的商业汇票向银行贴现，按应收票据的票面价值，贷记"应收票据"科目。银行对应收票据拥有追索权是指贴现后的票据在到期时，如果票据承兑人无力向贴现银行支付票款，则银行将向申请贴现企业提示票据，申请贴现企业有偿还票款的连带责任。此时，企业持未到期的商业汇票向银行贴现，按应收票据的票面价值，贷记"短期借款"科目。

► 例3-3 淮洲公司于4月2日将持有的一张出票日为2月1日，面值100 000元、年利率8%、将于5月2日到期的商业承兑汇票向银行贴现，贴现率为10%，假定本公司与承兑人在同城，贴现时，银行对该票据拥有追索权，则贴现息和贴现所得计算如下：

贴现期 = 90 − 60 = 30（天）

带息票据到期值 = 100 000 × (1 + 8% ÷ 360 × 90) = 102 000（元）

贴现息 = 102 000 × 10% ÷ 360 × 30 = 850（元）

贴现所得 = 102 000 − 850 = 101 150（元）

借：银行存款　　　　　　　101 150

　贷：短期借款　　　　　　　100 000

　　　财务费用　　　　　　　　1 150

► 例3-4 承［例3-3］，假定该票据为不带息票据，则贴现息和贴现所得计算如下：

票据到期值 = 100 000（元）

贴现息 = 100 000 × 10% ÷ 360 × 30 = 833（元）

贴现所得 = 100 000 − 833 = 99 167（元）

借：银行存款　　　　　　　99 167

　　财务费用　　　　　　　　833

　贷：短期借款　　　　　　　100 000

第三节　应收账款

一、应收账款的概念和入账价值

（一）应收账款的概念

应收账款是指企业因销售商品、提供劳务等经营活动，应向购货单位或接受劳务单位收取的款项，主要包括企业销售商品或提供劳务等应向有关债务人收取的价款及代购货单位垫付的包装费、运杂费等。

> **注意**　应收账款不包括企业与其他单位之间的应收赔款、罚款、存出保证金，以及企业向职工收取的各种垫付款项等。如果企业在销售商品、产品或提供劳务时，采用商业汇票的结算方式而以票据化的形式表现出的应收款项，也不属于应收账款，而应作为应收票据。

（二）应收账款的入账价值

应收账款应于收入实现时予以确认。通常情况下，应收账款按实际发生额计价入账，即按买卖双方成交时的实际金额（包括销售货物或提供劳务的价款、增值税，以及代购货方垫付的包装费、运杂费等）确定。由于实际商业活动中存在商业折扣、现金折扣等，所以应收账款的入账价值还需要考虑商业折扣和现金折扣等因素。

1. 商业折扣

商业折扣是指企业根据市场供需情况，或针对顾客购买商品数量多少给予的价格上的优惠，通常以百分比来表示，如5%、10%等。企业在销售商品时，价目单上往往标明各种商品的价格，买方一般按价目单上的价格扣除卖方给予的折扣后的净额付款，则实际价格（发票价格）为折扣后的价格。

> **注意**　由于商业折扣在交易成立及实际付款之前予以扣除，因此商业折扣对应收账款入账价值没有什么实质性的影响，买卖双方均无须在账上反映商业折扣，企业应收账款金额只需按扣除商业折扣后的实际售价确认。

2. 现金折扣

现金折扣是指企业为了鼓励客户在一定时期内早日偿还货款而给予的一种折扣优惠，通常用符号"折扣/付款期限"表示，如 2/10、1/20、n/30，即 10 天内付款折扣为 2%，20 天内付款折扣为 1%，30 天内付款不享受折扣。

> **注意**　由于现金折扣发生于交易成立后，且对于销售企业来说其实际能收到的款项视购买方付款时间的不同而不同。因此，存在现金折扣的情况下，应收账款金额的确认有两种方法：
>
> （1）总价法。总价法是将未扣减现金折扣前的金额（即总价）作为实际售价，据以确认应收账款的入账价值。现金折扣只有客户在折扣期内支付货款时，才予以确认。这一方法把现金折扣作为鼓励客户提早付款而给予的经济利益。销售方把给予客户的现金折扣视为融资的理财费用，会计上应作为财务费用处理。
>
> （2）净价法。净价法是将扣减现金折扣后的金额作为实际售价，据以确认应收账款的入账价值。这种方法把客户取得折扣视为正常现象，认为客户一般都会提前付款，而将由于客户超过折扣期而多收入的金额，视为提供信贷获得的理财收入，冲减"财务费用"科目。

我国会计实务中，应收账款采用总价法核算。即企业应当按照扣除现金折扣前的金额确定商品销售收入金额，将产生的现金折扣记入"财务费用"科目。

二、应收账款的核算

为了总括反映和监督企业应收账款的发生和收回情况，企业应设置"应收账款"科目进行总分类核算，借方登记赊销发生的应收账款金额，贷方登记客户归还，或已结转坏账损失，或转作商业汇票结算方式的应收账款金额。期末余额在借方，表示尚未收回的应收账款金额。该科目应按债务单位名称设置明细科目进行明细核算。

> **注意**　不单独设置"预收账款"科目的企业，预收的账款也可在"应收账款"科目核算。

企业销售商品、产品，提供劳务发生应收账款时，按应收金额，借记"应收账款"科目，按实现的营业收入，贷记"主营业务收入"科目，按专用发票上注明的增值税额，贷记"应交税费——应交增值税（销项税额）"科目。企业代购货方垫付的包装费、运杂费等，借记"应收账款"科目，贷记"银行存款"科目。收回应收账款时，借记"银行存款"科目，贷记"应收账款"科目。

如果应收账款改用商业汇票结算，在收到承兑的商业汇票时，按账面价值借记"应收票据"科目，贷记"应收账款"科目。

→例3-5　淮洲公司销售一批产品，按价目表标明的价格计算，金额为30 000元，由于是成批销售，销货方给予购货方10%的商业折扣，金额为3 000元，销货方应收账款的入账金额为27 000元，适用增值税率为16%。

根据增值税专用发票，做会计分录如下：

借：应收账款	31 320
贷：主营业务收入	27 000

应交税费——应交增值税（销项税额）   4 320

收到货款时，根据银行收账通知，做会计分录如下：

借：银行存款   31 320
  贷：应收账款   31 320

例3-6 淮洲公司销售一批产品，货款为 20 000 元，规定的现金折扣条件为：2/10，1/20，n/30，适用的增值税率为 16%，计算现金折扣时不考虑增值税，产品交付并办妥托收手续。

根据增值税专用发票，做会计分录如下：

借：应收账款   23 200
  贷：主营业务收入   20 000
      应交税费——应交增值税（销项税额）   3 200

如果上述货款在 10 天内收到，根据收账通知，做会计分录如下：

借：银行存款   22 800
    财务费用   400
  贷：应收账款   23 200

如果上述货款在 20 天内收到，根据收账通知，做会计分录如下：

借：银行存款   23 000
    财务费用   200
  贷：应收账款   23 200

如果上述货款超过了折扣期限，在收到货款时，根据收账通知，做会计分录如下：

借：银行存款   23 200
  贷：应收账款   23 200

第四节　预付账款

一、预付账款的概念

预付账款是指企业按照购货合同的规定，预付给供应单位的货款，如预付的材料货款、商品采购货款。

> **注意** 预付账款与应收账款都属于企业的短期债权，但两者产生的原因不同。应收账款是企业应收的销货款，即应向购货方收取的款项；预付账款是企业的购货款，即预先付给供货方的款项。因此，两者应当分别核算。

二、预付账款的核算

企业应设置"预付账款"科目来核算企业按照购货合同规定预付给供应单位的款项。预付款项情况不多的企业，可以不设置"预付账款"科目，而直接通过"应付账款"科目核算。

预付账款的核算包括预付货款和收到货物两个方面。

（1）企业预付货款时，按实际付款额借记"预付账款"科目，贷记"银行存款"科目。

（2）收到预定物资时，按发票账单等列明的应计入购入物资成本的金额，借记"材料采购""原材料"等科目，按专用发票上注明的增值税，借记"应交税费——应交增值税（进项税额）"科目，按应付金额，贷记"预付账款"科目。补付货款时，借记"预付账款"科目，贷记"银行存款"科目；退回多付的货款时，借记"银行存款"科目，贷记"预付账款"科目。期末，"预付账款"科目借方余额反映企业实际预付的款项，贷方余额反映企业尚未补付的款项。

● 例 3 - 7 淮洲公司向佳源公司采购材料 5 000 公斤，每公斤单价 10 元，所需支付的款项总额 50 000 元。按照合同规定向佳源公司预付货款的 50%，验收货物后补付其余款项。

根据预付款凭证，做会计分录如下：

```
借：预付账款——佳源公司              25 000
    贷：银行存款                          25 000
```

收到佳源公司发来的 5 000 公斤材料，验收无误，增值税专用发票记载的货款为 50 000 元，增值税额为 8 000 元，淮洲公司以银行存款补付所欠款项 33 000 元。

根据专用发票、收料单，做会计分录如下：

```
借：原材料                            50 000
    应交税费——应交增值税（进项税额）      8 000
    贷：预付账款——佳源公司                58 000
```

根据补付款凭证，做会计分录如下：

```
借：预付账款——佳源公司              33 000
    贷：银行存款                          33 000
```

第五节　其他应收款

一、其他应收款的范围

其他应收款是指企业发生的非购销活动的应收债权，是指企业除应收票据、应收账款、预付账款、应收股利、应收利息等以外的其他各种应收、暂付款项。具体包括：

（1）应收的各种赔款、罚款。

（2）应收出租包装物租金。

（3）应向职工收取的各种垫付的款项。

（4）备用金（向企业各职能科室、车间等拨出的备用金）。

（5）存出保证金，如租入包装物支付的押金。

（6）预付账款转入。

（7）其他各种应收、暂付款项。

二、其他应收款的核算

为核算其他应收款的增减变动和结存情况，企业应设置资产类的"其他应收款"科目，借方登记其他应收款的增加，贷方登记其他应收款的收回，借方余额表示尚未收回结清的其他应收款。

●**例3-8**　淮洲公司对备用金采取定额预付制，发生如下业务：

（1）设立管理部门定额备用金，定额备用金的核定定额为3 000元，财务科拨付定额备用金现金3 000元。

根据现金支票存根，做会计分录如下：

借：其他应收款——备用金（管理部门）　　　　3 000
　　贷：库存现金　　　　　　　　　　　　　　　　3 000

（2）管理部门交来普通发票1 200元，报销管理部门购买办公用品的支出，财务科以现金补足该定额备用金。

根据购买办公用品发票，做会计分录如下：

借：管理费用　　　　　　　　　　　　　　　　1 200
　　贷：库存现金　　　　　　　　　　　　　　　　1 200

（3）经批准减少管理部门定额备用金的核定定额1 000元，管理部门将现金1 000元交回财务科。

根据收到的现金，做会计分录如下：

借：库存现金　　　　　　　　　　　　　　　　1 000
　　贷：其他应收款——备用金（管理部门）　　　　1 000

（4）由于机构变动，经批准撤销管理部门定额备用金，管理部门交回购买办公用品支出的普通发票1 460元及现金540元。

根据收到的发票和现金，做会计分录如下：

借：管理费用　　　　　　　　　　　　　　　　1 460
　　库存现金　　　　　　　　　　　　　　　　　540
　　贷：其他应收款——备用金（管理部门）　　　　2 000

第六节　应收款项减值损失

一、应收款项减值损失概述

（一）应收款项减值损失的确认

企业的各项应收款项，可能因为购货人拒付、破产、死亡等原因而无法收回。这类无法收回的应收款项就是坏账。坏账是指企业无法收回或收回的可能性极小的应收款项。企业因坏账而遭受的损失为坏账损失或减值损失。

企业应在资产负债表日对应收款项的账面价值进行检查，有客观证据表明应收款项发生减值的，应当将该应收款项的账面价值减记至预计未来现金流量现值，减记的金额确认减值损失，同时计提坏账准备。

> **提示**　对于已经执行《企业会计准则第 22 号——金融工具确认和计量》（财会〔2017〕7 号）、《企业会计准则第 23 号——金融资产转移》（财会〔2017〕8 号）、《企业会计准则第 24 号——套期会计》（财会〔2017〕9 号）、《企业会计准则第 37 号——金融工具列报》（财会〔2017〕14 号）（以上四项简称新金融准则）的企业，应设置"信用减值损失"科目核算应收款项可能发生的坏账损失，计提时，借记"信用减值损失"科目，贷记"应收账款"等科目。
>
> 对于尚未执行新金融准则的企业，应通过"资产减值损失"科目核算应收款项可能发生的坏账损失，计提时，借记"资产减值损失"科目，贷记"应收账款"等科目。
>
> 假定本章节涉及的企业已执行新金融准则。

注意　对于已确认为坏账的应收款项，并不意味着企业放弃了追索权，一旦重新收回，应及时登记入账。

（二）应收款项减值损失的确认方法

确定应收款项减值损失有两种方法，即直接转销法和备抵法，我国企业会计准则规定确定应收款项减值损失只能采用备抵法，不得采用直接转销法。

1. 直接转销法

采用直接转销法时，日常核算中应收款项可能发生的坏账损失不予考虑，只有在实际发生坏账时，才作为损失计入当期损益，同时冲销应收款项。借记"信用减值损失"科目，贷记"应收账款"等科目。

→ 例3-9　淮洲公司应收乙公司的 20 000 元货款已超过 3 年，公司屡次催收无效，确认已无法收回。

根据公司批准的确认资产减值损失的决定，做会计分录如下：

确认无法收回时：

　　借：信用减值损失——坏账损失　　　　　　20 000
　　　　贷：应收账款——乙公司　　　　　　　　　　　20 000

如果已注销的应收账款后来又收回，根据收账通知，做会计分录如下：

　　借：应收账款——乙公司　　　　　　　　20 000
　　　　贷：信用减值损失——坏账损失　　　　　　　　20 000

　　借：银行存款　　　　　　　　　　　　　20 000

　　　　贷：应收账款——乙公司　　　　　　　　　　　20 000

　　提示　直接转销法的优点是账务处理简单，但却忽视了坏账损失与应收款项的业务关系，在转销坏账损失的前期，对于坏账的情况不做任何处理，不符合权责发生制及收入与费用配比的会计原则，导致资产不实，各期损益不实；另外，在资产负债表上，应收款项反映的是账面余额而不是账面价值，这在一定程度上歪曲了资产负债表日的财务状况。因此，企业会计准则不允许采用直接转销法核算资产减值损失。

2. 备抵法

　　备抵法是指采用一定的方法按期估计坏账损失，计入当期费用，同时建立坏账准备，当实际发生坏账损失时，应根据其金额冲减已计提的坏账准备和相应的应收款项。

　　在备抵法下，企业应当根据实际情况合理估计当期的坏账损失金额。由于企业发生坏账损失带有很大的不确定性，所以只能以过去的经验为基础，参照当期的信用政策、市场环境和行业惯例，较准确地估计每期应收款项未来现金流量现值，从而确定当期减值损失的金额，记入当期损益。企业在预计未来现金流量现值时，应当在合理预计未来现金流量的同时，合理选用折现利率。短期应收款项的预计未来现金流量与其现值相差很小的，在确认相关减值损失时，可不对其预计未来现金流量进行折现。

　　提示　采用备抵法估计坏账损失，应收款项和估计的坏账损失计入同一期间的损益，避免企业虚增利润，体现了配比原则的要求，同时在报表上列示了应收款项的净额，使报表使用者能了解企业应收款项的可收回金额。

　　注意　应收款项账面余额减去坏账准备贷方余额后的差额为应收款项的净额，即为企业应收款项的未来现金流量现值，又称账面价值。

（三）应收账款减值损失的估计方法

　　实务中常用的应收账款减值损失的估计方法有三种：应收款项余额百分比法、账龄分析法、个别认定法。

1. 应收款项余额百分比法

　　应收款项余额百分比法是根据期末应收款项的余额和估计的坏账率，估计应收款项减值损失，计提坏账准备的方法。其计算公式为

　　　　当期按应收款项计算坏账准备期末余额＝期末应收款项余额×估计的坏账率

　　● 例3－10　长河公司采用应收款项余额百分比法计提坏账准备，2018 年年末应收账款余额为 1 600 000 元，根据过去的经验和资料，公司坏账准备的提取比例为 4‰。

　　　　当期按应收款项计算坏账准备期末余额＝1 600 000×4‰＝6 400（元）

　　即长河公司年末 1 600 000 元的应收账款中估计可能发生的坏账损失有 6 400 元，该公司年末应收账款的账面价值应减记至 1 593 600 元（1 600 000－6 400）。

2. 账龄分析法

账龄分析法是指根据应收款项账龄的长短以及当期的具体情况来估计坏账损失的方法。账龄是指客户所欠款项的时间，虽然应收账款能否收回以及能收回多少，不一定完全取决于时间的长短，但通常情况下，账龄越长，发生坏账的可能性就越大。

采用账龄分析法时，应先将企业应收款项按账龄长短划分为若干区间段，计列各个区间段上应收款项的金额，并为每一个区间段估计一个坏账损失的计提比例，在此基础上估计坏账损失。

例 3 - 11　2018 年 12 月 31 日，振源公司的应收账款账龄及坏账损失估算见表 3 - 1。

表 3 - 1　应收账款账龄及坏账损失估算　　　　　　（单位：元）

应收账款的账龄	应收账款期末余额	估计坏账率（%）	估计损失金额
未过信用期	100 000	5	5 000
过期 3 个月	80 000	10	8 000
过期 6 个月	30 000	20	6 000
过期 6 个月以上	5 000	80	4 000
合计	215 000		23 000

根据表 3 - 1，振源公司估计的坏账损失为 23 000 元，所以年末坏账准备余额应为 23 000 元。假设在计提坏账准备前"坏账准备"科目的贷方余额为 20 000 元，则企业应计提坏账准备 3 000 元（23 000 - 20 000）。

3. 个别认定法

个别认定法是指根据每一笔应收款项的实际情况来估计坏账损失的方法。如果某笔应收款项的可收回性与其他应收款项存在明显的差别，可对该笔应收款项采用个别认定法计提坏账准备。

提示　在同一会计期间内，运用个别认定法计提坏账准备的应收款项应从用其他方法计提坏账准备的应收款项中扣除。

例 3 - 12　长科公司采用应收款项余额百分比法计提坏账准备，根据过去的经验和资料，公司坏账准备的提取比例为 4‰。2018 年年末应收款项余额为 2 000 000 元，其中有一项 50 000 元的应收账款有确凿证据表明只能收回 20%。

当期按应收款项计算坏账准备期末余额 = （2 000 000 - 50 000）× 4‰ + 50 000 ×（1 - 20%）= 47 800（元）

二、应收账款减值损失的核算

为了反映应收款项的坏账准备的计提、转销等情况，企业应设置"坏账准备"科目。贷方登记当期计提的坏账准备金额、收回的前期已确认并转销的坏账，借方登记实际发生的坏账损失金额和冲减的坏账准备金额，期末结账前的余额可能在贷方，也可能在借方，结账

后的余额一定在贷方，反映期末企业已计提但尚未转销的坏账准备。当期应计提的坏账准备的计算公式为

当期应计提的坏账准备 = 当期按应收款项计算应提坏账准备金额 − (或 +)
"坏账准备" 科目的贷方 (或借方) 余额

企业计提坏账准备时，按减记的金额，借记"信用减值损失——计提的坏账准备"科目，贷记"坏账准备"科目。冲销多计提的坏账准备时，借记"坏账准备"科目，贷记"信用减值损失——计提的坏账准备"科目。实际发生坏账损失金额时，借记"坏账准备"科目，贷记"应收账款""其他应收款"等科目。

收回前期已确认并转销的坏账时，借记"应收账款""其他应收款"等科目，贷记"坏账准备"科目；同时，借记"银行存款"科目，贷记"应收账款""其他应收款"等科目。或者借记"银行存款"科目，贷记"坏账准备"科目。

●━ 例 3 - 13 ━ 淮洲公司从 2015 年开始计提坏账准备，坏账准备的提取比例为年末应收款项的 5‰，近年来发生以下与坏账准备有关的业务：

（1）2015 年年末应收账款余额为 1 200 000 元。

年末应计提的坏账准备为 6 000 元（1 200 000 × 5‰），做会计分录如下：

    借：信用减值损失——计提的坏账准备   6 000

        贷：坏账准备   6 000

（2）2016 年 9 月，公司发现宁远公司欠本公司的一笔 2 000 元的应收账款确实无法收回，按有关规定确认为坏账损失。

确认并转销坏账损失，做会计分录如下：

    借：坏账准备   2 000

        贷：应收账款——宁远公司   2 000

（3）2016 年 12 月 31 日，该公司应收账款余额为 1 400 000 元。

年末应计提的坏账准备 = 1 400 000 × 5‰ − (6 000 − 2 000) = 3 000（元）

    借：信用减值损失——计提的坏账准备   3 000

        贷：坏账准备   3 000

提示 2016 年年末"坏账准备"科目年末余额为 7 000 元。

（4）2017 年 3 月 15 日，接到银行通知，公司上年度已冲销宁远公司的 2 000 元坏账又收回，款项已存入银行。

上年度已冲销的 2 000 元坏账又收回时，做会计分录如下：

    借：应收账款——宁远公司   2 000

        贷：坏账准备   2 000

同时：

    借：银行存款   2 000

        贷：应收账款——宁远公司   2 000

（5）2017 年 12 月 31 日，公司应收账款余额为 1 250 000 元。

年末应计提的坏账准备 $= 1\,250\,000 \times 5‰ - (7\,000 + 2\,000) = -2\,750$（元）

则年末应冲回的坏账准备金额为 2 750 元，做会计分录如下：

借：坏账准备   2 750

    贷：信用减值损失——计提的坏账准备   2 750

提示 2017 年年末"坏账准备"科目年末余额为 6 250 元。

（6）2018 年 5 月，公司确认红运公司欠本公司的货款 8 000 元确实无法归还，按规定确认为坏账损失。

确认并转销坏账损失时，做会计分录如下：

借：坏账准备   8 000

    贷：应收账款——红运公司   8 000

（7）2018 年 12 月 31 日，公司应收账款余额为 1 300 000 元。

年末应计提的坏账准备 $= 1\,300\,000 \times 5‰ - (6\,250 - 8\,000) = 8\,250$（元）

借：信用减值损失——计提的坏账准备   8 250

    贷：坏账准备   8 250

提示 2018 年年末"坏账准备"科目年末余额为 6 500 元。

本章内容在报表中的信息披露

资产负债表	
资 产	**负债和所有者权益**
流动资产：	
……	
应收票据及应收账款（根据"应收票据"总账科目余额 +"应收账款"所属明细科目的借方余额 +"预收账款"所属明细科目的借方余额 –"坏账准备"科目中相关坏账准备贷方余额）	
预付款项（"应付账款"所属明细账科目的借方余额 +"预付账款"所属明细账科目的借方余额 –"坏账准备"科目中有关预付款项计提的坏账准备贷方余额）	
其他应收款（根据"应收利息"总账科目余额 +"应收股利"总账科目余额 +"其他应收款"总账科目余额 –"坏账准备"科目中相关坏账准备贷方余额）	
……	
流动资产合计	
非流动资产：	
……	

本章习题

一、单项选择题（下列答案中有一个是正确的，请将正确答案前的英文字母填入括号内）

1. 在我国，应收票据是指（　　）。
    A. 支票　　　　　B. 银行本票　　　　C. 银行汇票　　　　D. 商业汇票

2. 企业发生的现金折扣应作为（　　）处理。
    A. 制造费用增加　　B. 销售费用增加　　C. 财务费用增加　　D. 管理费用增加

3. 期末，企业对带息应收票据计提利息时，正确的会计处理是（　　）。
    A. 借记"应收票据"账户，贷记"财务费用"账户
    B. 借记"应收利息"账户，贷记"利息收入"账户
    C. 借记"应收票据"账户，贷记"其他业务收入"账户
    D. 借记"应收利息"账户，贷记"其他业务收入"账户

4. 甲公司不单独设置"预收账款"科目，2019 年 5 月，"应收账款"科目期初总账余额为 2 000 元。10 日销售产品一批，销售收入为 10 000 元，增值税率为 16%，款项尚未收到。30 日，预收货款 10 000 元。5 月 31 日"应收账款"总账余额为（　　）元。
    A. 12 000　　　　B. 13 600　　　　C. 23 600　　　　D. 3 600

5. 应收票据到期，如果因付款人无力支付票款，票据由银行退回，收款企业应做的会计分录是（　　）。
    A. 借：应收票据　　　　　　　　B. 借：应收账款
    　　贷：银行存款　　　　　　　　　　贷：应收票据
    C. 借：应收账款　　　　　　　　D. 借：银行存款
    　　贷：银行存款　　　　　　　　　　贷：应收票据

6. 甲公司在 2018 年 10 月 18 日销售商品 240 件，增值税专用发票上注明的价款为 28 800 元，增值税额为 4 608 元。企业为了及早收回货款而在合同中规定的现金折扣条件为：2/10，1/20，n/30。假定计算现金折扣时不考虑增值税。如买方在 10 月 24 日付清货款，该企业实际收款金额应为（　　）元。
    A. 28 131.84　　　B. 32 739.84　　　C. 32 832　　　　D. 28 224

7. 10 月 5 日，乙公司将一张 8 月 20 日签发的 90 天到期的商业汇票到银行办理贴现手续，则贴现日数是（　　）天。
    A. 47　　　　　　B. 46　　　　　　C. 45　　　　　　D. 44

8. 甲公司根据对应收款项收回风险的估计，决定对应收账款和其他应收款按其余额的 5% 计提坏账准备，对应收票据不计提坏账准备。2018 年 12 月 1 日，"坏账准备"科目贷方余额为 30 000 元。12 月 31 日，"应收账款"科目借方余额为 700 000 元，"应收票据"科目

借方余额为 200 000 元，"其他应收款"科目借方余额为 100 000 元。该企业 12 月 31 日应补提的坏账准备是（　　）元。

  A. 10 000 　　　　B. 65 000 　　　　C. 70 000 　　　　D. 80 000

9. 预付货款不多的企业，可以将预付的货款直接记入（　　）科目的借方，而不单独设置"预付账款"科目。

  A. 应收账款 　　　B. 其他应收款 　　C. 应付账款 　　　D. 应收票据

10. 企业对应收账款计提的坏账准备应计入当期损益，并通过"（　　）"科目进行核算。

  A. 资产减值损失 　　B. 销售费用 　　C. 财务费用 　　D. 营业外支出

11. 甲公司赊销商品一批，商品标价 20 000 元（不含增值税），增值税率为 16%。企业销售商品时代垫运费 300 元，则应收账款的入账价值为（　　）元。

  A. 20 000 　　　　B. 3 200 　　　　C. 23 200 　　　　D. 23 500

12. 一张 5 月 26 日签发的 30 天的商业票据，其到期日为（　　）。

  A. 6 月 25 日 　　B. 6 月 26 日 　　C. 6 月 27 日 　　D. 6 月 24 日

13. 2017 年年末，甲公司应收 A 公司的账款余额为 500 万元，已提坏账准备 30 万元，经单独减值测试，确定该应收账款的未来现金流量现值为 410 万元，则年末该企业应确认的该资产减值损失为（　　）万元。

  A. 90 　　　　B. 60 　　　　C. 40 　　　　D. 30

14. 不应通过"其他应收款"科目核算的是（　　）。

  A. 应收的各种赔款、罚款 　　　　B. 应收出租包装物租金
  C. 应向职工收取的各种垫付的款项 　D. 收取的租出包装物押金

15. 下列各项中，不影响资产负债表中"应收账款"项目金额的是（　　）。

  A. 应收账款明细账的借方余额 　　　B. 预收账款明细账的借方余额
  C. 预付账款明细账的借方余额 　　　D. 与应收账款相关的坏账准备科目余额

16. 甲公司销售产品一批，价目表标明售价（不含税）20 000 元，商业折扣条件为 10%，现金折扣条件为 5/10、3/20、n/30，客户于第 15 天付款，该公司增值税率为 16%，应收账款入账金额为（　　）元。

  A. 20 880 　　　B. 23 200 　　　C. 20 253.60 　　D. 18 000

17. 应收票据取得时应按（　　）做账。

  A. 票据面值 　　　　　　　B. 票据到期价值
  C. 票据面值加应计利息 　　D. 票据贴现额

18. 企业采用备抵法核算坏账，发生确实无法收回的应收账款，经批准，应编制的会计分录为（　　）。

  A. 借记"信用减值损失"科目，贷记"坏账准备"科目
  B. 借记"坏账准备"科目，贷记"信用减值损失"科目

C. 借记"管理费用"科目，贷记"应收账款"科目

D. 借记"坏账准备"科目，贷记"应收账款"科目

19. 下列各项中，不影响应收账款入账金额的有（　　）。

　　A. 销售价款　　　　　　　　　　　B. 增值税销项税额

　　C. 商业折扣　　　　　　　　　　　D. 现金折扣

20. 丙公司 2019 年 1 月 1 日"坏账准备"科目贷方余额为 120 万元。2019 年发生坏账 40 万元，收回已核销的坏账 30 万元。2019 年 12 月 31 日各应收款项及估计的坏账率如下：应收账款余额为 500 万元（其中包含应收 A 公司的账款 200 万元，因 A 公司财务状况不佳，丙公司估计可收回 40%，其余的应收账款估计坏账率为 20%）；应收票据余额为 200 万元，估计坏账率为 10%；其他应收款余额为 120 万元，估计坏账率为 30%。2019 年发生坏账 40 万元，收回已核销的坏账 30 万元。丙公司 2019 年年末应提取的坏账准备为（　　）万元。

　　A. 86　　　　　　　B. 156　　　　　　　C. 126　　　　　　　D. 116

二、多项选择题（下列答案中有多个答案是正确的，请将正确答案前的英文字母填入括号内）

1. 核算应收款项减值的方法有（　　）。

　　A. 直接转销法　　　B. 间接法　　　　C. 备抵法　　　　D. 成本法

2. 下列各项中，会引起应收账款账面价值发生变化的有（　　）。

　　A. 实际发生坏账　　　　　　　　　B. 计提应收账款坏账准备

　　C. 收回应收账款　　　　　　　　　D. 收回已转销的坏账

3. 下列各项中，应计入"坏账准备"科目借方的有（　　）。

　　A. 提取坏账准备　　　　　　　　　B. 冲回多提坏账准备

　　C. 收回已转销的坏账　　　　　　　D. 备抵法下实际发生的坏账

4. 关于"预付账款"科目，下列说法中正确的有（　　）。

　　A. "预付账款"属于资产性质的科目

　　B. "预付账款"科目核算企业因销售商品、提供劳务等产生的往来款项

　　C. "预付账款"科目贷方余额反映的是应付供货单位的款项

　　D. 预付货款不多的企业，可以不单独设置"预付账款"科目，将预付的货款记入"应付账款"科目的借方

5. 下列项目中，应通过"其他应收款"科目核算的有（　　）。

　　A. 应收的各种罚款　　　　　　　　B. 预付的各种押金

　　C. 应向职工收取的各种垫付款项　　D. 拨付给企业各内部单位的备用金

6. 计算带息商业汇票到期值时，应考虑的因素有（　　）。

　　A. 票面利率　　　B. 票面金额　　　C. 票面期限　　　D. 贴现率

7. 实务中常用的应收账款减值损失的估计方法有（　　）。

A. 直接转销法　　　　　　　　　　B. 备抵法
C. 账龄分析法　　　　　　　　　　D. 应收款项余额百分比法

8. 下列各项，包括在应收账款入账价值的有（　　　）。
　　A. 赊销商品的价款和增值税的销项税额　　B. 销售货物约定的现金折扣
　　C. 为购货方垫付的运杂费和保险费　　　　D. 销售货物发生的商业折扣

9. 下列应收、暂付款项中，通过"其他应收款"科目核算的有（　　　）。
　　A. 应收出租包装物租金　　　　　　B. 收取的出借包装物押金
　　C. 租入包装物支付的押金　　　　　D. 应向购货方收取的代垫运杂费

10. 下列各项中，构成应收账款入账价值的有（　　　）。
　　A. 确认商品销售收入时尚未收到的价款
　　B. 确认商品销售收入时尚未收到的增值税
　　C. 代购货方垫付的运杂费
　　D. 销售货物发生的商业折扣

11. 以下符合我国企业会计准则规定的做法有（　　　）。
　　A. 坏账损失只能采用备抵法核算，不得采用直接转销法核算
　　B. 企业计提坏账准备的方法可以自行确定
　　C. 坏账准备提取方法一经确定不得随意变更
　　D. 如有确切证据表明预付账款已不符合预付性质，应将其转入其他应收款

12. 下列各种情况，进行会计处理时，应记入"坏账准备"科目贷方的有（　　　）。
　　A. 企业经过分析首次按"应收账款"科目期末余额计算提取坏账准备
　　B. 收回过去已确认并转销的坏账
　　C. 期末计算出的坏账准备金额大于计提前"坏账准备"科目的贷方余额
　　D. 发生坏账损失

13. 在不单设预付账款的情况下，甲公司向乙公司预付材料款，甲公司在进行账务处理时，
　　可能涉及的科目有（　　　）。
　　A. 借记"银行存款"　　　　　　　B. 贷记"银行存款"
　　C. 借记"应付账款"　　　　　　　D. 贷记"应付账款"

14. 下列各项中，记入"坏账准备"科目贷方的有（　　　）。
　　A. 当期确认的坏账损失　　　　　B. 冲回多提的坏账准备
　　C. 当期补提的坏账准备　　　　　D. 已转销的坏账当期又收回

15. 企业将无息应收票据贴现时，影响贴现息计算的因素有（　　　）。
　　A. 票据的面值　　B. 票据的期限　　C. 票据的种类　　D. 贴现的利率

16. 下列各项中，应列入资产负债表"其他应收款"项目的有（　　　）。
　　A. 应收股利　　　　　　　　　　B. 应收利息
　　C. 应收账款　　　　　　　　　　D. 其他应收款

17. 企业的应收款项包括（　　　）。
　　A. 应收票据　　　　　B. 应收账款　　　　C. 其他应收款　　　　D. 预收账款

18. 下列各项中，会引起应收账款账面余额发生变化的有（　　　）。
　　A. 计提坏账准备　　　　　　　　　　B. 收回应收账款
　　C. 转销坏账准备　　　　　　　　　　D. 收回已转销的坏账

19. 按现行会计准则规定，不能用"应收票据"及"应付票据"核算的票据包括（　　　）。
　　A. 银行汇票存款　　B. 银行承兑汇票　　C. 银行本票存款　　D. 商业承兑汇票

20. 下列有关应收款项减值损失的说法中，正确的有（　　　）。
　　A. 若发行方或债务人发生严重财务困难，则表明应收款项等金融资产发生了减值
　　B. 当期应计提的坏账准备等于按当期应收款项计算应提取的坏账准备金额减去"坏账准备"科目贷方余额
　　C. 只有应收账款和其他应收款需要计提坏账准备
　　D. 计提坏账准备影响当期损益

三、判断题（正确的在括号内打"√"，错误的打"×"）

1. 按企业会计准则的规定，无论企业收到的应收票据是否带息，均应按票据的票面金额入账。　　　　　　　　　　　　　　　　　　　　　　　　　　　　　（　　　）

2. 如"坏账准备"科目期末余额在贷方，则应在资产负债表中的流动资产中以"坏账准备"项目列示。　　　　　　　　　　　　　　　　　　　　　　　　　　　　（　　　）

3. 企业租入包装物所支付的押金应记入其他业务成本。　　　　　　　　　　（　　　）

4. 应收票据有发生坏账的风险，企业可对其计提坏账准备。　　　　　　　　（　　　）

5. 企业预付货款给供应单位形成的债权，应在"预付账款"或"应付账款"科目核算。　　　　　　　　　　　　　　　　　　　　　　　　　　　　　　　　　　（　　　）

6. 销售方应将给予客户的现金折扣记入"财务费用"科目。　　　　　　　　（　　　）

7. 企业的预付账款，如因供货单位破产而无望再收到所购货物的，应将该预付账款转入其他应收款。　　　　　　　　　　　　　　　　　　　　　　　　　　　（　　　）

8. 无论应收票据是否带息，应收票据的账面价值始终等于入账价值。　　　（　　　）

9. 预收账款不多的企业，可以不设"预收账款"科目，将预收的款项直接记入"应付账款"科目的贷方。　　　　　　　　　　　　　　　　　　　　　　　　　（　　　）

10. 如果某项应收账款的可收回性与其他各项应收账款有明显差别，企业应将其全额计提坏账准备。　　　　　　　　　　　　　　　　　　　　　　　　　　　（　　　）

11. 已确认为坏账的应收账款，并不意味着企业放弃了其追索权，一旦重新收回，应及时入账。　　　　　　　　　　　　　　　　　　　　　　　　　　　　　（　　　）

12. 企业发生的坏账损失、产成品盘亏损失等，因为不能带来收入，所以不能作为费用处理。　　　　　　　　　　　　　　　　　　　　　　　　　　　　　　　（　　　）

13. 企业发生坏账时所做的会计分录，会使资产及所有者权益同时减少相同数额。（　　）
14. 企业支付的包装物押金和收取的包装物押金均应通过"其他应收款"科目核算。（　　）
15. 企业无论采用什么样的方法核算坏账损失，其确认坏账的标准都是相同的。（　　）
16. 预付账款核算企业按照合同规定预付的款项，属于企业的一项负债。（　　）
17. 按规定，应收账款的入账金额应包括商业折扣，但不包括现金折扣。（　　）
18. 由于票据贴现时要支付银行贴现息，因此票据贴现净额一定小于票面金额。（　　）
19. 企业计提坏账准备的方法由主管财政部门予以确定，但是坏账准备计提方法一旦确定，不得随意更改。（　　）
20. 商业折扣是债权人为鼓励债务人在规定期限内付款而向其提供的债务扣除。（　　）

四、计算及账务处理题

1. 南方公司发生如下经济业务：
   （1）向 A 公司销售产品一批，价款 200 000 元，增值税 32 000 元。收到 A 公司交来的一张已经银行承兑的、期限为 2 个月的不带息商业汇票，票面价值为 232 000 元。
   （2）经协商将应收 B 单位的货款 100 000 元改用商业汇票方式结算。已收到 B 单位交来的一张期限为 6 个月的带息商业承兑汇票，票面价值为 100 000 元，票面利率为 8%。
   （3）上月收到 C 公司一张 1 个月期限的带息商业承兑汇票已到期，委托银行收款。现接到银行通知，因 C 公司银行账户存款不足，到期票款没有收回。该票据的账面余额为 90 000 元，票面利率为 8%。
   （4）应收 D 单位一张 3 个月的银行承兑汇票已到期，该票据票面金额为 150 000 元，票面利率为 8%，款项已收存银行。
   （5）年末，假设上述商业汇票中，只有应收 B 单位的带息票据尚未到期，按规定计提该带息票据的利息。企业已持有该票据 3 个月。
   要求：根据以上经济业务编制会计分录。

2. 甲公司 6 月发生以下经济业务：
   （1）2 日，销售 B 商品一批，增值税发票上注明：价款共计 30 000 元，增值税 4 800 元，代购货单位垫付运杂费 500 元，已办妥托收承付手续。
   （2）6 日，销售 B 商品一批，增值税发票上注明：价款共计 80 000 元，增值税 12 800 元。由于是成批销售，给予购货方 10% 的商业折扣。
   （3）18 日，向乙公司销售 A 商品一批，增值税发票上注明：价款共计 40 000 元，增值税 6 400 元。合同规定现金折扣条件为 2/10，n/30，商品已发出，并办妥托收手续，假定计算折扣时不考虑增值税。
   （4）25 日，收到乙公司开来的转账支票一张，支付其 18 日购买 A 商品的价税款。根据合同规定，按售价的 2% 给予其现金折扣，支票已送交银行办理转账。
   要求：根据上述业务编制相关的会计分录。

3. 甲公司 3 月 10 日向乙公司销售商品一批，货款 200 000 元，增值税额为 32 000 元，由于是成批销售，甲公司给予乙公司 10% 的商业折扣，并在销售合同中规定现金折扣条件为 2/10，1/20，n/30；商品于 3 月 10 日发出，乙公司于 3 月 18 日付款。假设计算现金折扣时考虑增值税。

要求：根据以上经济业务编制甲公司的会计分录。

4. 甲公司 3 月 21 日向销货方预付购买原材料的订金 24 000 元。4 月 1 日收到所购原材料，货款为 30 000 元，增值税率为 16%。4 月 24 日该企业补付剩余货款。

要求：试编制该企业相关的会计分录。

5. A 企业采用备抵法核算坏账损失，发生以下经济业务：

(1) 向 B 客户销售产品一批，售价 20 000 元，给予 15% 的商业折扣，增值税率为 16%。

(2) 收回 B 客户款项 19 720 元。

(3) C 客户由于破产，所欠企业 5 000 元账款无法收回，确认为坏账。

(4) 经追索，收回已确认为坏账的 C 客户欠款 5 000 元。

(5) 按购货合同规定，预付材料价款 30 000 元。

(6) 支付购进材料款 40 000 元，增值税额为 6 400 元，共计 46 400 元，已预付 30 000 元（参看业务 5），材料尚在运输途中，余款以银行存款支付。

要求：根据上述业务编制相关的会计分录。

6. A 公司 12 月 1 日 “应收账款” 科目余额 300 万元，“坏账准备” 科目贷方余额 30 万元。12 月发生经济业务如下：

(1) 2 日，向乙公司销售 A 商品 1 600 件，标价总额为 800 万元（不含增值税），商品实际成本为 480 万元。为了促销，甲公司给予乙公司 15% 的商业折扣并开具了增值税专用发票。甲公司已发出商品，并向银行办理了托收手续。

(2) 4 日，赊销一批 A 商品给 B 公司，售价为 120 万元（不含增值税），商品已发出，并开出增值税专用发票。规定的现金折扣条件为 2/10，1/20，n/30，计算现金折扣时不考虑增值税，该批商品成本为 100 万元。

(3) 8 日，收到已作为坏账核销的乙公司账款 50 万元并存入银行。

(4) 12 日，B 公司付清上述 A 商品货款。

(5) 28 日，因 C 公司破产，应收该公司账款 10 万元不能收回，经批准确认为坏账并予以核销。

(6) 31 日，根据期末应收账款余额的 5% 计提坏账准备。

要求：根据以上经济业务编制会计分录。

（A 公司为增值税一般纳税人，增值税率为 16%。商品销售价格不含增值税，在确认销售收入时逐笔结转销售成本，答案以万元为单位。）

第四章
Chapter Four

存 货

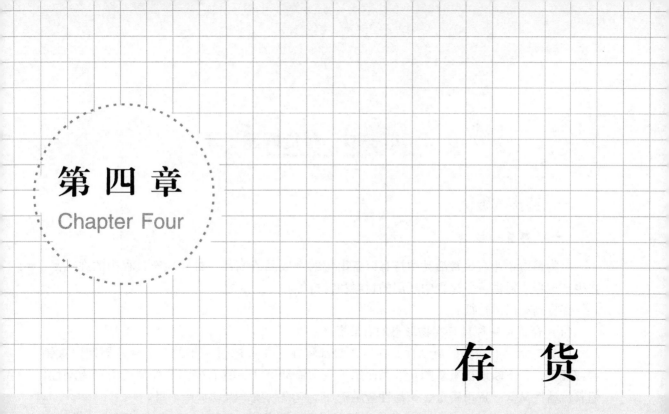

本章学习目标

- 理解存货的概念、存货成本的确定与计量方法
- 掌握原材料按实际成本和计划成本核算的计价和核算方法
- 掌握库存商品、委托加工物资和周转材料等业务的计价和核算方法
- 掌握存货清查的方法、存货盘盈盘亏及存货期末计量的账务处理
- 理解《企业会计准则第8号——资产减值》中关于存货减值的意义及其账务处理
- 熟悉存货会计核算岗位的工作职责和账务处理流程，能根据原始凭证正确分析经济业务，熟练进行存货业务的会计处理
- 具备相应的会计职业判断能力，学会存货在资产负债表中的披露方法

本章主要科目

- 在途物资
- 材料采购
- 原材料
- 材料成本差异
- 库存商品
- 发出商品
- 委托加工物资
- 周转材料
- 存货跌价准备

第一节　存货概述

一、存货的确认

（一）存货的概念

存货是指企业在日常活动中持有以备出售的产成品或商品、处在生产过程中的在产品、在生产过程或提供劳务过程中耗用的材料和物料等。

存货具有以下特征：

（1）存货是一种具有实物形态的有形资产。

（2）存货具有较强的流动性。存货通常都将在一年或超过一年的一个营业周期内被销售或耗用，并不断地被重新购置，因而属于一项流动资产，具有较强的变现能力和流动性，但其流动性又低于货币资金、交易性金融资产、应收款项等流动资产项目。

（3）存货取得的目的是在正常生产经营过程中被销售或耗用。企业持有存货的目的在于准备在正常经营过程中予以出售，如商品、产成品以及准备直接出售的半成品等；或者仍处在生产过程中，待制成产成品后再予以出售，如在产品、半成品等；或者将在生产过程或提供劳务过程中被耗用，如材料和物料等。

> 提示 企业在判断一个资产项目是否属于存货时，必须考虑取得该资产项目的目的，即在生产经营过程中的用途或所起的作用。

（4）存货属于非货币性资产，存在价值减损的可能性。

> 动脑筋　企业为生产产品或提供劳务而购入的材料和为建造固定资产而购入的材料，都是企业的存货吗？

（二）存货的确认

根据《企业会计准则第1号——存货》规定，符合存货定义的资产项目，还应当同时满足以下两个条件，才能加以确认。

1. 与该存货有关的经济利益很可能流入企业

在通常情况下，随着存货实物的交付和存货所有权的转移，所有权上的主要风险和报酬也一并转移。因此，企业是否拥有某项存货的所有权是存货确认的一个重要标志。凡是盘存之日企业拥有所有权的货物，无论其存放何处，都应包括在本企业的存货之中。如企业已支付价款但尚在运输途中的存货，虽然存放地点不在本企业，但本企业拥有其所有权，应将其确认为本企业的存货。反之，盘存之日尚未取得所有权或者已将所有权转移给其他企业的货物，即使存放在本企业，也不应包括在本企业的存货之中。如根据销售合同已经售出，取得货款或收取货款权利的存货，即使该项存货尚未运离本企业，也不能再确认为本企业的存货。

> **注意** 在有些交易方式下，存货实物的交付及所有权的转移与所有权上主要风险和报酬的转移可能并不同步，此时存货的确认应当注重交易的经济实质，而不能仅仅依据其所有权的归属。

2. 存货的成本能够可靠地计量

存货的成本能够可靠地计量，是指存货成本的计量必须以取得确凿、可靠的证据为依据，并且具有可验证性。如果存货成本不能可靠地计量，则存货不能予以确认。如企业签订订货合同时，由于交易尚未实际发生，尚不能可靠确定其成本，因此就不能确认为企业的存货。

二、存货的内容

存货一般依据企业的性质、经营范围，并结合其用途进行分类。不同行业的企业，存货的内容和分类有所不同。以制造业为例，因其主要以加工或生产产品为主，所以存货的构成最为复杂，通常包括各类材料、在产品、半成品、产成品、商品以及包装物、低值易耗品、委托代销商品等。

（1）原材料是指企业在生产过程中经加工改变其形态或性质并构成产品主要实体的各种原料及主要材料、辅助材料、燃料、修理用备件（备品备件）、包装材料、外购半成品（外购件）等。

（2）在产品是指企业正在制造、尚未完工的生产物，包括正在各个生产工序加工的产品和已加工完毕但尚未检验或已检验但尚未办理入库手续的产品。

（3）半成品是指经过一定生产过程并已检验合格交付半成品仓库保管，但尚未制造完工成为产成品，仍需进一步加工的中间产品。

> **注意** 半成品不包括从一个车间转给另一个车间继续加工的自制半成品以及不能单独计算成本的自制半成品，它们属于在产品。

（4）产成品是指企业已经完成全部生产过程并已验收入库，可以按照合同规定的条件送交订货单位，或者可以作为商品对外销售的产品。企业接受来料加工制造的代制品和为外单位加工修理的代修品，制造和修理完成并验收入库后，应视同企业的产成品。

（5）商品是指商品流通企业外购或委托加工完成验收入库用于销售的各种产品。

（6）包装物是指为了包装本企业的商品而储备的各种包装容器，如桶、箱、瓶、坛、袋等，其主要作用是盛装、装潢产品或商品。

（7）低值易耗品是指不能作为固定资产核算的各种用具物品，如工具、管理用具、玻璃器皿、劳动保护用品，以及在经营过程中周转使用的容器等。其特点是单位价值较低，或使用期限相对于固定资产较短，在使用过程中保持其原有实物形态基本不变。

包装物和低值易耗品构成了周转材料。

> 提示 周转材料是指企业能够多次使用，不符合固定资产定义，逐渐转移其价值但仍保持原有形态，不确认为固定资产的材料。

（8）委托代销商品是指企业委托其他单位代销的商品。

三、存货的分类

存货在企业的不同生产过程和阶段中具有不同的实物形态。存货可以按照不同的标准进行分类。

（一）存货按照经济用途分类

（1）在正常经营过程中储存以备出售的存货，如制造业的产成品等。

（2）为了最终出售正处于生产过程中的存货，如制造业的在产品和自制半成品等。

（3）为了生产供销售的商品或提供劳务以备消耗的存货，如制造业储存的原材料、周转材料等。

（二）存货按其存放地点分类

（1）库存存货，即企业已经验收入库的各种材料、商品、自制半成品和产成品等。

（2）在途存货，即企业已经付款但仍在运输途中或已经到达但尚未验收入库的存货。

（3）加工中存货，即企业正在生产加工及委托外单位加工中的存货。

四、存货的初始计量

（一）存货初始成本的组成

存货应当按照成本进行初始计量。存货成本包括采购成本、加工成本和其他成本。

1. 存货的采购成本

存货的采购成本包括购买价款、相关税费、运输费、装卸费、保险费以及其他可归属于存货采购成本的费用。

其中，存货的购买价款是指企业购入的材料或商品的发票账单上列明的价款，但不包括按规定可以抵扣的增值税额。

存货的相关税费是指企业购买存货发生的进口关税、消费税、资源税和不能抵扣的增值税进项税额以及相应的教育费附加等应计入存货采购成本的税费。

其他可归属于存货采购成本的费用是指采购成本中除上述各项以外的可归属于存货采购的费用，如在存货采购过程中发生的仓储费、包装费、运输途中的合理损耗、入库前的挑选整理费用等。运输途中的合理损耗是指商品在运输过程中因商品性质、自然条件及技术设备等因素，所发生的自然的或不可避免的损耗。例如，汽车在运输煤炭、黄沙等过程中的自然散落以及易挥发产品在运输过程中的自然挥发。这些费用能分清负担对象的，应直接计入存货的采购成本；不能分清负担对象的，应选择合理的分配方法，分配计入有关存货的采购成本。分配方法通常包括按所购存货的重量或采购价格的比例进行分配。

提示 商品流通企业在采购商品过程中发生的运输费、装卸费、保险费以及其他可归属于存货采购成本的费用等进货费用，应当计入所购商品成本；也可以先行归集，期末根据所购商品的存销情况进行分摊。对于已售商品的进货费用，计入当期损益；对于未售商品的进货费用，计入期末存货成本。商品流通企业采购商品的进货费用金额较小的，可以在发生时直接计入当期损益。

2. 存货的加工成本

存货的加工成本是指在存货的加工过程中发生的追加费用，包括直接人工以及按照一定方法分配的制造费用。

直接人工是指企业在生产产品和提供劳务过程中发生的直接从事产品生产和劳务提供人员的职工薪酬。

制造费用是指企业为生产产品和提供劳务而发生的各项间接费用。

3. 存货的其他成本

存货的其他成本是指除采购成本、加工成本以外的，使存货达到目前场所和状态所发生的其他支出。企业因设计产品发生的设计费用通常应计入当期损益，但是为特定客户设计产品所发生的、可直接确定的设计费用应计入存货的成本。

（二）存货初始成本的确定

存货的来源不同，其成本的构成内容也不同。原材料、商品、低值易耗品等通过购买而取得的存货的成本由采购成本构成；产成品、在产品、半成品等自制或需委托外单位加工完成的存货的成本由采购成本、加工成本以及使存货达到目前场所和状态所发生的其他支出构成。实务中具体按以下原则确定：

（1）购入的存货，其成本包括买价、运杂费（包括运输费、装卸费、保险费、包装费、仓储费等）、运输途中的合理损耗、入库前的挑选整理费用（包括挑选整理中发生的工费支出和挑选整理过程中所发生的数量损耗，并扣除回收的下脚废料价值）以及按规定应计入成本的税费和其他费用。

（2）自制的存货，包括自制原材料、自制包装物、自制低值易耗品、自制半成品及库存商品等，其成本包括直接材料、直接人工和制造费用等的各项实际支出。

（3）委托外单位加工完成的存货，包括加工后的原材料、包装物、低值易耗品、半成品、产成品等，其成本包括实际耗用的物资的成本、加工费、装卸费、保险费、委托加工的往返运输费等费用以及按规定应计入成本的税费。

（三）不应计入存货成本的费用

下列费用不应计入存货成本，而应在其发生时计入当期损益：

（1）非正常消耗的直接材料、直接人工和制造费用，应在发生时计入当期损益，不应计入存货成本。如由于自然灾害而发生的直接材料、直接人工和制造费用，由于这些费用的发生无助于使该存货达到目前场所和状态，不应计入存货成本，而应确认为当期损益。

（2）不能归属于使存货达到目前场所和状态的其他支出，应在发生时计入当期损益，不得计入存货成本。如采购人员的差旅费和采购机构的经费，通常计入当期损益。

（3）仓储费用，是指企业在存货采购入库后发生的储存费用，应在发生时计入当期损益。但是，在生产过程中为达到下一个生产阶段所必需的仓储费用应计入存货成本。如某种酒类产品生产企业为使生产的酒达到规定的产品质量标准，而必须发生的仓储费用，应计入酒的成本，而不应计入当期损益。

第二节　原材料

原材料是指企业在生产过程中经过加工而改变其形态或性质并构成产品主要实体的各种原料、主要材料和外购半成品，以及不构成产品实体但有助于产品形成的辅助材料。原材料具体包括原料及主要材料、辅助材料、外购半成品（外购件）、修理用备件（备品备件）、包装材料、燃料等。它是制造业的主要存货。

原材料的日常收发及结存，可以采用实际成本计价核算，也可以采用计划成本计价核算。即使在同一个企业，对于不同存货，根据企业的实际需要，也可以分别采用实际成本计价和计划成本计价进行核算。

一、采用实际成本计价核算

原材料按实际成本计价核算，是指企业对库存原材料的收、发及结存均按照实际成本在其总账和明细账中予以登记，进行核算。其主要特点是：从收发凭证到总分类核算和明细分类核算，均按照实际成本计价。采用实际成本核算，日常反映不出材料成本是节约还是超支，从而不能反映和考核物资采购业务的经营成果。因此这种方法通常适用于规模较小、存货品种简单、材料收发业务较少的企业。

（一）原材料核算的账户设置

原材料按实际成本计价，为了核算和监督原材料增减变动及结余情况，企业应设置"原材料""在途物资""应付账款""应交税费——应交增值税（进项税额）"等科目。

（1）"原材料"科目用于核算库存各种材料的收发与结存情况。在原材料按实际成本核算时，其借方登记验收入库原材料的实际成本，贷方登记发出原材料的实际成本，期末余额在借方，反映企业库存材料的实际成本。该科目按照材料的保管地点、类别、品种和规格等进行明细核算。

（2）"在途物资"科目适用于采用实际成本（进价）进行材料、商品等物资日常核算的企业，用来核算货款已付但尚未验收入库的各种物资（即在途物资）的采购成本。其借方登记企业购入的在途物资的实际成本，贷方登记验收入库的在途物资的实际成本，期末余额在借方，反映企业在途物资的采购成本。该科目应按供应单位和物资品种进行明细核算。

（二）外购原材料的核算

由于结算方式和采购地点的不同，原材料入库的时间与货款支付的时间可能一致，也可能不一致，导致结算单据到达时间和材料入库的时间不一定同步，这样在账务处理上也有所不同。

（1）单货同到。即结算凭证等单据与材料同时到达的采购业务。企业应根据结算凭证、发票账单和收料单等原始凭证，按发票账单等结算凭证确定的存货实际采购成本，借记"原材料"科目；按增值税专用发票上注明的增值税额，借记"应交税费——应交增值税（进项税额）"科目，贷记"银行存款""应付账款""应付票据"等科目。

例 4-1 淮洲公司原材料采用实际成本计价核算。2019 年 1 月 8 日，公司从广源公司购入 A 材料一批，增值税专用发票上记载的货款为 300 000 元，增值税额 48 000 元，另支付运输费 1 000 元，增值税额 100 元，全部款项已用转账支票付讫，材料已验收入库。相关原始凭证如图 4-1～图 4-7 所示。淮洲公司的会计分录如下：

借：原材料——A 材料　　　　　　　　　　　　　　301 000
　　应交税费——应交增值税（进项税额）　　　　　 48 100
　　　贷：银行存款　　　　　　　　　　　　　　　　　 349 100

提示 A 材料的采购成本 = 300 000 + 1 000 = 301 000（元）

图 4-1　增值税专用发票（发票联）

江苏省增值税专用发票

抵 扣 联

No. 13072346

开票日期：2019 年 01 月 08 日

| 购货单位 | 名　称：淮洲公司
纳税人识别号：112366005083349
地址、电话：淮安市开发区枚乘路 8 号 0517 - 8068666
开户行及账号：工商银行淮安清江支行 110010806482122456 | | 密码区 | 1502 - 7 + 0 < 6 < 92 - 9 < 87 < 36
08 * 837532 - 37913 < > * 810
5 * 01 - / + 0 * * < 87 - 6683 * < 4
1 * + - 016269 - 37 - + 7/8 > > >1 | |

货物或应税 劳务名称	规格 型号	单 位	数 量	单 价	金 额	税率（%）	税 额
A 材料		千克	1000	300	300000.00	16	48000.00
合 计					¥300000.00		¥48000.00

价税合计（大写）	⊗叁拾肆万捌仟元整	（小写）¥：348000.00	

销货单位	名　称：广源公司 纳税人识别号：32120154434432 地址、电话：淮安市中山路 29 号 0517 - 86739988 开户行及账号：工商银行淮安中山支行 4222303031232456532		备注	广源公司 32120154434432 发票专用章

收款人：刘晓军　　　　复核：周文洁　　　　开票人：高明　　　　销货单位：（公章）

第二联：抵扣联　购货方扣税凭证

图 4 - 2　增值税专用发票（抵扣联）

江苏省增值税专用发票

发 票 联

No. 876457768

开票日期：2019 年 01 月 08 日

购货单位	名　称：淮洲公司 纳税人识别号：112366005083349 地址、电话：淮安市开发区枚乘路 8 号 0517 - 8068666 开户行及账号：工商银行淮安清江支行 1110010806482122456		密码区	（略）

货物或应税 劳务名称	规格 型号	单 位	数 量	单 价	金 额	税率（%）	税 额
运输费					1000.00	10	100.00
合 计					¥1000.00		¥100.00

价税合计（大写）	⊗壹仟壹佰元整	（小写）¥：1100.00	

销货单位	名　称：江苏淮安速达物流公司 纳税人识别号：32102844950635 地址、电话：淮安市淮海路 4 号 0517 - 85124770 开户行及账号：工商银行淮安淮海支行 4222303031232588539		备注	运输 A 材料 速达物流公司 32102844950635 发票专用章

收款人：李林　　　　复核：张杨　　　　开票人：刘海　　　　销货单位：（公章）

第三联：发票联　购货方记账凭证

图 4 - 3　增值税专用发票（发票联）

江苏省增值税专用发票

No. 876457768

抵 扣 联

开票日期：2019 年 01 月 08 日

购货单位	名　　称：淮洲公司 纳税人识别号：112366005083349 地址、电话：淮安市开发区枚乘路 8 号 0517－8068666 开户行及账号：工商银行淮安清江支行 11100108064821122456	密码区	（略）

货物或应税劳务名称	规格型号	单位	数量	单价	金　额	税率（%）	税　额
运输费					1000.00	10	100.00
合　计					¥1000.00		¥100.00

价税合计（大写）	⊗壹仟壹佰元整	（小写）¥：1100.00

销货单位	名　　称：江苏淮安速达物流公司 纳税人识别号：32102844950635 地址、电话：淮安市淮海路 4 号 0517－85124770 开户行及账号：工商银行淮安淮海支行 4222303031232588539	备注	运输 A 材料 速达物流公司 32102844950635 发票专用章

收款人：李林　　　　　复核：张扬　　　　　开票人：刘海　　　　　销货单位：（公章）

第二联：抵扣联　购货方扣税凭证

图 4－4　增值税专用发票（抵扣联）

中国工商银行

转账支票存根　（苏）

EF 02 3276751

附加信息 ＿＿＿＿＿＿＿＿＿＿＿
　　　　　＿＿＿＿＿＿＿＿＿＿＿

出票日期 2019 年 1 月 8 日

收款人：广源公司
金　额：¥348000.00
用　途：货款
备　注：

单位主管　　　　　会计

图 4－5　货款转账支票存根

中国工商银行

转账支票存根　（苏）

EF 02 3276752

附加信息 ＿＿＿＿＿＿＿＿＿＿＿
　　　　　＿＿＿＿＿＿＿＿＿＿＿

出票日期 2019 年 1 月 8 日

收款人：江苏淮安速达物流公司
金　额：¥1100.00
用　途：运输费
备　注：

单位主管　　　　　会计

图 4－6　运输费转账支票存根

收料单

供应单位：广源公司　　　　　2019 年 1 月 8 日　　　　　编号：420019

材料编号	名称	单位	规格	数量		实际成本			
				应收	实收	单价	发票价格	运杂费	合计
	A 材料			1 000	1 000	300	300 000	1 000	301 000

备注：

收料人：周虹霞　　　　　　　　　　　　　　　　　交料人：卜洪涛

图 4－7　收料单

（2）单到货未到。即结算凭证等单据已经收到，但材料尚在运输途中或虽已运达但尚未验收入库的采购业务。企业应按发票账单等结算凭证确定的存货成本，借记"在途物资"科目；按增值税专用发票上注明的增值税额，借记"应交税费——应交增值税（进项税额）"科目；按实际支付的款项或应付票据面值，贷记"银行存款""应付账款""应付票据"等科目；待材料运达企业并验收入库后，再根据收料单，借记"原材料"科目，贷记"在途物资"科目。

> 提示　这种情况，一般是企业从外地采购材料，采用托收承付或商业汇票等结算方式形成的。

例4-2　淮洲公司原材料采用实际成本计价核算。2019年1月10日，公司从嘉华公司购入B材料一批，增值税专用发票上记载的货款为80 000元，增值税额12 800元，公司签发一张100 000元的银行汇票支付价税款，材料尚未验收入库。

1）淮洲公司申请银行汇票的账务处理如下：

借：其他货币资金——银行汇票存款　　　　　　100 000

　　贷：银行存款　　　　　　　　　　　　　　　　100 000

2）采购的账务处理如下：

借：在途物资——B材料　　　　　　　　　　　80 000

　　应交税费——应交增值税（进项税额）　　　12 800

　　贷：其他货币资金——银行汇票存款　　　　　　92 800

例4-3　承[例4-2]，16日，收到10日签发给嘉华公司购B材料的银行汇票多余款收账通知7 200元。

借：银行存款　　　　　　　　　　　　　　　　7 200

　　贷：其他货币资金——银行汇票存款　　　　　　7 200

例4-4　承[例4-2]，18日，公司从嘉华公司购入的B材料到达，已验收入库。

借：原材料——B材料　　　　　　　　　　　　80 000

　　贷：在途物资——B材料　　　　　　　　　　　80 000

（3）货到单未到。即材料已验收入库，但结算凭证等单据尚未收到，无法确定实际采购成本的采购业务。为了简化核算手续，月份内发生的，可暂不进行账务处理，等本月收到发票账单再进行账务处理。如果月末发票账单等结算凭证仍未到达，为全面反映资产及负债情况，应对收到的材料先按同类材料的价格或合同价暂估入账，借记"原材料"科目，贷记"应付账款——暂估应付账款"科目；下月初，再编制相同的红字记账凭证予以冲回原暂估入账金额；待结算凭证到达后，依据发票账单、收料单等结算凭证按正常购入材料的程序进行账务处理。

> 提示　本月末暂估入库的存货，下月初也可以编制相反的会计分录予以冲回。

例4-5　淮洲公司原材料采用实际成本法计价核算。2019年3月25日，公司采用委托收款结算方式从光华公司购入 E 材料一批，合同价为 40 000 元，材料已验收入库。月末发票账单尚未收到。4 月 7 日，收到从银行转来的上月 25 日从光华公司购入 E 材料的委托收款结算凭证，增值税专用发票上记载的货款为 40 000 元，增值税额 6 400 元，审核无误，公司同意承付。

1）3 月 25 日，材料验收入库，会计暂时不进行账务处理。

2）3 月 31 日，会计根据收料单、合同等原始凭证暂估入账，做会计分录如下：

  借：原材料——E 材料   40 000

    贷：应付账款——暂估应付账款   40 000

3）4 月 1 日，会计冲回上月末 E 材料的暂估入账款，做会计分录如下：

  借：原材料——E 材料   40 000

    贷：应付账款——暂估应付账款   40 000

4）4 月 7 日，收到结算凭证付款，做会计分录如下：

  借：原材料——E 材料   40 000

    应交税费——应交增值税（进项税额）   6 400

    贷：银行存款   46 400

（4）原材料在采购中发生短缺或毁损。企业购入材料验收入库时，如果发现短缺或毁损等情况，应及时查明原因，分清责任，区别不同情况进行账务处理。

1）属于运输途中的合理损耗，应计入有关材料的采购成本。即按实际收到的材料数量入账，支出总成本不变，相应提高入库材料的单位成本，不必另做账务处理。

2）属于供货单位、运输单位或其他过失人的责任造成的短缺或毁损，应由责任人补足存货或赔偿货款，不计入存货的采购成本。

3）尚待查明原因或需要报经批准才能转销处理的损失，应将其损失从"在途物资"科目转入"待处理财产损溢"科目，查明原因后再分别处理：①属于责任人或保险公司赔偿的，赔偿款通过"其他应收款"科目核算；②属于自然灾害或意外事故等非常原因造成的损失，应按扣除残料价值和保险公司赔偿后的净损失，计入"营业外支出"科目；③属于无法收回的其他损失，经批准后，计入"管理费用"科目。

提示 根据我国 2009 年 1 月 1 日开始实施的《增值税暂行条例》规定，企业发生的非正常损失的购进货物及非正常损失的在产品、产成品所耗用的购进货物或应税劳务的进项税额不得从销项税额中抵扣，应转到"应交税费——应交增值税（进项税额转出）"科目的贷方。非正常损失是指因管理不善造成被盗、丢失、霉烂变质的损失，以及被执法部门依法没收或者强令自行销毁的货物，不包括自然灾害造成的损失。

例 4-6 淮洲公司为增值税一般纳税人，原材料采用实际成本计价。2019 年 6 月 10 日从伟华公司购进 F 材料 1 000 公斤，每公斤不含税单价 100 元，增值税专用发票上注明的增值税为 16 000 元，货款用转账支票支付。

会计根据增值税专用发票、转账支票存根等原始凭证，编制记账凭证，做会计分录如下：

　　　　借：在途物资——F 材料　　　　　　　　　　　　100 000
　　　　　　应交税费——应交增值税（进项税额）　　　　16 000
　　　　　　贷：银行存款　　　　　　　　　　　　　　　116 000

　　例 4-7　承 [例 4-6]，16 日原材料到达，验收入库的合格品为 900 公斤，其余 100 公斤中，50 公斤残损，另 50 公斤短少，原因待查。

　　会计根据收料单、材料短缺报告单等原始凭证，编制记账凭证，做会计分录如下：

　　　　借：原材料——F 材料　　　　　　　　　　　　　90 000
　　　　　　待处理财产损溢——待处理流动资产损溢　　　10 000
　　　　　　贷：在途物资——F 材料　　　　　　　　　　100 000

　　　提示　入库 F 材料的实际成本 = 900 × 100 = 90 000（元）

　　　　　　　短缺 F 材料的实际成本 = 100 × 100 = 10 000（元）

　　例 4-8　承 [例 4-7]，28 日查明原因，50 公斤残损是运输部门的责任造成，已由运输部门负责修复后作为合格品入库；另外 50 公斤短少是本单位在提货以后、验收入库之前被盗所致，保险公司已按规定同意赔偿 4 000 元，但赔款尚未收到。

　　会计根据材料短缺报告单批复联等原始凭证，编制记账凭证，做会计分录如下：

　　　　借：原材料——F 材料　　　　　　　　　　　　　5 000
　　　　　　其他应收款——保险公司　　　　　　　　　　4 000
　　　　　　管理费用　　　　　　　　　　　　　　　　　1 800
　　　　　　贷：待处理财产损溢——待处理流动资产损溢　10 000
　　　　　　　　应交税费——应交增值税（进项税额转出）　800

　　　提示　修复后 F 材料的实际成本 = 50 × 100 = 5 000（元）

　　　　　　　被盗 F 材料的实际成本 = 50 × 100 = 5 000（元）

　　　　　　　被盗 F 材料的进项税额 = 5 000 × 16% = 800（元）

　　　　　　　被盗 F 材料的实际损失 = 5 000 + 800 - 4 000 = 1 800（元）

（三）发出存货的核算

1. 发出存货的计价方法

　　企业存货由于来源不同，同种存货的价格是有所不同的，即使是来源相同的存货，由于批次、时间、付款条件等的不同，其价格也可能不同。企业应当根据各类存货的实物流转方式、企业管理的要求、存货的性质等实际情况，合理地确定发出存货成本的计算方法，以及当期发出存货的实际成本。在实际成本核算方式下，企业可以采用的发出存货成本的计价方法包括个别计价法、先进先出法、月末一次加权平均法和移动加权平均法等。

　　　提示　对于性质和用途相似的存货，应当采用相同的成本计算方法确定发出存货的成本。发出材料实际成本的计价方法，可以由企业进行选择，但计价方法一经确定，不得随意变更。如需变更，应在报表附注中予以说明。

（1）个别计价法亦称个别认定法、具体辨认法、分批实际法，采用这一方法是假设存货具体项目的实物流转与成本流转相一致，按照各种存货逐一辨认各批发出存货和期末存货所属的购进批别或生产批别，分别按其购入或生产时所确定的单位成本计算各批发出存货和期末存货成本的方法。在这种方法下，是把每一种存货的实际成本作为计算发出存货成本和期末存货成本的基础。计算公式如下：

每批（次）发出存货成本 = 该批（次）发出存货数量 × 该批（次）存货收入时的实际单位成本

个别计价法的成本计算准确，符合实际情况，但在存货收发频繁的情况下，其发出成本分辨的工作量较大。因此，这种方法适用于一般不能替代使用的存货、为特定项目专门购入或制造的存货以及提供的劳务，如珠宝、名画等贵重物品。

提示 实际工作中，由于越来越多的企业采用计算机信息系统进行存货管理和会计处理，个别计价法也被广泛地应用于发出存货的计价。

例4-9 淮洲公司为增值税一般纳税人，2019年8月，公司有关A材料的收入、发出及结存情况见表4-1。

表4-1 **原材料收入、发出及结存情况表**

材料编号：（略） 计量单位：件
品名及规格：A材料 储备定额：（略）

2019年		凭证号数	摘要	收入（借方）			发出（贷方）			结存		
月	日			数量	单价	金额	数量	单价	金额	数量	单价	金额
8	1		期初余额							2 500	21	52 500
	4	略	入库	500	22	11 000				3 000		
	8		领料				1 200			1 800		
	10		入库	1 000	23	23 000				2 800		
	12		领料				1 500			1 300		
	20		入库	1 500	24	36 000				2 800		
	22		领料				1 600			1 200		
	31		本月合计	3 000		70 000	4 300			1 200		

经具体辨认，本期发出A材料情况如下：8月8日发出的1 200件中，有1 000件为期初A材料，200件为4日购进A材料；12日发出的1 500件中，200件为期初A材料，300件为4日购进A材料，1 000件为10日购进A材料；22日发出的1 600件中，1 500件为20日购进的材料，100件为期初A材料。要求：按照个别认定法，计算本月发出和结存A材料的实际成本。

会计按照材料收入、发出及结存情况表以及个别认定发出材料的批次情况等原始凭证，计算相应批次的领料成本，登记原材料明细账，见表 4 - 2。

表 4 - 2　**原材料明细账**　个别计价法

材料编号：（略）　　　　　　　　　　　　　　　　　　　计量单位：件
品名及规格：A 材料　　　　　　　　　　　　　　　　　　储备定额：（略）

2019 年		凭证号数	摘 要	收入（借方）			发出（贷方）			结 存		
月	日			数量	单价	金额	数量	单价	金额	数量	单价	金额
8	1		期初余额							2 500	21	52 500
	4	略	入库	500	22	11 000				2 500	21	52 500
										500	22	11 000
	8		领料				1 000	21	21 000	1 500	21	31 500
							200	22	4 400	300	22	6 600
	10		入库	1 000	23	23 000				1 500	21	31 500
										300	22	6 600
										1 000	23	23 000
	12		领料				200	21	4 200	1 300	21	27 300
							300	22	6 600			
							1 000	23	23 000			
	20		入库	1 500	24	36 000				1 300	21	27 300
										1 500	24	36 000
	22		领料				100	21	2 100	1 200	21	25 200
							1 500	24	36 000			
	31		本月合计	3 000		70 000	4 300		97 300	1 200	21	25 200

会计根据原材料明细账，计算本月发出 A 材料及结存 A 材料的成本如下：

本期发出 A 材料成本 = 1 000 × 21 + 200 × 22 + 200 × 21 + 300 × 22 + 1 000 × 23 + 100 × 21 + 1 500 × 24 = 97 300（元）

本期结存 A 材料成本 = 52 500 + 70 000 - 97 300 = 25 200（元）

（2）先进先出法是指依据先购入的存货应先发出（销售或耗用）这样一种存货实物流动假设为前提，对发出存货进行计价的一种方法。采用这种方法，先购入的存货成本在后购入存货成本之前转出，据此确定发出存货和期末存货的成本。具体方法是：收入存货时，逐笔登记收入存货的数量、单价和金额；发出存货时，按照先进先出的原则逐笔登记存货的发出成本和结存金额。

先进先出法可以随时结转存货发出成本，但较烦琐，当存货收发业务较多、存货单价不稳定时，其工作量较大。

提示　在物价持续上升时，期末存货成本接近于市价，而发出成本偏低，会高估企业当期利润和库存存货价值；反之，会低估企业存货价值和当期利润。

● 例4-10 承[例4-9]，2019年8月，淮洲公司有关A材料的收入、发出及结存情况见表4-1。要求按照先进先出法，计算本月发出和结存A材料的实际成本。

会计按照材料收入、发出及结存情况表等原始凭证，计算相应批次的领料成本，登记原材料明细账，见表4-3。

先进先出法

表4-3 　原材料明细账

材料编号：（略）　　　　　　　　　　　　　　　　　　　　　　　　计量单位：件
品名及规格：A材料　　　　　　　　　　　　　　　　　　　　　　　储备定额：（略）

2019年		凭证号数	摘要	收入（借方）			发出（贷方）			结存		
月	日			数量	单价	金额	数量	单价	金额	数量	单价	金额
8	1		期初余额							2 500	21	52 500
	4	略	入库	500	22	11 000				2 500	21	52 500
										500	22	11 000
	8		领料				1 200	21	25 200	1 300	21	27 300
										500	22	11 000
	10		入库	1 000	23	23 000				1 300	21	27 300
										500	22	11 000
										1 000	23	23 000
	12		领料				1 300	21	27 300	300	22	6 600
							200	22	4 400	1 000	23	23 000
	20		入库	1 500	24	36 000				300	22	6 600
										1 000	23	23 000
										1 500	24	36 000
	22		领料				300	22	6 600	1 200	24	28 800
							1 000	23	23 000			
							300	24	7 200			
	31		本月合计	3 000		70 000	4 300		93 700	1 200	24	28 800

会计根据原材料明细账，计算本月发出A材料及结存A材料的成本如下：

本期发出A材料成本＝1 200×21＋1 300×21＋200×22＋300×22＋1 000×23＋300×24＝93 700（元）

本期结存A材料成本＝52 500＋70 000－93 700＝28 800（元）

（3）月末一次加权平均法是指以本月全部进货成本加上月初存货成本去除以本月全部进货数量加上月初存货数量，计算出存货的加权平均单位成本，以此为基础计算本月发出存货的成本和期末存货的成本的一种方法。计算公式如下：

存货加权平均单价＝（月初结存存货的实际成本＋本月收入存货的实际成本）÷

（月初结存存货数量＋本月收入存货数量）

$$本月发出存货成本＝本月发出存货的数量×存货加权平均单价$$
$$月末结存存货成本＝月末结存存货的数量×存货加权平均单价$$

注意 在加权平均单价除不尽的情况下，月末结存存货成本的计算公式如下：

$$月末结存存货成本＝月初结存存货的实际成本＋本月收入存货的实际成本$$
$$－本月发出存货成本$$

月末一次加权平均法考虑了不同批次进货的数量及单价，计算结果比较均衡；只在月末一次计算加权平均单价，比较简单，有利于简化成本计算工作。但由于平时无法从账上提供发出和结存存货的单价及金额，因此不利于存货成本的日常管理与控制。

●例 4－11 承［例 4－9］，2019 年 8 月，淮洲公司有关 A 材料的收入、发出及结存情况见表 4－1。要求按照月末一次加权平均法，计算本月发出和结存 A 材料的实际成本。

会计按照材料收入、发出及结存情况表等原始凭证，月末计算 A 材料的加权平均单价及本月发出和结存 A 材料的实际成本，计算过程如下：

8 月末加权平均单价＝（2 500×21＋500×22＋1 000×23＋1 500×24）÷（2 500＋500＋1 000＋1 500）≈22.27（元/件）

本月发出 A 材料的成本＝4 300×22.27＝95 761（元）

月末结存 A 材料的成本＝52 500＋70 000－95 761＝26 739（元）

会计根据计算出的加权平均单价及本月发出和结存 A 材料的实际成本，登记原材料明细账，见表 4－4。

表 4－4   原材料明细账   ←月末一次加权平均法

材料编号：（略）   计量单位：件
品名及规格：A 材料   储备定额：（略）

| 2019 年 | | 凭证号数 | 摘 要 | 收入（借方） | | | 发出（贷方） | | | 结 存 | | |
月	日			数量	单价	金额	数量	单价	金额	数量	单价	金额
8	1		期初余额							2 500	21	52 500
	4	略	入库	500	22	11 000				3 000		63 500
	8		领料				1 200			1 800		
	10		入库	1 000	23	23 000				2 800		86 500
	12		领料				1 500			1 300		
	20		入库	1 500	24	36 000				2 800		122 500
	22		领料				1 600			1 200		
	31		本月合计	3 000		70 000	4 300	22.27	95 761	1 200	22.28[①]	26 739

① 22.28＝26 739÷1 200，与月末一次加权平均法计算的平均单位成本理论上应完全一致。实务中有时出现不一致，系四舍五入所致。

动脑筋　　如果加权平均单价能整除，还可以怎样计算发出及结存存货的成本？

（4）移动加权平均法是指以每次进货的成本加上原有库存存货的成本，除以每次进货数量与原有库存存货的数量之和，据以计算加权平均单位成本，作为在下次进货前计算各次发出存货成本依据的一种方法。计算公式如下：

移动加权平均单位成本＝（原有结存存货的实际成本＋本次进货的实际成本）÷
（原有结存存货数量＋本次进货数量）
本次发出存货的成本＝本次发出存货数量×本次发货前存货的移动加权平均单位成本
月末结存存货成本＝月末结存存货的数量×本月月末存货的移动加权平均单位成本

采用移动加权平均法能够使企业管理当局及时了解存货的结存情况，计算的平均单位成本以及发出和结存的存货成本比较客观。但由于每次收货都要计算一次平均单价，计算工作量较大，对收发货较频繁的企业不适用。

注意　移动加权平均法与月末一次加权平均法的计算原理基本相同，不同的是月末一次加权平均法一个月只计算一次单位成本，而移动加权平均法每收进一次存货，就要计算一次单位成本。

　例4－12　承［例4－9］，2019年8月，淮洲公司有关A材料的收入、发出及结存情况见表4－1。要求按照移动加权平均法，计算本月发出和结存A材料的实际成本。

会计按照材料收入、发出及结存情况表等原始凭证，计算A材料的每批次的移动加权平均单价及每批次发出和结存A材料的实际成本，计算过程如下：

4日，A材料的移动加权平均单价＝（2 500×21＋500×22）÷（2 500＋500）≈21.17（元/件）

8日，发出A材料的成本＝1 200×21.17＝25 404（元）

8日，结存A材料的成本＝52 500＋11 000－25 404＝38 096（元）

10日，A材料的移动加权平均单价＝（38 096＋1 000×23）÷（1 800＋1 000）＝21.82（元/件）

12日，发出A材料的成本＝1 500×21.82＝32 730（元）

12日，结存A材料的成本＝1 300×21.82＝28 366（元）

22日，A材料的移动加权平均单价＝（1 300×21.82＋1 500×24）÷（1 300＋1 500）≈22.99（元/件）

22日，发出A材料的成本＝1 600×22.99＝36 784（元）

22日，结存A材料的成本＝28 366＋36 000－36 784＝27 582（元）

8月份发出A材料的成本＝25 404＋32 730＋36 784＝94 918（元）

8月末结存A材料的成本＝2 500×21＋（500×22＋1 000×23＋1 500×24）－（25 404＋

32 730 + 36 784) = 27 582（元）

会计根据计算出的平均单价及本月发出和结存 A 材料的实际成本，登记原材料明细账，见表 4-5。

表 4-5   原材料明细账   移动加权平均法

材料编号：（略）   计量单位：件
品名及规格：A 材料   储备定额：（略）

| 2019 年 | | 凭证号数 | 摘 要 | 收入（借方） | | | 发出（贷方） | | | 结 存 | | |
月	日			数量	单价	金额	数量	单价	金额	数量	单价	金额
8	1		期初余额							2 500	21	52 500
	4	略	入库	500	22	11 000				3 000	21.17	63 500
	8		领料				1 200	21.17	25 404	1 800	21.16	38 096
	10		入库	1 000	23	23 000				2 800	21.82	61 096
	12		领料				1 500	21.82	32 730	1 300	21.82	28 366
	20		入库	1 500	24	36 000				2 800	22.99	64 366
	22		领料				1 600	22.99	36 784	1 200	22.99	27 582
	31		本月合计	3 000		70 000	4 300		94 918	1 200	22.99	27 582

动脑筋   采用不同的存货发出计价方法，计算出的存货发出成本和结存成本一样吗？对资产负债表和利润表有影响吗？

2. 发出存货的核算方法

企业各生产单位及有关部门领用的材料具有种类多、业务频繁等特点。为了简化核算，可以将月末根据"领料单"或"限额领料单"中有关领料的单位、部门等加以归类，编制"发料凭证汇总表"，据以编制记账凭证、登记总分类账。

企业应根据材料用途和领用部门，分别记入相应账户。车间生产产品领用的原材料，借记"生产成本"科目；车间管理及一般耗用的原材料，借记"制造费用"科目；行政管理部门一般耗用的原材料，借记"管理费用"科目；专设销售机构领用的原材料，借记"销售费用"科目；委托加工发出的原材料，借记"委托加工物资"科目；在建工程领用的原材料，借记"在建工程"科目等。同时，企业原材料减少，贷记"原材料"科目。涉及增值税等相关税费的，还要进行相应的账务处理。

● 例 4-13   淮洲公司为增值税一般纳税人，原材料采用实际成本计价。2019 年 8 月 31 日按照领用部门和用途汇总编制的"发料凭证汇总表"见表 4-6。

表4-6　　发料凭证汇总表

2019 年 8 月 31 日　　　　　　　　　　　　　　　　　　单位：元

应贷科目 \ 应借科目	生产成本——甲产品	制造费用	管理费用	销售费用	合　计
原材料　主要材料	500 000				500 000
原材料　辅助材料	70 000	10 000			80 000
原材料　修理用备件	30 000	5 000	4 000	5 000	44 000
合　计	600 000	15 000	4 000	5 000	624 000

会计：王佳俊　　　　　　复核：李华　　　　　　制单：张永利

会计根据发料凭证汇总表等原始凭证，编制记账凭证，做会计分录如下：

借：生产成本——甲产品　　　　　　　　600 000
　　制造费用　　　　　　　　　　　　　 15 000
　　管理费用　　　　　　　　　　　　　 4 000
　　销售费用　　　　　　　　　　　　　 5 000
　　贷：原材料——主要材料　　　　　　　　　500 000
　　　　　　——辅助材料　　　　　　　　　　 80 000
　　　　　　——修理用备件　　　　　　　　　 44 000

（四）原材料的明细分类核算

企业的业务部门、仓库部门和财会部门都需要原材料等存货的明细分类资料：业务部门需要随时掌握原材料的可供调拨的销售数量，以便开出领料单等发货凭证；仓库部门需要随时掌握原材料的实存数量，以明确责任；财会部门需要随时掌握原材料的增减数量，以便组织核算。所以，原材料明细分类核算应包括数量核算和价值核算两部分。按照材料品种、规格，业务部门设材料调拨账，仓库部门设保管账，按照收料单和领料单等原始凭证，只记数量，不记金额。财会部门开设材料明细账，同时进行材料的数量和价值核算。这种明细账设置的优点是可以起到相互核对、相互制约的作用；缺点是重复记账，工作量大。在实际工作中，很多企业改两套账为"账卡合一"的办法，即仓库按品种、规格设置的材料卡片和财会部门设置的材料明细账合并，设一套数量金额式的明细分类账，由仓库保管人员负责登记数量，财会人员定期到仓库稽核收单，并在材料收发凭证上标价，同时在材料明细账上登记收、发、存金额，账册平时放在仓库。原材料明细账的格式见表4-2。

提示　仓库部门设置的材料明细账，一般采用"材料卡片"进行明细核算。

二、采用计划成本计价核算

原材料采用计划成本计价核算是指企业对库存原材料的收、发及结存均按照预先确定的计划成本在其总账和明细账中予以登记，进行核算。其主要特点是：先制定各种原材料的计划成本目录，规定原材料的分类、名称、规格、编号、计量单位和计划单位成本。平时所有收发凭证均按照材料的计划成本计价，按计划成本登记材料的总账及明细账，材料实际成本与计划成本的差异，通过"材料成本差异"科目进行调整。月份终了，通过计算材料成本差异率，分摊发出材料成本差异，将发出材料的计划成本调整为实际成本。这种方法通常适用于存货品种繁多、材料收发业务频繁且具备计划成本资料的大型企业。采用计划成本核算，还能反映材料成本是节约还是超支，从而能反映和考核物资采购业务的经营成果。

> **注意**　计划单位成本在年度内一般不做调整，年末根据实际情况可以进行调整。

（一）原材料核算的账户设置

原材料按计划成本计价，为了核算和监督原材料增减变动及结余情况，企业应设置"原材料""材料采购""材料成本差异"等科目。

（1）"原材料"科目用于核算库存各种材料的收发与结存情况。在材料采用计划成本核算时，科目的借方登记入库材料的计划成本，贷方登记发出材料的计划成本，期末余额在借方，反映企业库存材料的计划成本。该科目按照材料的保管地点、材料的类别、品种和规格等进行明细核算。

（2）"材料采购"科目用于核算企业采用计划成本进行材料日常核算而尚未验收入库的各种材料的实际采购成本。其借方登记采购材料的实际成本以及结转实际成本小于计划成本的差异额（节约差）；贷方登记入库材料的计划成本以及结转实际成本大于计划成本的差异额（超支差）。期末为借方余额，反映企业在途材料的采购成本。该科目应按供应单位和材料品种进行明细核算。

（3）"材料成本差异"科目用于核算企业采用计划成本进行日常核算的材料计划成本与实际成本的差额。其借方登记入库材料超支差异及发出材料应负担的节约差异，贷方登记入库材料节约差异及发出材料应负担的超支差异。期末如为借方余额，反映企业库存材料的实际成本大于计划成本的差异（即超支差异）；如为贷方余额，反映企业库存材料实际成本小于计划成本的差异（即节约差异）。该科目应按类别或品种进行明细核算。

> 提示　除了原材料外，周转材料、委托加工物资等存货也可以采用计划成本进行核算。

（二）外购原材料的核算

原材料按计划成本计价核算时，不论材料是否入库，取得原材料都必须先通过"材料采购"科目进行核算。材料验收入库后，再转入"原材料"科目，同时结转材料成本差异。

同原材料按实际成本计价的账务处理一样，企业外购原材料按计划成本核算时，也要根据结算单据到达时间和材料入库的时间不同，进行不同的账务处理。

（1）单货同到。即结算凭证等单据与材料同时到达的采购业务。企业应根据发票账单和收料单等原始凭证，按发票账单等结算凭证确定的存货成本，借记"材料采购"科目；

按增值税专用发票上注明的增值税额，借记"应交税费——应交增值税（进项税额）"科目；按实际支付的款项或应付票据面值，贷记"银行存款""应付账款""应付票据"等科目；同时，根据收料单按计划成本借记"原材料"科目，贷记"材料采购"科目，并结转入库材料的材料成本差异额。超支差异额借记"材料成本差异"科目，贷记"材料采购"科目；节约差异额做相反的账务处理。

> 提示　材料入库成本差异的结转有两种方法，一是逐笔结转，即根据收料凭证入库编制记账凭证时结转入库材料的成本差异；二是月末汇总结转，材料入库及差异结转的账务处理在月末汇总一次进行。在实际工作中，多采用月末汇总结转方法，这样可以简化账务处理工作。本书讲授第一种方法。

例4-14　淮洲公司为增值税一般纳税人，原材料采用计划成本计价。5月10日，购进甲材料1 500公斤，单价10元，材料价款共计15 000元，增值税进项税额2 400元；运输费500元，增值税进项税额50元。全部款项开出转账支票支付，材料验收入库。甲材料单位计划成本12元。

会计根据增值税专用发票、支票存根等原始凭证，编制记账凭证，做会计分录如下：

借：材料采购——甲材料　　　　　　　　　15 500
　　应交税费——应交增值税（进项税额）　　2 450
　贷：银行存款　　　　　　　　　　　　　　　17 950

> 提示　甲材料的实际采购成本=15 000+500=15 500（元）

同时，会计根据收料单，编制记账凭证，做会计分录如下：

借：原材料——甲材料　　　　　　　　　　18 000
　贷：材料采购——甲材料　　　　　　　　　15 500
　　　材料成本差异　　　　　　　　　　　　2 500

> 提示　甲材料的计划采购成本=1 500×12=18 000（元）

（2）单到货未到。即结算凭证等单据已经收到，但材料尚在运输途中或虽已运达但尚未验收入库的采购业务。企业应按发票账单等结算凭证确定的存货成本，借记"材料采购"科目；按增值税专用发票上注明的增值税额，借记"应交税费——应交增值税（进项税额）"科目；按实际支付的款项或应付票据面值，贷记"银行存款""应付账款""应付票据"等科目；待材料运达企业验收入库后，根据收料单的计划价格，借记"原材料"等科目，贷记"材料采购"科目，并结转入库材料的材料成本差异额。

例4-15　淮洲公司为增值税一般纳税人，原材料采用计划成本计价。5月20日，从海航公司购进乙材料2000公斤，单价14元，材料价款共计28 000元，增值税进项税额4 480元，价税款项以一张商业承兑汇票支付；另以银行存款支付运输费1 000元，增值税进项税额100元。材料尚未入库。22日，购入的乙材料到达并验收入库，乙材料单位计划成本为13元。

（1）5月20日，会计根据增值税专用发票、商业承兑汇票委托书存根联等原始凭证，编制记账凭证，做会计分录如下：

借：材料采购——乙材料   29 000
　　应交税费——应交增值税（进项税额）   4 580
　　贷：应付票据——海航公司   32 480
　　　　银行存款   1 100

提示 乙材料的实际采购成本 = 28 000 + 1 000 = 29 000（元）

乙材料的进项税额 = 4 480 + 100 = 4 580（元）

（2）5月22日，会计根据收料单，编制记账凭证，做会计分录如下：

借：原材料——乙材料   26 000
　　贷：材料采购——乙材料   26 000
借：材料成本差异   3 000
　　贷：材料采购——乙材料   3 000

或者：

借：原材料——乙材料   26 000
　　材料成本差异   3 000
　　贷：材料采购——乙材料   29 000

提示 乙材料的计划采购成本 = 2 000 × 13 = 26 000（元）

材料成本差异 = 29 000 – 26 000 = 3 000（元）

（3）货到单未到。即材料已验收入库，但结算凭证等单据尚未收到，无法确定实际采购成本的采购业务。这种情况的核算与原材料按实际成本计价核算相同。月份内发生的，可暂不进行账务处理，等本月收到发票账单再进行账务处理。如果月末发票账单等结算凭证仍未到达，应对收到的材料先按材料的计划成本暂估入账，借记"原材料"科目，贷记"应付账款——暂估应付账款"科目；下月初，再编制相同的红字记账凭证予以冲回，借记"原材料"科目（红字），贷记"应付账款——暂估应付账款"科目（红字）；待结算凭证到达后，依据发票账单、收料单等结算凭证按正常购入材料的程序进行账务处理。

● 例4-16 淮洲公司为增值税一般纳税人，原材料采用计划成本计价。5月27日，公司采用托收承付方式从前进工厂购入丙材料2 000千克，材料已经验收入库，发票账单没有到，丙材料单位计划成本为80元。

1）5月27日，会计无须进行账务处理。

2）5月31日，会计根据收料单、合同等原始凭证暂估入账，做会计分录如下：

借：原材料——丙材料   160 000
　　贷：应付账款——暂估应付账款   160 000

● 例4-17 承［例4-16］，6月3日，收到丙材料的托收凭证，增值税专用发票上注明的材料价款为 158 000 元，增值税额 25 280 元；对方代垫运杂费 1 500 元，增值税额 150 元。全部款项已承付。

3）6 月 1 日，会计冲回上月末丙材料的暂估入账款，做会计分录如下：

借：应付账款——暂估应付账款   160 000
  贷：原材料——丙材料   160 000

4）6 月 3 日收到托收凭证，付款，做会计分录如下：

借：材料采购——丙材料   159 500
  应交税费——应交增值税（进项税额） 25 430
  贷：银行存款   184 930

同时，

借：原材料——丙材料   160 000
  贷：材料采购——丙材料   159 500
    材料成本差异   500

（4）原材料在采购中发生短缺或毁损。其账务处理与原材料按照实际成本计价核算基本相同，不同的是材料验收入库时，按实收数量的计划成本，借记"原材料"科目，贷记"材料采购"科目；平时或月终结转材料成本差异时，借记或贷记"材料成本差异"科目，贷记或借记"材料采购"科目。

> **动脑筋** 材料采用实际成本计价核算时，途中的合理损耗计入了成本，采购总成本不变，提高了单位采购成本。如果材料采用计划成本计价核算，途中的合理损耗又是怎样处理的呢？

◆例 4-18 淮洲公司为增值税一般纳税人，原材料采用计划成本计价。丁材料计划单位成本为 35 元，5 月 17 日，公司从灿鸿企业购入丁材料 500 公斤，材料价款 17600 元，增值税额 2 816 元，款项暂欠。企业验收入库时实收 490 公斤，短缺的 10 公斤为途中的定额损耗。

会计根据增值税专用发票等原始凭证，编制记账凭证，做会计分录如下：

借：材料采购——丁材料   17 600
  应交税费——应交增值税（进项税额） 2 816
  贷：应付账款——灿鸿企业   20 416

会计根据收料单，编制记账凭证，做会计分录如下：

借：原材料——丁材料   17 150
  材料成本差异   450
  贷：材料采购——丁材料   17 600

提示 丁材料的计划采购成本 = 490 × 35 = 17 150（元）

（三）发出原材料的核算

（1）领料。月末，企业根据领料单等编制"发料凭证汇总表"结转发出材料的计划成本，应当根据所发出材料的用途，按计划成本分别借记"生产成本""制造费用""管理费用""销售费用""委托加工物资""其他业务成本"等科目，贷记"原材料"科目。

➡ 例 4－19　淮洲公司为增值税一般纳税人，原材料采用计划成本计价。2019 年 7 月 31 日按照领用部门和用途汇总编制的"发料凭证汇总表"见表 4－7。

表 4－7　发料凭证汇总表

2019 年 7 月 31 日　　　　　　　　　　　　　　　　（单位：元）

应贷科目 \ 应借科目		生产成本——甲产品	制造费用	管理费用	销售费用	合　计
原材料	主要材料	500 000				500 000
	辅助材料	70 000	10 000			80 000
	修理用备件	30 000	5 000	4 000	5 000	44 000
	计划成本合计	600 000	15 000	4 000	5 000	624 000
材料成本差异率（1%）		6 000	150	40	50	6 240
合计		606 000	15 150	4 040	5 050	630 240

会计：王佳俊　　　　　　复核：李华　　　　　　制单：张永利

会计根据发料凭证汇总表等原始凭证，结转发出材料的计划成本，编制记账凭证，做会计分录如下：

```
借：生产成本——甲产品              600 000
    制造费用                       15 000
    管理费用                        4 000
    销售费用                        5 000
    贷：原材料——主要材料                    500 000
              ——辅助材料                    80 000
              ——修理用备件                  44 000
```

（2）结转发出材料应负担的成本差异。企业日常采用计划成本核算的，月末发出的材料成本应由计划成本调整为实际成本，通过"材料成本差异"科目进行结转。如果是超支差异，按照所发出材料的用途，分别借记"生产成本""制造费用""管理费用""销售费用""委托加工物资""其他业务成本"等科目，贷记"材料成本差异"科目。如果发出材料应负担的是节约差异，则做相反的账务处理。

提示 发出材料应负担的成本差异均可以从"材料成本差异"科目的贷方转出，

超支用蓝字，节约用红字。

● 例4-20　承[例4-19]，8月31日，淮洲公司会计根据"发料凭证汇总表"及原材料成本差异率，结转发出材料应负担的材料成本差异。编制记账凭证，做会计分录如下：

借：生产成本——甲产品　　　　　　　　　6 000

　　制造费用　　　　　　　　　　　　　　 150

　　管理费用　　　　　　　　　　　　　　　40

　　销售费用　　　　　　　　　　　　　　　50

　　贷：材料成本差异——原材料　　　　　　　　　　6 240

动脑筋　　如果材料成本差异率为-1%，该如何进行账务处理？

（3）发出材料应负担成本差异的计算。

计划成本、成本差异与实际成本之间的关系如下：

$$实际成本=计划成本+超支差异$$
$$或=计划成本-节约差异$$

为了便于材料成本差异的分摊，企业应当计算材料成本差异率，作为分摊存货成本差异的依据。计算公式如下：

$$本期材料成本差异率=\frac{期初结存材料成本差异+本期入库材料成本差异}{期初结存材料计划成本+本期入库材料计划成本}\times100\%$$

本期发出材料应负担的成本差异＝发出材料的计划成本×本期材料成本差异率

本期发出材料的实际成本＝发出材料的计划成本＋发出材料应负担的差异

期末结存材料应负担的成本差异＝结存材料的计划成本×本期材料成本差异率

期末结存材料的实际成本＝结存材料的计划成本＋结存材料应负担的差异

【提示】发出材料应负担的成本差异应当按月分摊，不得在季末或年末一次计算。

计算材料成本差异率时，如果材料成本差异率为正数，表示超支差；如果材料成本差异率为负数，表示节约差。

【提示】如果企业的材料成本差异率各期之间是比较均衡的，也可以采用期初材料成本差异率分摊本期的材料成本差异。年度终了，应对材料成本差异率进行核实调整，

$$期初材料成本差异率=\frac{期初结存材料成本差异}{期初结存材料计划成本}\times100\%$$

本期发出材料应负担的成本差异＝发出材料的计划成本×期初材料成本差异率

● 例4-21　淮洲公司为增值税一般纳税人，原材料采用计划成本计价。2019年9月1日，结存材料的计划成本为4 000 000元，材料成本差异贷方余额为60 000元；本月入库材料的计划成本为20 000 000元，材料成本差异借方发生额为120 000元；本月发出材料的计

划成本为 16 000 000 元。计算材料成本差异率及发出材料应负担的材料成本差异。

$$本期材料成本差异率 = \frac{-60\,000 + 120\,000}{4\,000\,000 + 20\,000\,000} \times 100\% = 0.25\%$$

$$本期发出材料应负担的成本差异 = 16\,000\,000 \times 0.25\% = 40\,000（元）$$

$$本期发出材料的实际成本 = 16\,000\,000 + 40\,000 = 16\,040\,000（元）$$

原材料成本差异计算表见表 4-8。

表 4-8 材料成本差异计算表

2019 年 9 月 30 日　　　　　　　　　　　　　　　　　（单位：元）

材料名称	月初结存			本月收入			材料成本差异率
	计划成本	成本差异	实际成本	计划成本	成本差异	实际成本	
原材料	4 000 000	−60 000	3 940 000	20 000 000	120 000	20 120 000	0.25%
备注	材料成本差异率 =（−60 000 + 120 000）÷（4 000 000 + 20 000 000）× 100% = 0.25%						

会计：王佳俊　　　　　　　　复核：李华　　　　　　　　制单：张永利

（四）原材料的明细分类核算

（1）原材料明细账。按计划成本计价的原材料明细账的设置与按实际成本计价的原材料明细账设置基本相同。不同的是，由于原材料的收发都按固定的计划成本计价，所以材料明细账或材料卡片的收入、发出只记数量，不用记金额，月终按计划单位成本和结存数量计算出结存金额。原材料明细账的格式见表 4-9。

表 4-9 原材料明细账

材料编号：（略）　　　　　　　　　　　　　　　　　计量单位：件
材料类别：（略）　　　　　　　　　　　　　　　　　存放地点：（略）
品名及规格：甲材料　　　　　　　　　　　　　　　最高储备量：（略）
计划单位成本：12 元　　　　　　　　　　　　　　　最低储备量：（略）

2019 年		凭证		摘要	收入	发出	结存	
月	日	字	号		数量	数量	数量	金额
7	1			承前页			250	3 000
	7			购入	150		400	
	10			领用		100	300	
	14			购入	200		500	
	20			购入	100		600	
	28			领用		250	350	
7	31			本月合计	450	350	350	4 200

（2）材料采购明细账。材料采购明细账一般采用横线登记法逐笔登记，可以按供货单位设置，也可以按物资类别或品种设置，由企业具体情况确定。借方根据记账凭证的时间、编号顺序以及发票账单等有关凭证按实际成本逐笔登记；贷方根据收料单等有关凭证，按借方登记的同批物资登记在同一行次的"计划成本"栏内，并将入库材料物资的计划成本与实际成本的差额，登记在同一行次的"成本差异"栏内。月终，尚未入库的在途物资，应逐笔转入下月的材料采购明细账内，等材料入库时再横线登记。材料采购明细账的格式见表4-10。

表4-10　材料采购明细账

明细科目：原材料

2019年		凭证号	摘要	借方			2019年		凭证号	摘要	贷方		
月	日			买价	采购费用	合计	月	日			计划成本	成本差异	合计
7	3	略	购甲材料	55 000	200	55 200	7	7	略	入库	56 000	-800	55 200
	10		购乙材料	2 300	100	2 400		16		入库	2 200	200	2 400
	20		购丙材料	6 000	500	6 500		25		入库	6 000	500	6 500
	26		购丁材料	8 000	200	8 200							
	31		本月收入合计	71 300	1 000	72 300	7	31		本月收入合计	64 200	-100	64 100
	31		月末在途材料	8 000	200	8 200							

动脑筋　材料采购明细账中，借方发生额栏有数字，贷方发生额没有，代表什么意思？

（3）材料成本差异明细账。材料成本差异明细账是为调整发出材料成本提供依据设置的，反映各类或各种材料的实际成本与计划成本之间的差异额和差异率。其账页格式可以采用三栏式，也可以采用多栏式。

第三节   周转材料

一、周转材料的概念及种类

周转材料是指企业能够多次使用，不符合固定资产定义，逐渐转移其价值但仍保持原有形态不确认为固定资产的材料。周转材料主要包括包装物、低值易耗品以及企业的钢模板、木模板、脚手架等。

（1）包装物是指为了包装本企业产品而储备的各种包装容器，如桶、箱、瓶、坛、袋等。具体包括：生产过程中用于包装产品作为产品组成部分的包装物；随同产品出售而不单独计价的包装物；随同产品出售且单独计价的包装物；出租或出借给购买单位使用的包装物。

> **注意**　下列不属于包装物核算的范围：各种包装材料，如纸、绳、铁丝、铁皮等，应作为原材料处理；用于储存和保管产品、材料而不对外出售的包装物，应按其价值的大小和使用年限的长短，分别作为固定资产或低值易耗品处理；计划上单独列作企业产品的自制包装物，应作为库存商品处理。

（2）低值易耗品是指不能作为固定资产的各种用具物品，如工具、管理用具、玻璃器皿等，以及在经营过程中周转使用的包装容器等。

低值易耗品按照用途一般可以分为六大类：

1）一般工具，主要指生产上通用的刀具、量具、夹具等生产工具和各种辅助工具。

2）专用工具，主要指专用于制造某一特定产品，或在某一特定工序上使用的工具，如专用模具等。

3）替换设备，是指容易磨损或为制造不同产品需要替换使用的各种设备，如轧钢用的钢辊等。

4）管理用具，是指在管理工作中使用的各种家具和办公用具，如桌椅、柜、计算器等。

5）劳动保护用品，是指为了安全生产而发给工人作为劳动保护用的工作服、工作鞋和各种防护用品等。

6）其他，是指不属于上述各类的低值易耗品。

> **注意**　低值易耗品虽然和固定资产同属于企业的劳动资料，都可以多次使用而不改变原有的实物形态，使用过程中需要进行维修，报废时也有残值。但不同的是，低值易耗品属于价值较低或使用年限较短、易损易耗的工具、设备，所以低值易耗品属于存货，作为流动资产核算管理。

二、周转材料核算的账户设置

为了核算和监督周转材料增减变动及结余情况，企业应设置"周转材料"科目。该科目属于资产类，借方登记企业取得周转材料的实际成本或计划成本，贷方登记发出周转材料的实际成本或计划成本以及摊销价值，期末余额在借方，反映企业在库周转材料的实际成本或计划成本以及在用周转材料的摊余价值。该科目按照包装物、低值易耗品等进行明细核算。

提示 周转材料可以采用实际成本核算，也可以采用计划成本核算，其方法与原材料相同。

三、包装物发出的核算

企业应当设置"周转材料——包装物"科目进行包装物的核算。对于生产领用包装物，根据领用包装物的成本，应计入产品的生产成本。随同产品出售而不单独计价的包装物，应于包装物发出时，按其实际成本计入销售费用。随同产品出售且单独计价的包装物，一方面应反映其销售收入，计入其他业务收入；另一方面应反映其实际销售成本，计入其他业务成本。

提示 包装物等周转材料，对于可供多次反复使用的，应当按照使用次数分次进行摊销并计入成本费用。金额较小的，为简化核算，可在领用时一次计入成本费用，但为加强实物管理，应当在备查簿上进行登记。

1. 生产领用包装物

生产领用包装物应按照领用包装物的实际成本，借记"生产成本"科目；按照领用包装物的实际成本，贷记"周转材料——包装物"科目。如果包装物采用计划成本核算，还要按照实际成本与计划成本的差额，借记或贷记"材料成本差异"科目。

●例4-22 淮洲公司为增值税一般纳税人，对包装物采用计划成本核算。8月5日，生产A产品领用包装物的计划成本为10 000元，材料成本差异率为2%，包装物的摊销采用一次摊销法。

会计根据仓库部门转来的领料单，编制记账凭证，做会计分录如下：

借：生产成本——A产品　　　　　　　　　10 200
　　贷：周转材料——包装物　　　　　　　　10 000
　　　　材料成本差异　　　　　　　　　　　200

2. 随同产品出售包装物

随同产品出售的包装物，分两种情况进行处理：

（1）随同产品出售而不单独计价的包装物，应按其实际成本计入销售费用，借记"销售费用"科目，贷记"周转材料——包装物"科目。如果包装物采用计划成本核算，则按照计划成本，贷记"周转材料——包装物"科目，同时按照实际成本与计划成本的差额，借记或贷记"材料成本差异"科目。

例4-23 淮洲公司为增值税一般纳税人，8月18日，销售A产品领用不单独计价包装物的实际成本为50 000元，包装物的摊销采用一次摊销法。

会计根据仓库部门转来的领料单，编制记账凭证，做会计分录如下：

借：销售费用——包装费　　　　　　　　　　50 000
　　贷：周转材料——包装物　　　　　　　　　　　50 000

（2）随同产品出售且单独计价的包装物，应按照实际取得的金额，借记"银行存款"等科目；按照其销售收入，贷记"其他业务收入"科目；按照增值税专用发票上注明的增值税销项税额，贷记"应交税费——应交增值税（销项税额）"科目；另一方面结转所销售包装物的成本，应按其实际成本计入其他业务成本，借记"其他业务成本"科目，贷记"周转材料——包装物"科目。如果包装物采用计划成本核算，则按照计划成本，贷记"周转材料——包装物"科目；同时按照实际成本与计划成本的差额，借记或贷记"材料成本差异"科目。

例4-24 淮洲公司为增值税一般纳税人，8月21日，销售A产品领用单独计价包装物的实际成本为80 000元，销售收入为100 000元，增值税额为16 000元，款项已存入银行。

会计根据进账单、增值税专用发票和仓库部门转来的领料单，编制记账凭证，做会计分录如下：

借：银行存款　　　　　　　　　　　　　　116 000
　　贷：其他业务收入——包装物销售收入　　　　　100 000
　　　　应交税费——应交增值税（销项税额）　　　　16 000

借：其他业务成本——包装物销售成本　　　　80 000
　　贷：周转材料——包装物　　　　　　　　　　　80 000

3. 出租包装物

出租包装物是指企业因销售产品，以出租方式有偿提供给购货单位暂时使用的包装物。出租包装物除收取租金外，还要向使用单位收取押金。企业收到的包装物租金时，借记"银行存款"等科目，贷记"其他业务收入"科目；同时按照应缴纳的增值税，贷记"应交税费——应交增值税（销项税额）"。出租包装物收取押金时，应借记"银行存款"等科目，贷记"其他应付款"科目，退回押金时做相反会计分录。对于逾期未退包装物，按没收的押金，借记"其他应付款"科目；按应缴纳的增值税，贷记"应交税费——应交增值税（销项税额）"；按其差额贷记"其他业务收入"科目。

出租包装物在周转过程中因磨损而减少的价值可以根据情况采用一次摊销法或分次摊销法进行摊销。本部分介绍一次摊销法的会计处理，分次摊销法参见"低值易耗品"的核算。

提示 由于包装物的摊销方法不同，因而包装物在领用、摊销、报废等方面的账务处理也有所不同。

例4-25 淮洲公司为增值税一般纳税人，8月5日，公司销售部门将200个包装桶出租给宏达公司，收取押金3 000元。共收取租金价税合计6 960元，其中价款6 000元，增值税额960元。11月5日到期时如数收回出租的包装物，退还押金。该批包装物实际成本5 000元，采用一次摊销法摊销。

（1）会计收到租金后，开具增值税专用发票交给承租方，同时根据发票、押金收据的记账联等原始凭证，编制记账凭证，做会计分录如下：

借：银行存款　　　　　　　　　　　　　　　　6 960
　　贷：其他业务收入　　　　　　　　　　　　　　6 000
　　　　应交税费——应交增值税（销项税额）　　　960
借：银行存款　　　　　　　　　　　　　　　　3 000
　　贷：其他应付款——存入保证金（宏达公司）　　3 000

（2）会计收到仓库转来的出库单，编制记账凭证，做会计分录如下：

借：其他业务成本——包装物出租　　　　　　　5 000
　　贷：周转材料——包装物　　　　　　　　　　　5 000

（3）11月5日，租赁期满，会计根据仓库转来的收料单及押金单据，退押金给承租方，同时编制记账凭，做会计分录如下：

借：其他应付款——存入保证金（宏达公司）　　3 000
　　贷：银行存款　　　　　　　　　　　　　　　　3 000

提示 如果租赁期满，宏达公司未退还包装桶，没收逾期未退包装物押金，应该作为企业的其他业务收入处理，同时计算应交的增值税。

4. 出借包装物

出借包装物是企业为销售产品，以出借方式无偿提供给购货单位暂时使用的包装物。出借时一般要收取一定数量的押金，但包装物供借用单位无偿使用，因此不收取租金。当借用单位完好归还包装物时，应退还其押金。企业出借包装物时，应将其摊销成本转入"销售费用"科目。

提示 收取押金的核算与出租包装物相同。其他有关核算比照出租包装物进行相应的账务处理，但出借包装物无须确认收入。

四、低值易耗品领用摊销的核算

企业应当设置"周转材料——低值易耗品"科目进行低值易耗品的核算。低值易耗品收入包括外购、自制、委托外单位加工完成并验收入库，其核算方法与领用原材料核算基本相同。当低值易耗品从仓库转交给使用部门后，即从"在库"转为"在用"阶段，这时就要采用一定的方法将低值易耗品的价值摊入相应的成本、费用。其摊销方法应按照不同低值易耗品的价值大小、使用期限的长短以及每月数额的均衡性等情况采用一次摊销法和分次摊销法进行摊销。

1. 一次摊销法

一次摊销法是指在领用低值易耗品时，按其用途将全部价值转入有关的成本、费用，借记"制造费用""管理费用""销售费用""其他业务成本"等科目，贷记"周转材料——低值易耗品"科目。报废时，将报废低值易耗品的残料价值作为当期低值易耗品摊销额的减少，冲减对应的成本费用科目。

> **提示** 一次摊销法核算简便，但不利于实物管理，而且价值一次结转也影响成本费用的均衡性。因此这种方法适用于单位价值较低或容易损耗，并且一次领用数量不多的管理工具等低值易耗品。

例4-26 淮洲公司各部门领用办公桌椅5套，实际成本5 000元，采用一次摊销法。其中公司办公室领用3套，计3 000元，车间管理部门领用2套，计2 000元。

会计根据出库单等原始凭证，编制记账凭证，做会计分录如下：

借：管理费用　　　　　　　　　　　　　　　　3 000
　　制造费用　　　　　　　　　　　　　　　　2 000
　　贷：周转材料——低值易耗品　　　　　　　　　　5 000

2. 分次摊销法

分次摊销法是指按照估计领用的次数平均摊销低值易耗品账面价值的一种方法。此时周转材料应分别设"在库""在用"和"摊销"明细科目进行明细核算。领用时，应将低值易耗品计划成本或实际成本从"在库"转为"在用"，借记"周转材料——低值易耗品（在用）"科目，贷记"周转材料——低值易耗品（在库）"科目；同时每次按照领用低值易耗品的成本和使用次数平均摊销额，借记"制造费用""管理费用""销售费用""其他业务成本"等科目，贷记"周转材料——低值易耗品（摊销）"科目；低值易耗品报废时，再摊销最后一次成本，同时将其残料价值冲减已摊销的相应成本费用，并将其全部价值与摊销额相应结转，借记"周转材料——低值易耗品（摊销）"科目，贷记"周转材料——低值易耗品（在用）"科目。

> **提示** 分次摊销法直到报废前，账面上一直保持"在用"状态，因而有利于实行会计监督，防止出现大量的账外物资。这种方法适用于使用期限较长、单位价值较高、能多次反复使用的低值易耗品。

例4-27 淮洲公司基本生产车间领用专用工具一批，实际成本为9 000元，低值易耗品的摊销采用分次摊销法。该项工具估计使用次数为3次。

（1）第一次领用时，会计根据出库单等原始凭证，编制记账凭证，做会计分录如下：

借：周转材料——低值易耗品（在用）　　　　　　9 000
　　贷：周转材料——低值易耗品（在库）　　　　　　9 000

同时摊销其价值的三分之一，编制记账凭证，做会计分录如下：

　　借：制造费用——低值易耗品摊销　　　　　　　　3 000

　　　　贷：周转材料——低值易耗品（摊销）　　　　　　　　3 000

　　提示　第二次、第三次摊销的账务处理同第一次摊销。

（2）第三次摊销剩余价值的同时，结转在用低值易耗品，会计编制记账凭证，做会计分录如下：

　　借：周转材料——低值易耗品（摊销）　　　　　　9 000

　　　　贷：周转材料——包装物（在用）　　　　　　　　9 000

第四节　委托加工物资

一、委托加工物资的概念及成本构成

委托加工物资是指企业委托外单位加工的各种材料、商品等物资。

　　提示　有的企业由于受工艺设备条件的限制或自己加工存货的成本比较高时，可委托外单位加工存货。

企业委托外单位加工物资的成本包括加工中实际耗用物资的成本、支付的加工费用、支付的税费及应负担的运杂费等。支付的税费包括委托加工物资所应负担的消费税（指属于消费税应税范围的加工物资）等。

　　提示　若该委托加工物资需要缴纳消费税，应由受托方在向委托方交货时代收代缴消费税。收回后直接用于销售的，计入应税消费品的成本；收回后用于继续加工的应税消费品，可以抵扣销售环节应缴纳的消费税。

二、委托加工物资核算的账户设置

为了反映和监督委托加工物资增减变动及其结存情况，企业应当设置"委托加工物资"科目。该科目属于资产类，借方登记委托加工物资的实际成本，贷方登记加工完成验收入库的物资的实际成本和剩余物资的实际成本，期末余额在借方，反映企业尚未完工的委托加工物资的实际成本等。该科目应按加工合同、受托加工单位以及加工物资的品种等进行明细核算。

　　提示　委托加工物资也可以采用计划成本或售价进行核算，其方法与库存商品相似。

三、委托加工物资的账务处理

1. 发出物资的核算

企业委托外部加工的物资，在发出材料物资时，按照发出材料的实际成本借记"委托加工物资"科目，贷记"原材料"科目。

> **提示** 如果企业材料采用计划成本计价，可以按月初材料成本差异率将发出材料物资的计划成本调整为实际成本，并通过"材料成本差异"科目核算委托加工物资的实际成本。

2. 支付加工费、运杂费和增值税等的核算

企业支付的加工费、往返运杂费应计入委托加工物资的成本，借记"委托加工物资"科目，贷记"银行存款"等科目。企业支付的增值税，应视不同情况进行处理：凡属于加工物资用于应纳增值税项目并取得增值税专用发票的一般纳税人，支付的增值税额不计入加工物资的成本，而作为进项税额处理，支付时借记"应交税费——应交增值税（进项税额）"科目，贷记"银行存款"等科目；凡属加工物资用于非应纳增值税项目或免征增值税项目的，以及未取得增值税专用发票的一般纳税人和小规模纳税人的加工物资，应将支付的增值税额计入加工物资的成本，支付时借记"委托加工物资"科目，贷记"银行存款"等科目。

3. 支付消费税的核算

消费税实行价内税，只在应税消费品的生产、委托加工和进口环节缴纳。同时消费税仅在单一环节征收，因此，企业委托外单位加工属于应税消费品的物资，应负担由受托方代扣代缴的消费税，分以下情况处理：

（1）委托加工物资收回后直接用于销售的，应将消费税计入加工物资的成本，借记"委托加工物资"科目，贷记"银行存款"等科目。

（2）委托加工物资收回后用于连续生产应税消费品的，委托方按规定准予抵扣的消费税，借记"应交税费——应交消费税"科目，贷记"应付账款""银行存款"等科目。

4. 加工物资完工入库的核算

委托加工物资完工入库时，存货采用实际成本核算的，应该按照加工的实际成本借记"原材料"等科目，贷记"委托加工物资"科目。

> **提示** 如果企业材料采用计划成本计价的，加工物资入库时，还应同时结转材料成本差异，贷记或借记"材料成本差异"科目。

● 例4-28 淮洲公司存货采用实际成本核算，8月，委托乙企业加工包装木箱一批，2日，发出木材一批，实际成本为40 000元；24日，开出转账支票，支付木箱的往返运杂费2 000元，取得增值税专用发票上注明的增值税额为200元；加工费5 000元，取得增值税专用发票上注明的增值税额为800元；木箱加工完毕，公司已办理验收入库手续。

（1）2日，会计根据委托加工物资领料单，编制记账凭证，做会计分录如下：

借：委托加工物资——木箱　　　　　　　　　　　40 000

　　贷：原材料——木材　　　　　　　　　　　　　　40 000

（2）24日，会计根据增值税专用发票及支票存根等原始凭证，编制记账凭证，做会计分录如下：

借：委托加工物资——木箱　　　　　　　　　　　7 000

　　应交税费——应交增值税（进项税额）　　　　1 000

　　贷：银行存款　　　　　　　　　　　　　　　　　8 000

（3）会计根据委托加工物资成本计算单、收料单等原始凭证，编制记账凭证，做会计分录如下：

借：周转材料——包装物（木箱）　　　　　　　　47 000

　　贷：委托加工物资——木箱　　　　　　　　　　　47 000

> **动脑筋**　　如果淮洲公司原材料采用计划成本计价，材料成本差异率为 −1%，其他资料不变，则应如何进行账务处理？

● **例 4 – 29**　大发公司存货采用实际成本核算，委托 B 企业加工一批应交消费税的材料（非金银首饰）。9 月 1 日公司发出原材料的实际成本 80 000 元，9 月 22 日企业将加工好的材料提回后全部验收入库并用于继续生产产品。材料加工费用 15 000 元，增值税率为 16%，由 B 公司代收代缴的消费税为 3 600 元，所有款项用银行存款支付。

（1）1 日，会计根据委托加工物资领料单，编制记账凭证，做会计分录如下：

借：委托加工物资　　　　　　　　　　　　　　80 000

　　贷：原材料　　　　　　　　　　　　　　　　　80 000

（2）22 日，会计根据增值税专用发票及支票存根等原始凭证，编制记账凭证，做会计分录如下：

借：委托加工物资　　　　　　　　　　　　　　15 000

　　应交税费——应交增值税（进项税额）　　　　2 400

　　　　　　　——应交消费税　　　　　　　　　3 600

　　贷：银行存款　　　　　　　　　　　　　　　　21 000

　　提示　应交增值税 = 15 000 × 16% = 2 400（元）

（3）会计根据委托加工物资的成本计算单、收料单等原始凭证，编制记账凭证，做会计分录如下：

借：原材料　　　　　　　　　　　　　　　　　　95 000

　　贷：委托加工物资　　　　　　　　　　　　　　　95 000

> **动脑筋**　　如果大发汽车厂将加工收回的材料全部用于对外出售，其他资料不变，则应如何进行账务处理？

第五节　库存商品

一、库存商品的概念和内容

库存商品是指企业已完成全部生产过程并已验收入库、合乎标准规格和技术条件，可以按照合同规定的条件送交订货单位，或可以作为商品对外销售的产品以及外购或委托加工完成验收入库用于销售的各种商品。

库存商品具体包括库存产成品、外购商品、存放在门市部准备出售的商品、发出展览的商品、寄存在外的商品、接受来料加工制造的代制品和为外单位加工修理的代修品等。

> **注意**　已完成销售手续但购买单位在月末未提取的产品，不应作为企业的库存商品，而应作为代管商品处理，单独设置代管商品备查簿进行登记。

二、库存商品核算的账户设置

"库存商品"科目用于核算企业库存商品的增减变动及其结存情况。其借方登记验收入库的库存商品成本，贷方登记发出的库存商品成本，期末余额在借方，反映各种库存商品的实际成本或计划成本。该科目按照库存商品的种类、品种和规格等进行明细核算。

> **提示**　库存商品可以采用实际成本核算，也可以采用计划成本核算，其方法与原材料相似。采用计划成本核算时，库存商品实际成本与计划成本的差异，可单独设置"产品成本差异"科目核算。

三、库存商品的账务处理

1. 验收入库商品的核算

对于库存商品采用实际成本核算的企业，当库存商品生产完成并验收入库时，应按实际成本，借记"库存商品"科目，贷记"生产成本"科目。

2. 发出商品的核算

企业销售商品、确认收入时，应结转其销售成本，借记"主营业务成本"等科目，贷记"库存商品"科目。

▶**例 4-30**　淮洲公司 8 月"产品入库汇总表"记载，本月已验收入库 A 产品 2 000 台，实际单位成本 500 元，计 1 000 000 元；月末汇总的发出商品中，当月已实现销售的 A 产品有1 200台，该月A产品销售实际单位成本500元。

（1）8月31日，会计根据产品成本计算单及入库单等原始凭证，编制记账凭证，做会计分录如下：

> 借：库存商品——A产品　　　　　　　　　　　1 000 000
> 　　贷：生产成本　　　　　　　　　　　　　　　　　1 000 000

（2）会计根据产品销售成本计算单及出库单等原始凭证，编制记账凭证，做会计分录如下：

> 借：主营业务成本　　　　　　　　　　　　　　600 000
> 　　贷：库存商品——A产品　　　　　　　　　　　600 000

四、商品流通企业库存商品的核算

商品流通企业购入的商品可以采用进价或售价核算。采用售价核算的，商品售价和进价的差额，可通过"商品进销差价"科目核算。月末，应分摊已销商品的进销差价，将已销商品的销售成本调整为实际成本，借记"商品进销差价"科目，贷记"主营业务成本"科目。

商品流通企业的库存商品还可以采用毛利率法和售价金额核算法进行日常核算。

1. 毛利率法

毛利率法是指根据本期销售净额乘以上期实际（或本期计划）毛利率匡算本期销售毛利，并据以计算发出存货和期末存货成本的一种方法。

其计算公式如下：

> 毛利率 = 销售毛利 ÷ 销售净额 × 100%
> 销售净额 = 商品销售收入 − 销售退回与折让
> 销售毛利 = 销售净额 × 毛利率
> 销售成本 = 销售净额 − 销售毛利
> 期末存货成本 = 期初存货成本 + 本期购货成本 − 本期销售成本

这一方法是商品流通企业，尤其是商业批发企业常用的计算本期商品销售成本和期末库存商品成本的方法。商品流通企业由于经营商品的品种繁多，如果分品种计算商品成本，工作量将大大增加，而且一般来讲，商品流通企业同类商品的毛利率大致相同，采用这种存货计价方法既能减轻工作量，也能满足企业对存货管理的需要。

● 例4-31　红光百货批发公司为增值税一般纳税人，采用毛利率法进行核算，4月1日日用品存货1 800万元，本月购进6 000万元，本月销售收入5 000万元，上季度该类商品毛利率为25%。

根据上述资料，计算本期商品销售成本和期末库存商品成本，并进行相关账务处理。

（1）会计根据出库单、库存商品明细账等，编制库存商品销售成本计算单，计算已销商品的销售毛利、销售总成本和期末库存成本。

本月销售收入 = 5 000（万元）

销售毛利 = 5 000 × 25% = 1 250（万元）

本月商品销售成本 = 5 000 – 1 250 = 3 750（万元）

月末库存商品成本 = 1 800 + 6 000 – 3 750 = 4 050（万元）

（2）会计根据商品销售成本计算单及出库单等原始凭证，编制记账凭证，做会计分录如下：

借：主营业务成本　　　　　　　　　　　　　37 500 000

贷：库存商品　　　　　　　　　　　　　　　　　37 500 000

2. 售价金额核算法

售价金额核算法是指平时商品的购入、加工收回、销售均按售价记账，售价与进价的差额通过"商品进销差价"科目核算，期末计算进销差价率和本期已销商品应分摊的进销差价，并据以调整本期销售成本的一种方法。其计算公式如下：

$$商品进销差价率 = \frac{期初库存商品进销差价 + 本期购入商品进销差价}{期初库存商品售价 + 本期购入商品售价} \times 100\%$$

本期销售商品应分摊的商品进销差价 = 本期商品销售收入 × 商品进销差价率

本期销售商品成本 = 本期商品销售收入 – 本期销售商品应分摊的商品进销差价

期末结存商品成本 = 期初库存商品的进价成本 + 本期购进商品的进价成本 – 本期销售商品的成本

提示　如果企业的商品进销差价率各期之间是比较均衡的，也可以采用上期商品进销差价率计算分摊本期的商品进销差价。年度终了，应对商品进销差价进行核实调整。

对于从事商业零售业务的企业（如百货公司、超市等），由于经营商品种类、品种、规格等繁多，而且要求按商品零售价格标价，采用其他成本计算结转方法均较困难，因此广泛采用这一方法。

◆例4-32　清江百货商场为增值税一般纳税人，采用售价金额核算法进行核算，7月初库存商品的进价成本为200万元，售价金额为240万元，本月购进该商品的进价成本为80万元，增值税进项税额为12.8万元，售价总额为110万元，本月含税销售收入为120万元。

根据上述资料，计算商品进销差价率、本期商品销售成本和期末结存商品成本，并进行相关账务处理。

（1）购进商品时，会计根据增值税专用发票、付款凭证及入库单等原始凭证，编制记账凭证，做会计分录如下：

借：库存商品　　　　　　　　　　　　　　　1 100 000

应交税费——应交增值税（进项税额）　128 000

贷：银行存款　　　　　　　　　　　　　　　928 000

商品进销差价　　　　　　　　　　　　　300 000

（2）销售商品时，会计根据相关进账单等原始凭证，编制记账凭证，做会计分录如下：

> 借：银行存款　　　　　　　　　　　　　　　　　　1 200 000
> 　　贷：主营业务收入　　　　　　　　　　　　　　　　　1 200 000

（3）月末，会计编制库存商品销售成本计算单，计算商品进销差价率、销售总成本和期末库存商品成本。

商品进销差价率 = $(40 + 30) \div (240 + 110) \times 100\% = 20\%$

已销商品应分摊的商品进销差价 = $120 \times 20\% = 24$（万元）

本期销售商品的实际成本 = $120 - 24 = 96$（万元）

期末结存商品的实际成本 = $200 + 80 - 96 = 184$（万元）

会计根据商品销售成本计算单及出库单等原始凭证，编制记账凭证，做会计分录如下：

1）结转销售成本：

> 借：主营业务成本　　　　　　　　　　　　　　　　1 200 000
> 　　贷：库存商品　　　　　　　　　　　　　　　　　　1 200 000

2）结转已销商品的进销差价：

> 借：商品进销差价　　　　　　　　　　　　　　　　　240 000
> 　　贷：主营业务成本　　　　　　　　　　　　　　　　　240 000

（4）计算增值税销项税额。

销项税额 = $1\,200\,000 - \dfrac{1\,200\,000}{1 + 16\%} = 165\,517.24$（元）

> 借：主营业务收入　　　　　　　　　　　　　　　165 517.24
> 　　贷：应交税费——应交增值税（销项税额）　　　165 517.24

第六节　存货清查与期末计量

一、存货清查

（一）存货清查的概念

存货清查是指企业采用一定的方法，确定存货的实有数量，并与账面结存数进行核对，从而确定存货实存数与账面结存数是否相符的一种专门方法。

由于存货种类繁多、收发频繁，在日常收发过程中可能发生计量错误、计算错误、自然损耗，还可能发生损坏变质以及贪污、盗窃等情况，造成账实不符，形成存货的盘盈、盘亏。存货的实存数应填写在"存货盘点表"（也称"盘存单"）上，对于存货发生的盘盈、盘亏，则填写在"实存账存对比表"中，同时及时查明原因，按照规定程序报批处理。

提示　企业确定存货账面数量的方法有永续盘存制和账面盘存制两种。实存数的确定，一般采用实地盘点法，通过点数、过磅、量尺、计算等方法确定，对大堆、廉价和笨重的存货，可以采用技术推算法来确定。

（二）存货清查核算的账户设置

为了反映企业在财产清查中查明的各种存货的盘盈、盘亏和毁损情况，企业应当设置"待处理财产损溢"科目。该科目属于资产类，借方登记存货的盘亏、毁损金额及盘盈的转销金额，贷方登记存货的盘盈金额及盘亏的转销金额。企业清查的各种存货损溢，应在期末结账前处理完毕，期末处理后，该科目应无余额。该科目按照"待处理流动资产损溢""待处理非流动资产损溢"进行明细核算。

（三）存货清查的核算

1. 存货盘盈的核算

企业发生存货盘盈时，在报经批准前，按照"实存账存对比表"的"报账联"，调整账面数。借记"原材料""库存商品"等科目，贷记"待处理财产损溢——待处理流动资产损溢"科目；经查明原因是收发计量上误差等原因造成的，在按管理权限报经批准后，做冲减管理费用处理，借记"待处理财产损溢——待处理流动资产损溢"科目，贷记"管理费用"科目。

➡ 例 4 - 33 淮洲公司为增值税一般纳税人，6月末，公司对材料进行局部清查，根据"账存实存对比表"发现盘盈甲材料100千克，实际单位成本15元。经查属于材料收发计量方面的问题。

（1）批准前，会计根据"账存实存对比表"的报账联，编制记账凭证，做会计分录如下：

借：原材料——甲材料　　　　　　　　　　　　　1 500
　　贷：待处理财产损溢——待处理流动资产损溢　　　　　1 500

（2）批复后，会计根据"账存实存对比表"的批复联，编制记账凭证，做会计分录如下：

借：待处理财产损溢——待处理流动资产损溢　　　1 500
　　贷：管理费用　　　　　　　　　　　　　　　　　1 500

2. 存货盘亏或毁损的核算

企业发生存货盘亏及损毁时，批准前应先按盘亏或毁损原材料的账面价值，调整账面数，借记"待处理财产损溢——待处理流动资产损溢"科目，贷记"原材料""库存商品"等科目。在按管理权限报经批准后，再根据造成盘亏或毁损的原因，进行相应的账务处理。

（1）属于自然损耗产生的定额内合理损耗，应转作管理费用，借记"管理费用"科目，贷记"待处理财产损溢——待处理流动资产损溢"科目。

（2）属于超定额的短缺或毁损，应先扣除残料价值，能确认过失人的，应由过失人赔偿，属于保险公司责任范围的，应向保险公司索赔，将净损失计入管理费用。按残料的价值借记"原材料""库存商品"等科目；按可收回的保险公司或个人赔偿，借记"其他应收款"科目；净损失借记"管理费用"科目；同时贷记"待处理财产损溢——待处理流动资产损溢"科目。

(3) 属于自然灾害等不可抗力的原因而造成的存货毁损，应先扣除残料价值和可以收回的保险公司赔偿，将净损失转作营业外支出。按残料的价值借记"原材料""库存商品"等科目；按可收回的保险公司赔偿，借记"其他应收款——保险公司"科目；净损失借记"营业外支出——非常损失"科目；同时贷记"待处理财产损溢——待处理流动资产损溢"科目。

提示 涉及增值税和消费税的，还应进行相应的账务处理。

● 例 4-34 淮洲公司为增值税一般纳税人，6 月末，公司对材料进行局部清查，根据"账存实存对比表"发现盘亏乙材料 500 千克，实际单位成本 10 元。经查属于保管员王钢的责任，经公司研究决定，由保管员赔偿损失 4 000 元。盘亏丙材料 200 公斤，实际单位成本 24 元。经查属于大雨造成的，收回残料价值 1 200 元，根据保险责任范围及保险合同规定，保险公司应赔偿剩余损失的 70%。

(1) 批准前，会计根据"账存实存对比表"的报账联，编制记账凭证，做会计分录如下：

借：待处理财产损溢——待处理流动资产损溢　　10 600
　　贷：原材料——乙材料　　　　　　　　　　　　5 000
　　　　　　　　——丙材料　　　　　　　　　　　4 800
　　　　应交税费——应交增值税（进项税额转出）　　800

(2) 批复后，会计根据"账存实存对比表"的批复联，编制记账凭证，做会计分录如下：

1) 借：其他应收款——王钢　　　　　　　　　　4 000
　　　　管理费用　　　　　　　　　　　　　　　1 800
　　　　贷：待处理财产损溢——待处理流动资产损溢　　5 800
2) 借：原材料——丙材料　　　　　　　　　　　1 200
　　　　其他应收款——保险公司　　　　　　　　2 520
　　　　营业外支出——非常损失　　　　　　　　1 080
　　　　贷：待处理财产损溢——待处理流动资产损溢　　4 800

二、存货期末计量

（一）存货期末计量的概念

存货的初始计量虽然以成本入账，但存货进入企业后可能发生毁损、陈旧或价格下跌等情况。因此，在会计期末，存货是按成本与可变现净值孰低计量。

提示 成本是指存货的实际成本，如企业在存货成本的日常核算中采用计划成本法、售价金额核算法等简化核算方法，则期末成本应调整为实际成本。可变现净值是指在日常活动中，存货的估计售价减去至完工时估计将要发生的成本、估计的销售费用以及相关税费后的金额。

当存货成本低于可变现净值时，存货按照成本计价；当存货成本高于可变现净值时，存货按可变现净值计价，同时按照高于可变现净值的差额计提存货跌价准备，计入当期损益。

（二）存货可变现净值的确定

存货的可变现净值由存货的估计售价、至完工时将要发生的成本、估计的销售费用和估计的相关税费等内容构成。各种存货可变现净值的确定方法是：

（1）产成品、商品和用于出售的材料等直接用于出售的商品存货，在正常生产经营过程中，应当以该存货的估计售价减去估计的销售费用和相关税费后的金额，确定其可变现净值。

（2）需要经过加工的材料存货，在正常生产经营过程中，应当以所生产的产成品的估计售价减去至完工时估计将要发生的成本、估计的销售费用和相关税费后的金额，确定其可变现净值。

提示 根据《企业会计准则第1号——存货》规定，在资产负债表日，为生产而持有的材料等，用其生产的产成品的可变现净值高于成本的，该材料仍然应当按照成本计量；材料价格的下跌表明产成品的可变现净值低于成本的，该材料应当按照可变现净值计量。也就是说，材料存货在期末通常按照成本计量，除非企业用其生产的产成品发生了跌价，并且该跌价是由材料本身的价格下跌所引发的，才需要考虑计算材料存货的可变现净值，然后将该材料的可变现净值与成本进行比较，从而确定材料存货是否发生了跌价问题。

（3）为执行销售合同或劳务合同而持有的存货，应当以合同价格，而不是估计售价减去估计的销售费用和相关税费后的金额，确定其可变现净值。

提示 可变现净值的特征表现为存货的预计未来净现金流量，而不是存货的售价或合同价。

（三）存货跌价准备的提取方法

存货跌价准备应当按照单个存货项目计提，即在一般情况下，企业应当将每个存货项目的成本与可变现净值逐一进行比较，取其低者计量存货，并且将成本高于可变现净值的差额作为计提的存货跌价准备。但对于数量繁多、单价较低的存货，也可以按存货类别计提存货跌价准备，即将存货类别的成本总额与可变现净值总额进行比较，每个存货类别均取较低者确定存货价值。

（四）存货减值核算的账户设置

为了核算和监督企业发生的存货跌价准备，企业应设置"存货跌价准备"科目。该科目属于资产类账户，贷方登记计提的存货跌价准备金额，借方登记实际发生的存货跌价损失金额和转回的存货跌价准备金额，期末余额一般在贷方，反映企业已计提但尚未转销的存货跌价准备。

（五）存货减值的账务处理

企业在根据成本与可变现净值孰低原则确定了期末存货价值之后，应视具体情况进行有关的账务处理。如果期末存货的成本低于可变现净值，则一般不需要做账务处理。如果期末存货的成本高于可变现净值，表明存货可能发生损失，则一般应确认存货跌价损失，并进行账务处理。

1. 存货跌价准备的计提

资产负债表日，当存货成本高于其可变现净值时，计算出应计提的存货跌价准备，再与已提数进行比较，若应提数大于已提数，应予以补提。会计核算借记"资产减值损失——计提的存货跌价准备"科目，贷记"存货跌价准备"科目。

● 例4-35　淮洲公司从2018年年末对存货开始采用成本与可变现净值孰低法计价。2018年12月31日，公司甲产品的账面成本为7 000万元，据市场调查，甲产品预计可变现净值为6 500万元。

会计根据"存货成本与可变现净值报告单"，编制记账凭证，做会计分录如下：

借：资产减值损失——计提的存货跌价准备　　　5 000 000
　　贷：存货跌价准备　　　　　　　　　　　　　　　　5 000 000

提示　本期甲产品账面成本=7 000（万元）

甲产品的可变现净值=6 500（万元）

本期应计提存货跌价准备=7 000-6 500=500（万元）

2. 存货跌价准备的转回

当以前减记存货价值的影响因素已经消失，转回已计提的存货跌价准备金额时，按恢复增加的金额，借记"存货跌价准备"科目，贷记"资产减值损失——计提的存货跌价准备"科目。

注意　转回已计提的存货跌价准备的金额，应在原已计提的存货跌价准备金额内，即"存货跌价准备"科目余额冲减至零为限。

● 例4-36　承［例4-35］，2019年6月30日，淮洲公司这批甲产品的账面成本仍为7 000万元，据市场调查，该批甲产品预计可变现净值为6 800万元。2019年12月31日，淮洲公司这批甲产品的账面成本仍为7 000万元，据市场调查，该批甲产品预计可变现净值为7 300万元。

（1）6月30日，会计根据"存货成本与可变现净值报告单"，编制记账凭证，做会计分录如下：

　　　借：存货跌价准备　　　　　　　　　　　　　　3 000 000
　　　　贷：资产减值损失——计提的存货跌价准备　　　　3 000 000

> 提示　本期甲产品账面成本 = 7 000（万元）
> 甲产品的可变现净值 = 6 800（万元）
> 本期甲产品"存货跌价准备"科目余额 = 500（万元）
> 本期应计提存货跌价准备 = 7 000 - 6 800 - 500 = -300（万元）

（2）12 月 31 日，会计根据"存货成本与可变现净值报告单"，编制记账凭证，做会计分录如下：

　　　借：存货跌价准备　　　　　　　　　　　　　　2 000 000
　　　　贷：资产减值损失——计提的存货跌价准备　　　　2 000 000

> 提示　本期甲产品账面成本 = 7 000（万元）
> 甲产品的可变现净值 = 7 300（万元），大于账面成本。
> 本期甲产品"存货跌价准备"科目余额 = 500 - 300 = 200（万元）
> 本期应计提存货跌价准备 = 0 - 200 = -200（万元）

> 注意　如果以前减记存货价值的因素已经消失，则减记的金额应当予以恢复，并在原已计提的存货跌价准备的金额内转回。转回的存货跌价准备与计提该准备的存货项目或类别应当存在直接的对应关系，但转回的金额以将存货跌价准备的余额冲减至零为限。

3. 存货跌价准备的结转

　　企业结转存货销售成本时，对于已计提存货跌价准备的，除了结转销售成本外，还要结转已提的存货跌价准备，借记"存货跌价准备"科目，贷记"主营业务成本""其他业务成本"等科目。

→ 例 4 - 37　淮洲公司 2020 年 1 月 15 日销售一批甲产品，增值税发票上列明价款为 1 000 000 元，税款 160 000 元，款暂欠。该批产品账面成本为 800 000 元，应承担的跌价准备 20 000 元。

会计根据库存商品出库单、增值税专用发票，编制记账凭证，做会计分录如下：

（1）借：应收账款　　　　　　　　　　　　　　1 160 000
　　　　贷：主营业务收入　　　　　　　　　　　　　1 000 000
　　　　　　应交税费——应交增值税（销项税额）　　　160 000

（2）借：主营业务成本　　　　　　　　　　　　　800 000
　　　　贷：库存商品——甲产品　　　　　　　　　　800 000
　　　借：存货跌价准备　　　　　　　　　　　　　20 000

```
        贷：主营业务成本                              20 000
    或：
        借：主营业务成本                             780 000
            存货跌价准备                              20 000
            贷：库存商品——甲产品                            800 000
```

本章内容在报表中的信息披露

资产负债表	
资　产	**负债和所有者权益**
流动资产：	
……	
存货＝"原材料"＋"在途物资"＋"材料采购"＋"委托加工物资"＋"周转材料"＋"生产成本"＋"库存商品"＋"委托代销商品"＋"受托代销商品"－"受托代销商品款"－"存货跌价准备"＋（或－）"材料成本差异"	
……	

本章习题

一、单项选择题（下列答案中有一个是正确的，请将正确答案前的英文字母填入括号内）

1. 下列各项中，不会引起企业期末存货账面价值变动的是（　　）。
   A. 已发出商品但尚未确认销售收入　　B. 已确认销售收入但尚未发出商品
   C. 已收到材料但尚未收到发票账单　　D. 已收到发票账单并付款但尚未收到材料

2. 下列税金中，不应计入存货成本的是（　　）。
   A. 一般纳税企业进口原材料支付的关税
   B. 一般纳税企业购进原材料支付的增值税
   C. 小规模纳税企业购进原材料支付的增值税
   D. 一般纳税企业进口应税消费品支付的消费税

3. 甲企业为增值税一般纳税人，购入材料一批，增值税专用发票上标明的价款为25万元，增值税为4万元，另支付材料的保险费2万元、包装物押金1万元。该批材料的采购成本为（　　）万元。
   A. 27　　　　　　B. 28　　　　　　C. 31　　　　　　D. 32

4. 甲企业为增值税一般纳税人，本期购入一批商品100公斤，进货价格为100万元，增值税进项税额为16万元。所购商品到达后验收发现商品短缺25%，其中合理损失15%，另 10% 的短缺尚待查明原因。该批商品的单位成本为（　　）万元。

A. 1　　　　　　　　B. 1.2　　　　　　　　C. 1.25　　　　　　　　D. 1.4

5. 丁企业为增值税小规模纳税企业。该企业购入甲材料 600 公斤，每公斤含税单价为 50 元，发生运杂费 2 000 元，运输途中发生合理损耗 10 公斤，入库前发生挑选整理费用 200 元。该批甲材料的入账价值为（　　）元。

A. 30 000　　　　　B. 32 000　　　　　C. 32 200　　　　　D. 32 700

6. 甲企业采用先进先出法计算发出原材料的成本。9 月 1 日，C 材料结存 200 千克，每千克实际成本为 300 元；9 月 7 日购入 C 材料 350 千克，每千克实际成本为 310 元；9 月 21 日购入 C 材料 400 千克，每千克实际成本为 290 元；9 元 28 日发出 C 材料 500 千克。9 月份 C 材料发出成本为（　　）元。

A. 145 000　　　　B. 150 000　　　　C. 153 000　　　　D. 155 000

7. 甲企业采用先进先出法计算发出 A 材料的成本，2 月 1 日，结存 A 材料 200 公斤，每公斤实际成本 100 元；2 月 10 日购入 A 材料 300 公斤，每公斤实际成本 110 元；2 月 15 日发出 A 材料 400 公斤。2 月末，库存 A 材料的实际成本为（　　）元。

A. 10 000　　　　　B. 10 500　　　　　C. 10 600　　　　　D. 11 000

8. 在物价持续下跌的情况下，下列各种存货计价方法中，能使企业计算出来的当期利润最小的计价方法是（　　）。

A. 先进先出法　　　　　　　　　　B. 加权平均法

C. 移动加权平均法　　　　　　　　D. 以上三种方法均可

9. 存货采用先进先出法计价，在存货物价上涨的情况下，将会使企业的（　　）。

A. 期末存货升高，当期利润减少　　B. 期末存货升高，当期利润增加

C. 期末存货降低，当期利润增加　　D. 期末存货降低，当期利润减少

10. 乙企业为增值税一般纳税人，材料按计划成本核算，月初"原材料"账户借方余额 24 000 元，本月收入原材料的计划成本为 176 000 元，本月发出原材料的计划成本为 150 000 元，"材料成本差异"月初贷方余额 300 元，本月收入材料的超支差 4 300 元，则本月发出材料应负担的材料成本差异为（　　）元。

A. 节约 3 000　　　B. 超支 3 000　　　C. 节约 3 450　　　D. 超支 3 450

11. 乙企业为增值税一般纳税人，材料按计划成本核算，B 材料计划单位成本为每公斤 35 元，企业购入 B 材料 500 公斤，材料价款 17 600 元，增值税 2 816 元，企业验收入库时实收 490 公斤，短缺的 10 公斤为途中的定额损耗。该批入库材料的材料成本差异为（　　）元。

A. 450　　　　　　　B. 100　　　　　　　C. 3 442　　　　　　　D. 3 092

12. 丁企业为增值税小规模纳税人，原材料采用计划成本核算，E 材料计划成本每吨为 20 元。本期购进 E 材料 6 000 吨，收到的增值税专用发票上注明的价款总额为 102 000 元，增值税额为 17 340 元。另发生运杂费 1 400 元，途中保险费用 359 元。原材料运

抵企业后验收入库 5 995 吨，运输途中合理损耗 5 吨。该批入库材料的材料成本差异为（　　）元。

A. 1 099　　　　　　B. 1 199　　　　　　C. 16 141　　　　　　D. 16 241

13. 企业对随同商品出售而不单独计价的包装物进行会计处理时，该包装物的实际成本应结转到（　　）科目。

A. 制造费用　　　　　　　　　　B. 销售费用

C. 管理费用　　　　　　　　　　D. 其他业务成本

14. 企业对随同商品出售且单独计价的包装物进行会计处理时，该包装物的实际成本应结转到（　　）科目。

A. 制造费用　　　　　　　　　　B. 销售费用

C. 管理费用　　　　　　　　　　D. 其他业务成本

15. 管理部门使用的低值易耗品在报废时，对其残料价值的处理中正确的是（　　）。

A. 冲减当期的管理费用　　　　　　B. 冲减当期的制造费用

C. 计入营业外收入　　　　　　　　D. 冲减营业外支出

16. A 公司委托 B 公司加工材料一批，A 公司发出原材料实际成本为 50 000 元。完工收回时支付加工费 2 000 元。该材料属于消费税应税物资，同类物资在 B 公司目前的销售价格为 70 000 元。A 公司收回材料后将用于生产非应税消费品。假设 A、B 公司均为增值税一般纳税企业，适用的增值税率为 16%，消费税率为 10%。该材料 A 公司已收回，并取得增值税专用发票，则该委托加工材料收回后的入账价值是（　　）元。

A. 52 000　　　　　　B. 57 778　　　　　　C. 59 000　　　　　　D. 59 320

17. 甲、乙公司均为增值税一般纳税人，甲公司委托乙公司加工一批应纳消费税的半成品，收回后用于直接对外销售。甲公司发出原材料实际成本 210 万元，支付加工费 6 万元、增值税 0.96 万元、消费税 24 万元。假定不考虑其他相关税费，甲公司收回该半成品的入账价值为（　　）万元。

A. 216　　　　　　B. 216.96　　　　　　C. 240　　　　　　D. 240.96

18. 一般纳税人委托其他单位加工材料收回后直接对外销售的，其发生的下列支出中，不应计入委托加工材料成本的是（　　）。

A. 发出材料的实际成本　　　　　　B. 支付给受托方的加工费

C. 支付给受托方的增值税　　　　　　D. 受托方代收代缴的消费税

19. 某企业存货的日常核算采用毛利率计算存货成本。该企业某年 1 月份实际毛利率为 30%，该年度 2 月 1 日的存货成本为 1 400 万元，2 月份购入存货成本为 2 800 万元。销售收入为 3 000 万元，销售退回为 300 万元。该企业 2 月末存货成本为（　　）万元。

A. 1 500　　　　　　B. 2 100　　　　　　C. 2 310　　　　　　D. 2 400

20. 企业购进的货物发生非常损失，其增值税进项税额应从"应交税费——应交增值税"科目的（　　）专栏，转入"待处理财产损溢"科目。

A. 进项税额　　　　　　　　　　　　B. 进项税额转出

C. 转出未交增值税　　　　　　　　　D. 转出多交增值税

21. 企业对于已计入"待处理财产损溢"科目的存货盘亏及毁损事项进行会计处理时，应计入"管理费用"科目的是（　　　）。

A. 管理不善造成的存货净损失　　　　B. 自然灾害造成的存货净损失

C. 应由保险公司赔偿的存货损失　　　D. 应由过失人赔偿的存货损失

22. 下列原材料损失项目中，应计入营业外支出的是（　　　）。

A. 计量差错引起的原材料盘亏

B. 自然灾害造成的原材料净损失

C. 原材料运输途中发生的合理损耗

D. 人为责任造成的应由责任人赔偿的原材料损失

23. 某企业因管理不善导致一批材料霉烂变质，该批材料价值 16 000 元，进项税额为 2 560 元，收到各种赔款 1 500 元，残料价值 200 元。报经批准后，应计入"管理费用"科目的金额为（　　　）元。

A. 16 860　　　　B. 17 060　　　　C. 14 300　　　　D. 14 400

24. 某企业原材料采用实际成本核算。4 月末该企业对存货进行全面清查，发现短缺原材料一批，账面成本 12 000 元，已计提存货跌价准备 2 000 元。经确认，应由保险公司赔款 4 000 元，由过失人赔偿 3 000 元。假定不考虑其他因素，该项存货清查业务应确认的净损失为（　　　）元。

A. 3 000　　　　B. 5 000　　　　C. 6 000　　　　D. 8 000

25. 某企业 3 月 31 日，乙存货的实际成本为 100 万元，加工该存货至完工产成品估计还将发生成本 20 万元，估计销售费用和相关税费为 2 万元，估计用该存货生产的产成品售价为 110 万元。假定乙存货月初"存货跌价准备"科目余额为 0，该年 3 月 31 日应计提的存货跌价准备为（　　　）万元。

A. −10　　　　B. 0　　　　C. 10　　　　D. 12

26. 某企业采用成本与可变现净值孰低法对存货进行期末计价，成本与可变现净值按单项存货进行比较，某年 12 月 31 日，甲、乙、丙三种存货的成本与可变现净值分别为：甲存货成本 20 万元，可变现净值 16 万元；乙存货成本 24 万元，可变现净值 30 万元；丙存货成本 36 万元，可变现净值 30 万元。甲、乙、丙三种存货此前未计提存货跌价准备。假定该企业只有这三种存货，则该年 12 月 31 日应补提的存货跌价准备总额为（　　　）万元。

A. 0　　　　B. 4　　　　C. 10　　　　D. 6

二、多项选择题（下列答案中有多个答案是正确的，请将正确答案前的英文字母填入括号内）

1. 下列各种物质中，应当作为企业存货核算的有（　　　）。

A. 委托加工材料　　　　　　　　　　B. 在途的材料

    C. 低值易耗品   D. 工程物资

2. 下列各项与存货相关的费用中，应计入存货成本的有（　　）。
    A. 材料采购过程中发生的保险费   B. 材料入库前发生的挑选整理费
    C. 材料入库后发生的存储费用   D. 材料采购过程中发生的装卸费

3. 下列项目中，一般纳税企业应计入存货成本的有（　　）。
    A. 购入存货支付的关税   B. 商品流通企业采购过程中发生的保险费
    C. 委托加工材料发生的增值税   D. 自制存货生产过程中发生的直接费用

4. 下列项目中，应计入存货成本的有（　　）。
    A. 商品流通企业在采购商品过程中发生的运输费
    B. 非正常消耗的直接材料、直接人工和制造费用
    C. 在生产过程中为达到下一个生产阶段所必需的费用
    D. 存货的加工成本

5. 下列各项中，包括在购入存货实际成本中的项目有（　　）。
    A. 买价   B. 小规模纳税企业购入材料支付的增值税额
    C. 运输途中的各种损耗   D. 挑选整理过程中发生的数量损耗

6. 下列税金中，应当计入存货成本的有（　　）。
    A. 由受托方代扣代缴的委托加工直接用于对外销售的商品负担的消费税
    B. 由受托方代扣代缴的委托加工继续用于生产应纳消费税的商品负担的消费税
    C. 进口原材料缴纳的进口关税
    D. 一般纳税企业进口原材料缴纳的增值税

7. "材料成本差异"账户贷方可以用来登记（　　）。
    A. 购进材料实际成本小于计划成本的差额
    B. 发出材料应负担的超支差异
    C. 发出材料应负担的节约差异
    D. 购进材料实际成本大于计划成本的差额

8. 下列各项中，应计入销售费用的有（　　）。
    A. 随同商品出售不单独计价的包装物成本
    B. 随同商品出售单独计价的包装物成本
    C. 分期摊销的出租包装物成本
    D. 分期摊销的出借包装物成本

9. 下列项目中，关于周转材料会计处理表述正确的有（　　）。
    A. 多次使用的包装物应根据使用次数分次进行摊销
    B. 低值易耗品金额较小的可在领用时一次计入成本费用
    C. 随同产品销售出借的包装物的摊销额应计入管理费用
    D. 随同产品出售单独计价的包装物取得的收入应计入其他业务收入

10. 下列各项中，构成企业委托加工物资成本的有（　　　）。
   A. 加工中实际耗用物资的成本
   B. 支付的加工费用和保险费
   C. 收回后用于直接销售的物资代收代缴的消费税
   D. 收回后用于继续加工的物资代收代缴的消费税

11. 下列各项中，关于企业存货的表述正确的有（　　　）。
   A. 存货应按照成本进行初始计量
   B. 存货成本包括采购成本、加工成本和其他成本
   C. 存货期末计价应按照成本与可变现净值孰低计量
   D. 存货采用计划成本核算的，期末应将计划成本调整为实际成本

12. 下列关于存货会计处理的表述中，正确的有（　　　）。
   A. 存货采购过程中发生的合理损耗计入存货采购成本
   B. 存货跌价准备通常应当按照单个存货项目计提，也可分类计提
   C. 债务人因销售转出存货时，不结转已计提的相关存货跌价准备
   D. 发出原材料采用计划成本核算的企业应于资产负债表日将存货调整为实际成本

13. 下列关于存货会计处理的表述中，正确的有（　　　）。
   A. 应收保险公司存货损失赔偿款计入其他应收款
   B. 资产负债表日，存货应按成本与可变现净值孰低计量
   C. 按管理权限报经批准的盘盈存货价值应冲减管理费用
   D. 结转商品销售成本的同时转销其已计提的存货跌价准备

14. 下列各项中，企业可以采用的发出存货成本计价方法有（　　　）。
   A. 先进先出法　　　　　　　　B. 后进先出法
   C. 个别计价法　　　　　　　　D. 移动加权平均法

15. 企业存货盘亏时可能涉及的会计科目有（　　　）。
   A. 其他应付款
   B. 应交税费——应交增值税（进项税额转出）
   C. 管理费用
   D. 营业外支出

三、判断题（正确的在括号内打"√"，错误的打"×"）

1. 存货的成本就是存货的采购成本。　　　　　　　　　　　　　　　　（　　　）
2. 企业发出各种材料应负担的成本差异可按当月材料成本差异率计算，若材料在发出时就要确定其实际成本，则可按上月材料成本差异率计算。　　　　　　　　　　（　　　）
3. 企业采用计划成本对材料进行日常核算时，应按月分摊发出材料应负担的成本差异，不应在季末或年末一次计算分摊。　　　　　　　　　　　　　　　　　（　　　）

4. 采用售价金额核算法核算库存商品时，期末结存商品的实际成本为本期商品销售收入乘以商品进销差价率。　　　　　　　　　　　　　　　　　　　　　（　　）

5. 商品流通企业在采购商品过程中发生的运杂费等进货费用，应当计入存货采购成本。进货费用数额较小的，也可以在发生时直接计入当期费用。　　　　　　　　（　　）

6. 属于非正常损失造成的存货毁损，应当按该存货的实际成本计入营业外支出。（　　）

7. 个别计价法的成本计算准确，符合实际情况，但在存货收发频繁情况下，其发出成本分辨工作量较大，适用于一般不能替代使用的存货、为特定项目专门购入或制造的存货以及提供的劳务。　　　　　　　　　　　　　　　　　　　　　　　　　　（　　）

8. 委托加工物资收回后，用于连续生产应税消费品的，委托方应将受托方代收代缴的消费税计入委托加工物资的成本。　　　　　　　　　　　　　　　　　　　　（　　）

9. 如果以前减记存货价值的因素已经消失，则减记的金额应当予以恢复，并在原已计提的存货跌价准备的金额内转回。　　　　　　　　　　　　　　　　　　　　（　　）

10. 存货发生减值时，要提取存货跌价准备，提取存货跌价准备后，当该存货被领用或售出时其相应的存货跌价准备也应该转出。　　　　　　　　　　　　　　　　（　　）

四、计算及账务处理题

1. 某企业 12 月份存货的收、发、存数据资料见表 4 - 11。

表 4 - 11　企业 12 月份存货收、发、存数据资料

时 间	摘 要	收 入		发 出		结 存	
		数量(千克)	单价(元)	数量(千克)	单价(元)	数量(千克)	单价(元)
12.1	结存					300	5.00
12.8	购入	200	5.50			500	
12.14	发出			400		100	
12.20	购入	300	5.60			400	
12.28	发出			200		200	
12.31	购入	200	5.80			400	

要求：分别采用先进先出法、月末一次加权平均法、移动加权平均法计算本月发出材料及结存材料的实际成本。

2. 宏远公司原材料按实际成本进行核算，某年 6 月发生下列经济业务：

（1）1 日，根据与太湖公司的购销合同规定，宏远公司购买 A 材料，向太湖公司预付货款 80 000 元。货款已通过汇兑方式汇出。

（2）8 日，宏远公司收到太湖公司发运来的 A 材料，已验收入库。有关发票账单记载，该批货物的货款 100 000 元，增值税额 16 000 元，对方代垫包装费 3 000 元，剩余款项以银行存款付讫。

（3）9 日，宏远公司从光明公司购入甲材料一批，货款为 30 000 元，增值税 4 800 元，材料已验收入库，开出转账支票支付货款。

（4）12 日，宏远公司从前进公司购入乙材料一批，增值税专用发票上注明的材料价款为 50 000 元，增值税进项税额 8 000 元，购进材料支付运费 1 000 元，进项税额 100 元，装卸费 300 元，全部款项用银行存款支付，材料尚未到达。

（5）16 日，宏远公司从胜利公司购入甲材料 100 吨，增值税专用发票上注明的材料价款为 200 000 元，增值税进项税额 32 000 元，每吨运费 100 元，支付运费 10 000 元，进项税额 1 000 元，保险费共 2 000 元，全部款项用商业承兑汇票支付，材料尚未到达。

（6）18 日，从前进公司购入的乙材料验收入库。

（7）25 日，从胜利公司购入的甲材料运到，验收入库后的合格品为 99.8 吨，短少 0.2 吨。后查明原因，短少 0.2 吨系途中合理损耗。

（8）30 日，采用委托收款结算方式从红星公司购入丙材料一批，材料验收入库，月末发票账单尚未收到，暂估价为 5 000 元。

（9）30 日，根据"发料凭证汇总表"的记录，本月基本生产车间领用甲材料 50 000 元，车间管理部门领用甲材料 2 000 元，销售部门领用甲材料 1 800 元，公司管理部门领用甲材料 1 200 元。

要求：根据以上经济业务做出相应的会计分录。

3. 宝华公司原材料按实际成本进行核算，1 月 20 日从外地购进乙材料 2 000 公斤，每公斤不含税单价 50 元，增值税专用发票上注明的增值税为 16 000 元，运杂费 2 000 元，增值税专用发票上注明的增值税为 200 元，货款及运杂费已付。1 月 26 日原材料到达，验收入库的合格品为 1 900 公斤，50 公斤残损，另 50 公斤短少，原因待查。1 月 28 日查明原因，50 公斤残损是运输部门的责任造成，已由运输部门负责修复后作为合格品入库；另外 50 公斤短少是本单位在提货以后、验收入库之前被盗所致。保险公司已按规定同意赔偿 2 000 元，但赔款尚未收到。

要求：根据以上经济业务做出相应的会计分录。

4. 某企业为增值税一般纳税人，5 月初 A 材料账面计划成本为 1 600 000 元，"材料成本差异"科目借方余额为 32 000 元。该企业 5 月份发生如下经济业务：

（1）购入 A 材料一批，买价 448 800 元，增值税为 71 808 元，货款已付，材料未到。

（2）上述在途材料到达并验收入库，计划价格为 440 000 元。

（3）购入 A 材料一批，结算凭证已到，买价 654 400 元，增值税为 104 704 元；其计划成本为 640 000 元，材料已验收入库，月末货款仍未支付。

（4）月末生产领用 A 材料计划成本为 960 000 元，厂部管理部门领用 A 材料计划成本为 20 000 元。

要求：编制相关会计分录，计算并分摊发出材料的材料成本差异。

5. 某工业企业为增值税一般纳税企业，材料按计划成本计价核算。甲材料计划单位成本为每公斤 10 元。该企业 4 月份有关资料如下：

（1）"原材料"科目月初余额 40 000 元，"材料成本差异"科目月初借方余额 500 元。

（2）5 日，企业发出 100 公斤甲材料委托 A 公司加工成新的物资（注：发出材料时应计算确定其实际成本)。

(3) 15 日，从外地 A 公司购入甲材料 6 000 公斤，增值税专用发票注明的材料价款为 61 000 元，增值税额 9 760 元，企业已用银行存款支付上述款项，材料尚未到达。

(4) 20 日，从 A 公司购入的甲材料到达，验收入库时发现短缺 20 公斤，经查明为途中定额内自然损耗。按实收数量验收入库。

(5) 30 日，汇总本月发料凭证，本月共发出甲材料 5 000 公斤，全部用于产品生产。

要求：根据上述业务编制相关的会计分录，并计算本月材料成本差异率、本月发出材料应负担的成本差异及月末库存材料的实际成本。

6. 甲公司（增值税一般纳税人）委托乙企业（增值税一般纳税人）加工一批用于直接对外销售的商品，有关经济业务如下：

(1) 2 日，发出材料一批，计划成本为 200 000 元，材料成本差异率为 -1%。

(2) 15 日，支付商品加工费 3 000 元，增值税 480 元，支付应缴纳的消费税 15 000 元。

(3) 25 日，用银行存款支付往返运杂费 2 000 元。

(4) 26 日，上述商品加工完毕，公司已办理验收入库手续。

要求：编制委托加工物资发出、支付有关税费以及委托加工物资收回等业务的会计分录。

7. 环宇公司是一家商品批发企业，适用增值税率为 16%。5 月 7 日向甲公司购进 A 商品一批，总进价 500 000 元，增值税额 80 000 元，当日公司以银行存款支付货款，5 月 10 日商品验收入库。本月共销售 A 商品获得含税收入 702 000 元，存入银行。该企业采用毛利率法计算并结转当月 A 商品销售成本，一季度 A 商品毛利率为 20%。

要求：做出相关的账务处理。

8. 万家商场小百货柜组采用售价金额核算法进行库存商品的核算。6 月初，"商品进销差价"科目余额为 31 360 元，"库存商品"科目余额为 380 000 元。6 月 25 日购进小百货成本为 180 000 元，增值税 28 800 元，以银行存款支付，商品已于当日收到。该批商品的售价为 280 800 元。本月小百货共计含税销售收入 185 600 元。

要求：计算商品进销差价率、已售商品的进销差价，月末进行价税分离，并做出本月相关账务处理。

9. 东方公司本月发生如下经济业务：

(1) 销售 A 产品同时领用包装铁桶 100 只，每只成本 20 元，该包装物不单独计价。

(2) 公司随产品销售出租新包装箱 10 个，每个成本 50 元，押金按每个 80 元收取，存入银行。10 日收回包装箱，租金 348 元（其中增值税 48 元），从押金中扣除，余款以现金退回。包装物成本于领用时一次转销。

要求：根据以上经济业务做出相应的账务处理。

10. 某股份公司采用备抵法核算存货跌价损失。假设各年存货种类未发生变动，2016 年年末 A 种存货的实际成本为 50 000 元，可变现净值为 47 000 元；2017 年年末，该存货的预计可变现净值为 43 000 元；2018 年年末，该存货的预计可变现净值为 48 500 元；2019 年年末，该存货的预计可变现净值为 51 500 元。

要求：计算各年应提的存货跌价准备并进行相应的会计处理。

11. 甲公司为增值税一般纳税人，增值税率为 16%。生产中所需 W 材料按实际成本核算，采用月末一次加权平均法计算和结转发出材料成本。8 月 1 日，W 材料结存 1 400 千克，账面余额 385 万元，未计提存货跌价准备。甲公司 8 月份发生的有关 W 材料业务如下：

(1) 3 日，持银行汇票 300 万元购入 W 材料 800 千克，增值税专用发票上注明的货款为 216 万元，增值税额 34.56 万元，对方代垫包装费 1.8 万元，材料已验收入库，剩余票款退回并存入银行。

(2) 6 日，签发一张商业承兑汇票购入 W 材料 590 千克，增值税专用发票上注明的货款为 163 万元，增值税额 26.08 万元，对方代垫保险费 0.4 万元，材料已验收入库。

(3) 10 日，收到乙公司作为资本投入的 W 材料 5 000 千克，并验收入库。投资合同约定该批原材料价值（不含可抵扣的增值税进项税额）为 1 415 万元，增值税进项税额为 226.4 万元，乙公司开具增值税专用发票。假定合同约定的价值与公允价值相等，未发生资本溢价。

(4) 20 日，销售 W 材料 600 千克，开出增值税专用发票上注明的售价为 171 万元，增值税额为 27.36 万元，款项已由银行收妥。

(5) 30 日，因自然灾害毁损 W 材料 50 千克，该批材料购入时支付的增值税为 2.38 万元。经保险公司核定应赔偿 10 万元，款项尚未收到，其余损失已经有关部门批准处理。

(6) 8 月份发出材料情况如下：

  1) 生产车间领用 W 材料 2 000 千克，用于生产 A 产品 20 件、B 产品 10 件，A 产品每件消耗定额为 24 千克，B 产品每件消耗定额为 52 千克，材料成本在 A、B 产品之间按照定额消耗量比例进行分配；车间管理部门领用 700 千克；企业行政管理部门领用 450 千克。

  2) 委托加工一批零部件，发出 W 材料 100 千克。

  3) 月末结转本月对外销售发出 W 材料的成本。

(7) 8 月 31 日，W 材料的预计可变现净值为 1 000 万元。

假定除上述资料外，不考虑其他因素。

要求：

(1) 编制甲公司第 (1) ～ (4) 项业务的会计分录。

(2) 计算甲公司 8 月份 W 材料的加权平均单位成本。

(3) 编制甲公司第 (5) 项业务的会计分录。

(4) 计算甲公司 A 产品、B 产品应分配的 W 材料成本。

(5) 编制甲公司第 (6) 项结转发出材料成本的会计分录。

(6) 计算甲公司 8 月 31 日 W 材料账面余额。

(7) 计算甲公司 8 月 31 日 W 材料计提的存货跌价准备并编制会计分录。

(8) 计算甲公司 8 月 31 日 W 材料应计入资产负债表"存货"项目的金额。

（"应交税费"科目要求写出明细科目及专栏名称，答案中的金额单位用万元表示。）

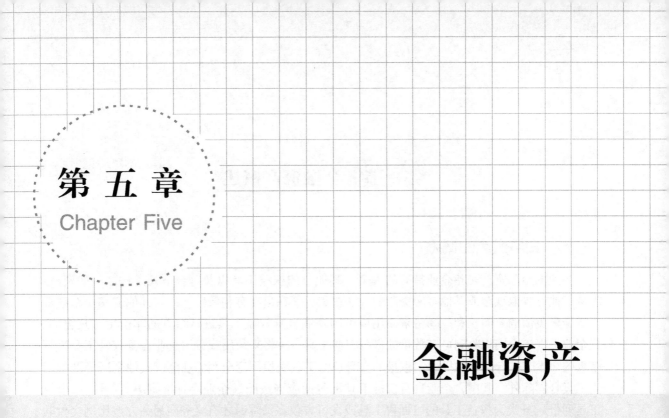

第 五 章
Chapter Five

金融资产

第一节　金融资产概述

一、金融资产的概念

企业的金融资产是指企业持有的现金、其他方的权益工具以及符合下列条件之一的资产：①从其他方收取现金或其他金融资产的合同权利。②在潜在有利条件下，与其他方交换金融资产或金融负债的合同权利。③将来须用或可用企业自身权益工具进行结算的非衍生工具合同，且企业根据该合同将收到可变数量的自身权益工具。④将来须用或可用企业自身权益工具进行结算的衍生工具合同，但以固定数量的自身权益工具交换固定金额的现金或其他金融资产的衍生工具合同除外。其中，企业自身权益工具不包括应当按照《企业会计准则第 37 号——金融工具列报》分类为权益工具的可回售工具或发行方仅在清算时才有义务向另一方按比例交付其净资产的金融工具，也不包括本身就要求在未来收取或交付企业自身权益工具的合同。

提示　本章不涉及以下金融资产的会计处理：①长期股权投资（即企业对外能够形成控制、共同控制和重大影响的股权投资）；②货币资金（即现金、银行存款、其他货币资金）。

二、金融资产的分类与重分类

（一）金融资产的分类

企业应当根据其管理金融资产的业务模式和金融资产的合同现金流量特征，将金融资产划分为以下三类：①以摊余成本计量的金融资产；②以公允价值计量且其变动计入其他综合收益的金融资产；③以公允价值计量且其变动计入当期损益的金融资产。

对金融资产的分类一经确定，不得随意变更。

提示　企业管理金融资产的业务模式是指企业如何管理其金融资产以产生现金流量。业务模式决定企业所管理金融资产现金流量的来源是收取合同现金流量、出售金融资产还是两者兼有。企业管理金融资产的业务模式，应当以企业关键管理人员决定的、对金融资产进行管理的特定业务目标为基础确定。

金融资产的合同现金流量特征是指金融工具合同约定的、反映相关金融资产经济特征的现金流量属性。

1. 以摊余成本计量的金融资产

金融资产同时符合下列条件的，应当分类为以摊余成本计量的金融资产：

（1）企业管理该金融资产的业务模式以收取合同现金流量为目标。

（2）该金融资产的合同条款规定，在特定日期产生的现金流量，仅为对本金和以未偿付本金金额为基础的利息的支付。

2. 以公允价值计量且其变动计入其他综合收益的金融资产

金融资产同时符合下列条件的，应当分类为以公允价值计量且其变动计入其他综合收益的金融资产：

（1）企业管理该金融资产的业务模式既以收取合同现金流量为目标又以出售该金融资产为目标。

（2）该金融资产的合同条款规定，在特定日期产生的现金流量，仅为对本金和以未偿付本金金额为基础的利息的支付。

3. 以公允价值计量且其变动计入当期损益的金融资产

除了分类为以摊余成本计量的金融资产和以公允价值计量且其变动计入其他综合收益的金融资产之外的金融资产，企业应当将其分类为以公允价值计量且其变动计入当期损益的金融资产。

在初始确认时，企业可以将非交易性权益工具投资指定为以公允价值计量且其变动计入其他综合收益的金融资产，并按照准则规定确认股利收入。该指定一经做出，不得撤销。企业在非同一控制下的企业合并中确认的或有对价构成金融资产的，该金融资产应当分类为以公允价值计量且其变动计入当期损益的金融资产，不得指定为以公允价值计量且其变动计入其他综合收益的金融资产。

金融资产满足下列条件之一的，表明企业持有该金融资产的目的是交易性的：

（1）取得相关金融资产的目的，主要是为了近期出售或回购。

（2）相关金融资产在初始确认时属于集中管理的可辨认金融工具组合的一部分，且有客观证据表明近期实际存在短期获利模式。

（3）相关金融资产属于衍生工具。但符合财务担保合同定义的衍生工具以及被指定为有效套期工具的衍生工具除外。

在初始确认时，如果能够消除或显著减少会计错配，企业可以将金融资产指定为以公允价值计量且其变动计入当期损益的金融资产。该指定一经做出，不得撤销。

提示　会计错配是指当企业以不同的会计确认方法和计量属性对在经济上相关的资产或负债进行确认或计量由此产生的利得或损失时，可能导致的会计确认和计量上的不一致。

（二）金融资产的重分类

企业改变其管理金融资产的业务模式时，应当按照准则的规定对所有受影响的相关金融资产进行重分类。

企业对金融资产进行重分类，应当自重分类日起采用未来适用法进行相关会计处理，不得对以前已经确认的利得、损失（包括减值损失或利得）或利息进行追溯调整。重分类日是指导致企业对金融资产进行重分类的业务模式发生变更后的首个报告期间的第一天。

提示 企业管理金融资产业务模式的变更是一种极其少见的情形。如果企业管理金融资产的业务模式没有发生变更，而金融资产的条款发生变更但未导致终止确认时，不允许重分类。如果金融资产条款发生变更导致终止确认时，不属于重分类，企业应当终止确认原金融资产，同时按照变更后的条款确认一项新金融资产。

1. 以摊余成本计量的金融资产重分类

企业将一项以摊余成本计量的金融资产重分类为以公允价值计量且其变动计入当期损益的金融资产的，应当按照该资产在重分类日的公允价值进行计量。原账面价值与公允价值之间的差额计入当期损益。

企业将一项以摊余成本计量的金融资产重分类为以公允价值计量且其变动计入其他综合收益的金融资产的，应当按照该金融资产在重分类日的公允价值进行计量。原账面价值与公允价值之间的差额计入其他综合收益。该金融资产重分类不影响其实际利率和预期信用损失的计量。

2. 以公允价值计量且其变动计入其他综合收益的金融资产重分类

企业将一项以公允价值计量且其变动计入其他综合收益的金融资产重分类为以摊余成本计量的金融资产的，应当将之前计入其他综合收益的累计利得或损失转出，调整该金融资产在重分类日的公允价值，并以调整后的金额作为新的账面价值，即视同该金融资产一直以摊余成本计量。该金融资产重分类不影响其实际利率和预期信用损失的计量。

企业将一项以公允价值计量且其变动计入其他综合收益的金融资产重分类为以公允价值计量且其变动计入当期损益的金融资产的，应当继续以公允价值计量该金融资产。同时，企业应当将之前计入其他综合收益的累计利得或损失从其他综合收益转入当期损益。

3. 以公允价值计量且其变动计入当期损益的金融资产重分类

企业将一项以公允价值计量且其变动计入当期损益的金融资产重分类为以摊余成本计量的金融资产的，应当以其在重分类日的公允价值作为新的账面余额。

企业将一项以公允价值计量且其变动计入当期损益的金融资产重分类为以公允价值计量且其变动计入其他综合收益的金融资产的，应当继续以公允价值计量该金融资产。

提示 按照规定对金融资产重分类进行处理的，企业应当根据该金融资产在重分类日的公允价值确定其实际利率。同时，企业应当自重分类日起对该金融资产适用《企业会计准则第 22 号——金融工具确认和计量》关于金融资产减值的相关规定，并将重分类日视为初始确认日。

三、金融资产的计量

（一）金融资产的初始计量

企业初始确认金融资产，应当按照公允价值计量。对于以公允价值计量且其变动计入当期损益的金融资产，相关交易费用应当直接计入当期损益；对于其他类别的金融资产，相关交易费用应当计入初始确认金额。

公允价值是指市场参与者在计量日发生的有序交易中，出售一项资产所能收到或者转移一项负债所需支付的价格。

交易费用是指可直接归属于购买、发行或处置金融工具的增量费用。增量费用是指企业没有发生购买、发行或处置相关金融工具的情形就不会发生的费用，包括支付给代理机构、咨询公司、券商、证券交易所、政府有关部门等的手续费、佣金、相关税费以及其他必要支出，不包括债券溢价、折价、融资费用、内部管理成本和持有成本等与交易不直接相关的费用。

（二）公允价值与交易价格

金融资产在初始确认时的公允价值通常为相关金融资产的交易价格。在企业取得金融资产的交易中，交易价格是取得该项金融资产所支付的价格（即进入价格）。公允价值是出售该项金融资产所能收到的价格（即脱手价格）。通常两者是相等的，但如果金融资产公允价值与交易价格存在差异，企业应当区别下列情况进行处理：

（1）在初始确认时，金融资产的公允价值依据相同资产在活跃市场上的报价或者以仅使用可观察市场数据的估值技术确定的，企业应当将该公允价值与交易价格之间的差额确认为一项利得或损失。

（2）在初始确认时，金融资产的公允价值以其他方式确定的，企业应当将该公允价值与交易价格之间的差额递延。初始确认后，企业应当根据某一因素在相应会计期间的变动程度将该递延差额确认为相应会计期间的利得或损失。该因素应当仅限于市场参与者对该金融资产定价时将予考虑的因素，包括时间等。

> 提示　企业取得金融资产所支付的价款中包含的已宣告但尚未发放的债券利息或现金股利，应当单独确认为应收项目进行处理。

（三）金融资产的后续计量

初始确认后，企业应当对不同类别的金融资产，分别以摊余成本、以公允价值计量且其变动计入其他综合收益或以公允价值计量且其变动计入当期损益进行后续计量。

1. 实际利率法和摊余成本

（1）实际利率法是指计算金融资产的摊余成本以及将利息收入或利息费用分摊计入各会计期间的方法。

> 提示　实际利率是指将金融资产在预计存续期的估计未来现金流量折现为该金融资产账面余额摊余成本所使用的利率。在确定实际利率时，应当在考虑金融资产所有合同条款（如提前还款、展期、看涨期权或其他类似期权等）的基础上估计预期现金流量，但不应当考虑预期信用损失。

企业应当按照实际利率法确认利息收入。利息收入应当根据金融资产账面余额乘以实际利率计算确定。

（2）摊余成本。金融资产的摊余成本，应当以该金融资产的初始确认金额经过下列调整后的结果确定：

1）扣除已偿还的本金。

2）加上或减去采用实际利率法将该初始确认金额与到期日金额之间的差额进行摊销形成的累计摊销额。

3）扣除累计计提的损失准备（仅适用于金融资产）。

2. 金融资产相关利得或损失的处理

对于按照公允价值进行后续计量的金融资产，其公允价值变动形成的利得或损失，除与套期会计有关外，应当按照下列规定处理：

（1）以公允价值计量且其变动计入当期损益的金融资产所产生的利得或损失，应当计入当期损益。

（2）分类为以公允价值计量且其变动计入其他综合收益的金融资产所产生的所有利得或损失，除减值损失或利得和汇兑损益之外，均应当计入其他综合收益，直至该金融资产终止确认或被重分类。但是，采用实际利率法计算的该金融资产的利息应当计入当期损益。该金融资产计入各期损益的金额应当与视同其一直按摊余成本计量而计入各期损益的金额相等。

该金融资产终止确认时，之前计入其他综合收益的累计利得或损失应当从其他综合收益中转出，计入当期损益。

（3）指定为以公允价值计量且其变动计入其他综合收益的非交易性权益工具投资，除了获得的股利（明确代表投资部分收回的股利除外）计入当期损益外，其他相关的利得或损失（包括汇兑损益）均应当计入其他综合收益，且后续不得转入当期损益。

当该金融资产终止确认时，之前计入其他综合收益的累计利得或损失应当从其他综合收益中转出，计入留存收益。

> 提示　以摊余成本计量且不属于任何套期关系的一部分的金融资产所产生的利得或损失，应当在终止确认、按照《企业会计准则第22号——金融工具和计量》规定重分类、按照实际利率法摊销或按照《企业会计准则第22号——金融工具和计量》规定确认减值时，计入当期损益。

第二节　交易性金融资产

以公允价值计量且其变动计入当期损益的金融资产，可以进一步分为交易性金融资产和直接指定为以公允价值计量且其变动计入当期损益的金融资产。

交易性金融资产主要是指企业为了近期内出售而持有的金融资产。例如，企业以赚取差价为目的从二级市场购入的股票、债券和基金等。

> 提示　近期内出售也是有条件的，那就是能够在公开市场上交易并且有明确的市价。

一、交易性金融资产核算的账户设置

为了反映和监督企业交易性金融资产的取得、收取现金股利或利息、出售等情况，企业应当设置"交易性金融资产""公允价值变动损益""投资收益"等科目。

"交易性金融资产"科目，属于资产类，核算企业分类为以公允价值计量且其变动计入当期损益的金融资产，其中包括企业为交易目的所持有的债券投资、股票投资、基金投资等交易性金融资产的公允价值。该科目借方登记交易性金融资产的取得成本、资产负债表日其公允价值高于账面余额的差额，以及出售交易性金融资产时结转公允价值低于账面余额的变动金额；贷方登记资产负债表日其公允价值低于账面余额的差额，以及企业出售交易性金融资产时结转的成本和公允价值高于账面余额的变动金额。企业应当按照交易性金融资产的类别和品种，分别设置"成本""公允价值变动"等明细科目进行核算。

提示 企业持有的直接指定为以公允价值计量且其变动计入当期损益的金融资产也在"交易性金融资产"科目核算。

"公允价值变动损益"科目，属于损益类，核算企业交易性金融资产等的公允价值变动而形成的应计入当期损益的利得或损失。该科目借方登记资产负债表日企业持有的交易性金融资产等的公允价值低于账面余额的差额；贷方登记资产负债表日企业持有的交易性金融资产等的公允价值高于账面余额的差额。期末，应将该科目发生额转入"本年利润"科目，结转后应无余额。

"投资收益"科目，属于损益类，核算企业持有交易性金融资产等期间取得的投资收益以及处置交易性金融资产等实现的投资收益或投资损失。该科目借方登记企业取得交易性金融资产时支付的交易费用、出售交易性金融资产等发生的投资损失；贷方登记企业持有交易性金融资产等的期间内取得的投资收益以及出售交易性金融资产等实现的投资收益。期末，应将该科目发生额转入"本年利润"科目，结转后应无余额。

二、交易性金融资产的核算

（一）交易性金融资产的取得

企业取得交易性金融资产时，应当按照该金融资产取得时的公允价值作为其初始确认金额，计入"交易性金融资产——成本"科目。取得交易性金融资产时所支付的价款中包含了已宣告但尚未发放的现金股利或已到付息期但尚未领取的债券利息的，应当单独确认为应收项目，而不应当构成交易性金融资产的初始入账金额。

取得交易性金融资产所发生的相关交易费用应当在发生时计入当期损益，冲减"投资收益"科目，发生交易费用取得增值税专用发票的，进项税额经认证后可以从当月销项税额中扣除，借记"应交税费——应交增值税（进项税额）"科目；按照实际支付的金额，贷记"其他货币资金"等科目。

例 5-1 2019 年 4 月 3 日，淮洲公司从其工商银行基本存款账户向海通证券资金账户划入 7 000 000 元。10 日公司通过海通证券市场购入嘉华股份发行的股票 200 000 股，并准备随时变现，每股价格 30.5 元，其中含已宣告但尚未发放的现金股利 0.5 元，另发生佣金等相关交易费用 5 724 元。相关原始凭证如图 5-1~图 5-5 所示。

中国工商银行
证券保证金存取委托书

2019 年 4 月 3 日

客户名称	淮洲公司	证券公司名称	海通证券
证券保证金账号	913573248	银行存款账号	110010806482122456
转账金额	￥7000000.00	开户银行	工商银行淮安清江支行

兹委托中国工商银行办理上述证券保证金存取业务，经核对银行打印内容正确无误。

中国工商银行股份有限公司
淮安清江支行
2019年4月3日
转讫

银行签字：

图 5-1　证券保证金存取委托书

（1）4 月 3 日，淮洲公司划款的会计分录如下：

　　借：其他货币资金——存出投资款　　　　　　　7 000 000
　　　　贷：银行存款　　　　　　　　　　　　　　　　7 000 000

经理办公室会议纪要

……

企业拟以每股不高于 30 元的价格购入嘉华股份 200000 股，划分为交易性金融资产。

参加人员：张伟涛　　　李霞建　　　周晓伟　　　李桦　　　孙耀红

……

2019 年 4 月 9 日

图 5-2　会议纪要

交　割　单

营业部名：海通证券　　　　　　　　　　　　　　　　　　　股东姓名：淮洲公司
资金账户：913573248

成交日期	证券名称	操作	成交数量	成交均价	成交金额	手续费	印花税	其他杂费	发生金额
20190410	嘉华股份	买入	200 000	30.5	6 100 000	5 724			6 105 724

注：每股成交价格中含已宣告但尚未发放的现金股利 0.5 元。

图 5-3　交割单

江苏省增值税专用发票

发票联

No. 24763510

开票日期：2019 年 04 月 10 日

购货单位	名　　称：淮洲公司 纳税人识别号：112366005083349 地址、电话：淮安市开发区枚乘路 8 号 0517－8068666 开户行及账号：工商银行淮安清江支行 1110010806482122456	密码区	（略）

货物或应税 劳务名称	规格 型号	单 位	数 量	单 价	金 额	税率（%）	税 额
手续费					5400.00	6	324.00
合　计					¥5400.00		¥324.00

价税合计（大写）	⊗伍仟柒佰贰拾肆元整	（小写）¥：5724.00

销货单位	名　　称：海通证券 纳税人识别号：32120154427908 地址、电话：淮安市中山路 54 号 0517－86738899 开户行及账号：工商银行淮安中山支行 2223030385476230	备注	海通证券 32120154427908 发票专用章

收款人：　　　　　复核：　　　　　开票人：刘杨　　　　　销货单位：（公章）

第三联：发票联　购货方记账凭证

图 5－4　增值税专用发票（发票联）

江苏省增值税专用发票

抵扣联

No. 24763510

开票日期：2019 年 04 月 10 日

购货单位	名　　称：淮洲公司 纳税人识别号：112366005083349 地址、电话：淮安市开发区枚乘路 8 号 0517－8068666 开户行及账号：工商银行淮安清江支行 1110010806482122456	密码区	（略）

货物或应税 劳务名称	规格 型号	单 位	数 量	单 价	金 额	税率（%）	税 额
手续费					5400.00	6	324.00
合　计					¥5400.00		¥324.00

价税合计（大写）	⊗伍仟柒佰贰拾肆元整	（小写）¥：5724.00

销货单位	名　　称：海通证券 纳税人识别号：32120154427908 地址、电话：淮安市中山路 54 号 0517－86738899 开户行及账号：工商银行淮安中山支行 2223030385476230	备注	海通证券 32120154427908 发票专用章

收款人：　　　　　复核：　　　　　开票人：刘杨　　　　　销货单位：（公章）

第二联：抵扣联　购货方扣税凭证

图 5－5　增值税专用发票（抵扣联）

（2）4 月 10 日，淮洲公司购买股票的会计分录如下：

借：交易性金融资产——嘉华股份（成本）　　6 000 000

应收股利　　100 000

贷：其他货币资金——存出投资款　　6 100 000

提示 已宣告但尚未发放的现金股利每股 0.5 元，共计 100 000 元，应计入"应收股利"科目，而不计入交易性金融资产成本。

（3）4 月 10 日，淮洲公司购买股票支付手续费的会计分录如下：

借：投资收益　　5 400

应交税费——应交增值税（进项税额）　　324

贷：其他货币资金——存出投资款　　5 724

（二）交易性金融资产的持有

（1）企业持有交易性金融资产期间对于被投资单位宣告发放的现金股利或已到付息期但尚未领取的债券利息收入，应当确认为应收项目，并计入投资收益。

企业在持有交易性金融资产期间，取得被投资单位宣告发放的现金股利或在资产负债表日按分期付息、一次还本债券投资的票面利率计算的利息收入，借记"应收股利"或"应收利息"科目，贷记"投资收益"科目。实际收到现金股利或债券利息时，借记"其他货币资金"等科目，贷记"应收股利"或"应收利息"科目。

提示 需要强调的是，企业只有在同时符合下列三个条件时，才能确认交易性金融资产所取得的股利收入并计入当期损益：①企业收取股利的权利已经确立；②与股利相关的经济利益很可能流入企业；③股利的金额能够可靠计量。

例5-2 2019 年 7 月 1 日，淮洲公司从二级市场购入 A 公司发行的公司债券，面值 5 000 000 元，票面利率为 5.4%，每半年付息一次，付息日分别为 1 月 1 日和 7 月 1 日。淮洲公司将其划分为交易性金融资产，支付价款为 5 135 000 元，其中含有已到付息期但尚未领取的债券利息 135 000 元。另支付不含税费用 20 000 元，税率 6%，增值税 1 200 元，取得增值税专用发票。7 月 2 日，淮洲公司收到上半年利息 135 000 元。2020 年 1 月 1 日，淮洲公司收到下半年利息 135 000 元。淮洲公司相关的会计分录如下：

1）2019 年 7 月 1 日，购入 A 公司债券时：

借：交易性金融资产——A 公司债券（成本）　　5 000 000

应收利息　　135 000

投资收益　　20 000

应交税费——应交增值税（进项税额）　　1 200

贷：其他货币资金——存出投资款　　5 156 200

2）7 月 2 日，公司收到 2019 年上半年利息时：

借：其他货币资金——存出投资款　　135 000

贷：应收利息　　135 000

3）12 月 31 日，公司计提 2019 年下半年利息时：

借：应收利息　　　　　　　　　　　　　　　135 000

　　贷：投资收益　　　　　　　　　　　　　　　135 000

4）2020 年 1 月 1 日，公司收到 2019 年下半年利息时：

借：其他货币资金——存出投资款　　　　　　　135 000

　　贷：应收利息　　　　　　　　　　　　　　　135 000

在本例中，取得交易性金融资产所支付的交易费用 20 000 元，应当计入"投资收益"科目，而不是计入"交易性金融资产——成本"科目。发生交易费用取得增值税专用发票，按其注明的增值税进项税额 1 200 元，应计入"应交税费——应交增值税（进项税额）"科目。取得交易性金融资产所支付的价款 5 135 000 元，其中含有已到付息期但尚未领取的债券利息 135 000 元，应当全部计入"应收利息"科目。

动脑筋　　假设 2020 年 3 月 5 日，嘉华股份宣告发放 2019 年现金股利，每股 0.3 元，淮洲公司应如何进行处理？

淮洲公司应编制如下会计分录：

借：应收股利——嘉华股份　　　　　　　　　60 000

　　贷：投资收益　　　　　　　　　　　　　　　60 000

在本假设中，淮州公司取得嘉华股份发放的现金股利同时满足了确认股利收入并计入当期损益的三个条件：①企业收取股利的权利已经确立；②与股利相关的经济利益很可能流入企业；③股利的金额能够可靠计量。因此，60 000 元计入"投资收益"科目。

（2）资产负债表日，交易性金融资产应当按照公允价值计量，公允价值与账面余额之间的差额计入当期损益。

当交易性金融资产的公允价值高于其账面余额的，企业应按其差额，借记"交易性金融资产——公允价值变动"科目，贷记"公允价值变动损益"科目；公允价值低于其账面余额的差额，则做相反的会计分录。

例 5-3　承［例 5-1］，4 月 20 日，淮洲公司收到嘉华股份含已宣告但尚未发放的每股现金股利 0.5 元。6 月 30 日，嘉华股份股票价格每股市价 28 元；12 月 31 日，嘉华股份股票价格每股市价 33 元。有关计算见表 5-1~表 5-2。淮洲公司相关的会计分录如下：

1）4 月 20 日，公司收到现金股利时：

借：其他货币资金——存出投资款　　　　　　　100 000

　　贷：应收股利　　　　　　　　　　　　　　　100 000

2）6 月 30 日，公司确认公允价值发生变动时：

表5-1　　金融资产公允价值变动损益计算表

2019 年 6 月 30 日

证券名称	持有数量	账面价值	收盘价	市场价值	公允价值变动
嘉华股份	200 000	6 000 000	28	5 600 000	−400 000

会计：刘潇　　　　　　　复核：钱雅　　　　　　　制单：刘潇

借：公允价值变动损益　　　　　　　　　　　400 000

贷：交易性金融资产——嘉华股份（公允价值变动）　　400 000

提示　公允价值变动 = 200 000 × 28 − 6 000 000 = −400 000（元）

3）12 月 31 日，公司确认公允价值发生变动时：

表5-2　　金融资产公允价值变动损益计算表

2019 年 12 月 31 日

证券名称	持有数量	账面价值	收盘价	市场价值	公允价值变动
嘉华股份	200 000	5 600 000	33	6 600 000	1 000 000

会计：刘潇　　　　　　　复核：钱雅　　　　　　　制单：刘潇

借：交易性金融资产——嘉华股份（公允价值变动）　　1 000 000

贷：公允价值变动损益　　　　　　　　　　　1 000 000

提示　公允价值变动 = 200 000 × 33 − (6 000 000 − 400 000) = 1 000 000（元）

例5-4 承［例5-2］2019 年年末，淮州公司购入的 A 公司债券的公允价值为 5 040 000 元；2020 年 6 月 30 日，该债券的公允价值为 4 950 000 元。淮州公司相关的会计分录如下：

1）2018 年年末，确认 A 公司债券的公允价值变动损益时：

借：交易性金融资产——A 公司债券（公允价值变动）　　40 000

贷：公允价值变动损益　　　　　　　　　　　40 000

提示　公允价值变动 = 5 040 000 − 5 000 000 = 40 000（元）

2）2020 年 6 月 30 日，确认 A 公司债券的公允价值变动损益时：

借：公允价值变动损益　　　　　　　　　　　90 000

贷：交易性金融资产——A 公司债券（公允价值变动）　　90 000

提示　公允价值变动 = 4 950 000 − 5 040 000 = −90 000（元）

（三）交易性金融资产的出售

企业出售交易性金融资产时，应当将该金融资产出售时的公允价值与其账面余额之间的差额作为投资损益进行会计处理。

企业出售交易性金融资产时，应当按实际收到的金额，借记"其他货币资金"等科目；

按照该金融资产的账面余额的成本部分，贷记"交易性金融资产——成本"；按该项金融资产的账面余额的公允价值变动，贷记或借记"交易性金融资产——公允价值变动"科目；按其差额，贷记或借记"投资收益"科目。

● 例5-5　承〔例5-3〕2020年1月10日，淮洲公司以每股34元的价格出售了所持有的嘉华股份全部股票，另支付不含税交易手续费27 000元，税率6%，增值税1 620元，取得了增值税专用发票，印花税200元。相关原始凭证如图5-6~图5-9所示。

经理办公室会议纪要

……

企业拟以每股不低于34元的价格出售嘉华股份200000股。

参加人员：张伟涛　　李霞建　　周晓伟　　李桦　　孙耀红

……

2020年1月9日

图5-6　会议纪要

交 割 单

营业部名：海通证券　　　　　　　　　　　　　　　　　　　　　　股东姓名：淮洲公司
资金账户：913573248

成交日期	证券名称	操作	成交数量	成交均价	成交金额	手续费	佣金	其他杂费	发生金额
20200110	嘉华股份	卖出	200 000	34	6 800 000	28 620	200		6 771 180

图5-7　交割单

江苏省增值税专用发票　　No. 34763984

发 票 联

开票日期：2020年01月10日

购货单位	名　　称：淮洲公司 纳税人识别号：112366005083349 地址、电话：淮安市开发区枚乘路8号 0517-8068666 开户行及账号：工商银行淮安清江支行1110010806482122456	密码区	（略）

货物或应税 劳务名称	规格 型号	单 位	数 量	单 价	金 额	税率（%）	税 额
手续费					27000.00	6	1620.00
合　计					￥27000.00		￥1620.00

价税合计（大写）　　⊗贰万捌仟陆佰贰拾元整　　　（小写）￥：28620.00

销货单位	名　　称：海通证券 纳税人识别号：32120154427908 地址、电话：淮安市中山路54号 0517-86738899 开户行及账号：工商银行淮安中山支行2223030385476230	备注	海通证券 32120154427908 发票专用章

收款人：　　　　　　复核：　　　　　　　　开票人：刘杨　　　　销货单位：（公章）

第三联：发票联　购货方记账凭证

图5-8　增值税专用发票（发票联）

<table>
<tr><td colspan="5" align="center">江苏省增值税专用发票</td><td colspan="2">No. 34763984</td></tr>
<tr><td colspan="5" align="center">抵　扣　联</td><td colspan="2">开票日期：2020 年 01 月 10 日</td></tr>
</table>

购货单位	名　　　称：淮洲公司 纳税人识别号：112366005083349 地址、电话：淮安市开发区枚乘路 8 号 0517 - 8068666 开户行及账号：工商银行淮安清江支行 1110010806482122456	密码区	（略）

货物或应税 劳务名称	规格 型号	单　位	数　量	单　价	金　额	税率（%）	税　额
手续费					27000.00	6	1620.00
合　计					¥27000.00		¥1620.00

价税合计（大写）	⊗ 贰万捌仟陆佰贰拾元整	（小写）　¥：28620.00

销货单位	名　　　称：海通证券 纳税人识别号：32120154427908 地址、电话：淮安市中山路 54 号 0517 - 86738899 开户行及账号：工商银行淮安中山支行 2223030385476230	备注	海通证券 32120154427908 发票专用章

收款人：　　　　　复核：　　　　　开票人：刘杨　　　　　销货单位：（公章）

第二联：抵扣联　购货方扣税凭证

图 5 - 9　增值税专用发票（抵扣联）

淮洲公司相关会计分录如下：

借：其他货币资金——存出投资款	6 771 180	
应交税费——应交增值税（进项税额）	1 620	
贷：交易性金融资产——嘉华股份（成本）		6 000 000
——嘉华股份（公允价值变动）		600 000
投资收益		172 800

> **提示**　售价 = 200 000 × 34 = 6 800 000（元）
>
> 成本 = 200 000 × 30 = 6 000 000（元）
>
> 公允价值变动损益 = - 400 000 + 1 000 000 = 600 000（元）

● 例 5 - 6　承［例 5 - 4］，2019 年 7 月 5 日，淮洲公司出售了所持有的 A 公司债券，售价 5 152 000 元。淮洲公司相关的会计分录如下：

借：其他货币资金——存出投资款	5 152 000	
交易性金融资产——A 公司债券（公允价值变动）	50 000	
贷：交易性金融资产——A 公司债券（成本）		5 000 000
投资收益		202 000

知识拓展　　　　一般纳税人金融商品转让涉及增值税的会计处理

财会［2016］22 号文件在"应交税费"科目下设置"转让金融商品应交增值税"明细

科目，核算增值税纳税人转让金融商品发生的增值税额。具体核算转让金融商品正差形成的增值税应纳税额、负差形成的可抵减增值税额、实际缴纳增值税额以及年末可抵扣增值税额的冲销额情况。

金融商品转让按照卖出价扣除买入价（不需要扣除已宣告未发放现金股利和已到付息期未领取的利息）后的余额作为销售额计算增值税，即转让金融商品按盈亏相抵后的余额作为销售额进行账务处理。金融商品实际转让时，暂时不考虑增值税因素，此时"投资收益"科目反映的是含税价差（盈利在贷方，亏损在借方），月末应汇总计算当月所有金融商品转让业务的卖出价减买入价的含税价差，计算出转让金融商品业务对应的增值税额，即如果汇总后是正差（盈利），则根据正差计算出当期应纳增值税额；如果汇总后是负差（亏损），则根据负差计算出可在以后期间抵扣的增值税额。根据计算出的应纳增值税额或可抵扣的增值税额，调整"投资收益"科目金额，将其从含税价差调整为不含税价差。

月末产生转让收益，则按应纳税额借记"投资收益"等科目，贷记"应交税费——转让金融商品应交增值税"科目；如产生转让损失，则按可结转下月抵扣税额，借记"应交税费——转让金融商品应交增值税"科目，贷记"投资收益"等科目。缴纳增值税时，应借记"应交税费——转让金融商品应交增值税"科目，贷记"银行存款"科目。

由于转让金融商品负差不得结转下一年度，年末，如果"应交税费——转让金融商品应交增值税额"明细科目有借方余额，说明本年度的金融商品转让损失无法弥补，转让金融商品未得到抵减的负差对应的增值税额，不得结转以后年度抵减，因此应予冲销，借记"投资收益"科目，贷记"应交税费——转让金融商品应交增值税额"明细科目，将"应交税费——转让金融商品应交增值税额"科目的借方余额转出。

● 例5-7　黄淮公司（增值税一般纳税人）8月17日以每股8.48元的价格购入中国建筑3万股股票，9月10日以每股7.95元价格出售1万股，10月16日以每股9.54元的价格出售1万股，11月15日，以每股7.42元的价格出售1万股。金融商品转让增值税率为6%，除该股票外，公司没有购买其他金融商品，假设不考虑相关费用以及该股票公允价值变动损益。黄淮公司相关会计分录如下：

（1）8月17日，购买股票。

借：交易性金融资产——中国建筑（成本）　254 400
　贷：其他货币资金——存出投资款　254 400

（2）9月10日，出售1万股。

借：其他货币资金——存出投资款　79 500
　　投资收益　5 300
　贷：交易性金融资产——中国建筑（成本）　84 800

月末，计提增值税：

借：应交税费——转让金融商品应交增值税　300

　　　　　　　　贷：投资收益　　　　　　　　　　　　　　　　　　　　　　　300

　　提示 月末将产生的转让损失相关的增值税结转下月抵扣 = (79 500 - 84 800)
÷ (1 + 6%) × 6% = -300（元）。

（3）10月16日，出售1万股。

　　　　借：其他货币资金——存出投资款　　　　　　　　　　　95 400
　　　　　　贷：交易性金融资产——中国建筑（成本）　　　　　　　84 800
　　　　　　　　投资收益　　　　　　　　　　　　　　　　　　10 600
　　月末，计提增值税：

　　　　借：投资收益　　　　　　　　　　　　　　　　　　　　600
　　　　　　贷：应交税费——转让金融商品应交增值税　　　　　　　600

　　提示 月末将产生的转让收益计提增值税 = (95 400 - 84 800) ÷ (1 + 6%) ×
6% = 600（元）

次月，缴纳增值税时：

　　　　借：应交税费——转让金融商品应交增值税　　　　　　　　300
　　　　　　贷：银行存款　　　　　　　　　　　　　　　　　　300

（4）11月15日，出售1万股。

　　　　借：其他货币资金——存出投资款　　　　　　　　　　　74 200
　　　　　　投资收益　　　　　　　　　　　　　　　　　　　10 600
　　　　　　贷：交易性金融资产——中国建筑（成本）　　　　　　　84 800
　　月末，计提增值税：

　　　　借：应交税费——转让金融商品应交增值税　　　　　　　　600
　　　　　　贷：投资收益　　　　　　　　　　　　　　　　　　600

　　提示 月末将产生的转让损失相关的增值税结转下月抵扣 = (74200 - 84800) ÷ (1 +
6%) × 6% = -600（元）。

（5）本年12月末，结转"应交税费——转让金融商品应交增值税"科目借方余额。

　　　　借：投资收益　　　　　　　　　　　　　　　　　　　　600
　　　　　　贷：应交税费——转让金融商品应交增值税　　　　　　　600

　　提示 年末，如果"应交税费——转让金融商品应交增值税"科目有借方余额，
说明本年度的金融商品转让损失无法弥补，且本年度的金融商品转让损失不可转入下
年度继续抵减转让金融商品的收益。因此，应将"应交税费——转让金融商品应交增值
税"科目借方余额600元转出，计入"投资收益"科目的借方。

第三节 债权投资

以摊余成本计量的金融资产是指企业管理该金融资产的业务模式是以收取合同现金流量为目标，并且该金融资产的合同条款规定，在特定日期产生的现金流量，仅为对本金和以未偿付本金金额为基础的利息的支付的非衍生金融资产。例如，企业从二级市场上购入的固定利率国债、浮动利率公司债券等，符合以摊余成本计量条件的，可以划分为以摊余成本计量的金融资产。

> 提示 根据财政部财会〔2017〕7 号的规定，修订的《企业会计准则第 22 号——金融工具确认和计量》，在境内外同时上市的企业以及在境外上市并采用国际财务报告准则或企业会计准则编制财务报告的企业，自 2018 年 1 月 1 日起施行；其他境内上市企业自 2019 年 1 月 1 日起施行；执行企业会计准则的非上市企业自 2021 年 1 月 1 日起施行。本章节按照执行新金融准则的企业进行业务处理。

一、以摊余成本计量的金融资产核算的账户设置

为了反映和监督企业以摊余成本计量的金融资产的取得、利息计提和出售等情况，企业应设置"债权投资""投资收益"等科目。

"债权投资"科目，属于资产类，核算企业持有的以摊余成本计量的金融资产。该科目借方登记以摊余成本计量的长期债权投资的取得成本、一次还本付息债券投资在资产负债表日按照票面利率计算确定的应收未收利息等；贷方登记企业出售以摊余成本计量的长期债权投资时结转的成本等；期末余额在借方，表示长期债权投资的摊余成本。企业可以按照长期债权投资的类别和品种，分别设置"成本""利息调整""应计利息"等明细科目进行核算。

> 提示 企业购入的分期付息到期还本的以摊余成本计量的金融资产，在资产负债表日按照票面利率计算确定的应收未收利息计入"应收利息"科目。

二、以摊余成本计量的金融资产的核算

（一）以摊余成本计量的金融资产的取得

企业取得以摊余成本计量的金融资产应当按照公允价值计量，取得时发生的交易费用计入以摊余成本计量的金融资产的初始确认金额。

企业取得以摊余成本计量的金融资产支付价款中包含已到付息期但尚未领取的债券利息，应当单独确认为应收项目，不构成该金融资产的初始成本。

企业取得以摊余成本计量的金融资产，应当按照该投资的面值，借记"债权投资——成本"科目；按照支付的价款中包含已到付息期但尚未领取的利息，借记"应收利息"或"债权投资——应计利息"科目；按实际支付的金额，贷记"银行存款"等科目，按照其差额，借记或贷记"债权投资——利息调整"科目。

提示　以摊余成本计量的金融资产按照债券利息的偿还方式，可以分为分期付息到期一次还本的债券投资和到期一次还本付息的债券投资。

→ 例5-8　江淮公司于2019年1月2日从证券市场上购入国贸公司同日发行的债券，票面年利率为4%，每年1月5日支付上年度的利息，到期日为2022年1月1日，到期日一次归还本金和最后一次利息。江淮公司购入债券的面值为10 000万元，实际支付价款为9 527.7万元，另支付相关费用200万元。合同约定，该债券的发行方在遇到特定情况下可以将债券赎回，且不需要为提前赎回支付额外款项。江淮公司在购买债券时，预计发行方不会提前赎回，江淮公司购入后将其分类为以摊余成本计量的金融资产。假设购入债券的实际利率为5%。假定按年计提利息。

2019年1月2日，购买债券，做会计分录如下：

借：债权投资——国贸公司（成本）　　　　　　　100 000 000
　　贷：其他货币资金——存出投资款　　　　　　　97 277 000
　　　　债权投资——国贸公司（利息调整）　　　　2 723 000

（二）以摊余成本计量的金融资产的持有

企业在持有以摊余成本计量的金融资产的会计期间，所涉及的会计处理主要有两个方面：①在资产负债表日确认债券利息收入；②在资产负债表日核算发生的信用减值损失。

1. 以摊余成本计量的金融资产的债券利息收入

企业在持有以摊余成本计量的金融资产的会计期间，应当按照摊余成本对其进行计量。在资产负债表日，按照以摊余成本计量的金融资产摊余成本和实际利率计算确定的债券利息收入，应当作为投资收益进行会计处理。

摊余成本是指该金融资产的初始确认金额经过以下调整后的结果：①扣除已偿还的本金；②加上或减去采用实际利率法将该初始确认金额与到期日金额之间的差额进行摊销形成的累计摊销额；③扣除已发生的减值损失。用计算公式表示为

期末摊余成本＝期初摊余成本＋投资收益－应收利息－已收回的本金－已发生的减值损失

投资收益（利息收入）＝期初摊余成本×实际利率×期限

应收利息（票面利息）＝债券面值×票面利率×期限

提示　就以摊余成本计量的金融资产来说，摊余成本即为其账面价值。实际利率在相关金融资产预期存续期间或适用的更短期间内保持不变。如果有客观证据表明该金融资产的实际利率计算的各期利息收入与以名义利率计算的相差很小，也可以采用名义利率代替实际利率使用。

以摊余成本计量的金融资产为分期付息、一次还本债券投资的，企业应当在资产负债表日按照以摊余成本计量的金融资产的面值和票面利率计算确定的应收未收利息，借记"应收利息"科目；按照以摊余成本计量的金融资产的账面余额和实际利率计算确定的利息收入，贷记"投资收益"科目；按照其差额，借记或贷记"债权投资——利息调整"科目。

以摊余成本计量的金融资产为到期一次还本付息债券投资的，企业应当在资产负债表日按照其面值和票面利率计算确定的应收未收利息，借记"债权投资——应计利息"科目；按照以摊余成本计量的金融资产的账面余额和实际利率计算确定的利息收入，贷记"投资收益"科目；按照其差额，借记或贷记"债权投资——利息调整"科目。

● 例5-9 承［例5-8］，江淮公司根据上述资料，按年计提利息，采用实际利率法确定每年以摊余成本计量的金融资产的投资收益，相关计算见表5-3。编制江淮公司从2019年1月2日至2022年1月1日上述有关业务的会计分录。

表5-3 **以摊余成本计量的金融资产投资收益计算表**

2019年12月31日至2021年12月31日 单位：元

收息日期	应收利息 ①=面值× 票面利率4%	投资收益 ②=上一期 ④×实际利率5%	摊销的利息调整 ③=②-①	期末摊余成本 ④=上一期④+③
2019.1.5				97 277 000
2019.12.31	4 000 000	4 863 850	863 850	98 140 850
2020.12.31	4 000 000	4 907 042.5	907 042.5	99 047 892.5
2021.12.31	4 000 000	4 952 107.5	952 107.5	100 000 000
小计	16 000 000		2 723 000	

提示 2021年12月31日：

利息摊销 = 2 723 000 - 863 850 - 907 042.5 = 952 107.5（元）

投资收益 = 4 000 000 + 952 107.5 = 4 952 107.5（元）

（1）2019年1月5日，会计收到国贸公司支付的2018年公司债券利息，做会计分录如下：

借：其他货币资金——存出投资款 4 000 000

贷：应收利息——国贸公司 4 000 000

（2）2019年12月31日，会计根据债券面值、票面利率和实际利率，计算2019年利息的同时进行利息摊销，编制利息计算单，相关计算见表5-4。

表5-4 **以摊余成本计量的金融资产投资利息计算单**

2019年12月31日 单位：元

投资项目			国贸公司债券		
投资日期	到期日期	债券期限	债券面值	购买金额	票面利率	实际利率
2019.1.2	2022.1.1	3年	100 000 000	97 277 000	4%	5%

持有至到期投资初始入账情况：

成本	借方	100 000 000	利息调整	贷方	2 723 000

利息收入计算

期初摊余成本	应收利息	投资收益	摊销的利息调整	期末摊余成本
97 277 000	4 000 000	4 863 850	863 850	98 140 850

做会计分录如下：

借：应收利息——国贸公司 4 000 000

债权投资——国贸公司（利息调整） 863 850

贷：投资收益 4 863 850

（3）2020 年 1 月 5 日，会计收到国贸公司支付的 2019 年公司债券利息，会计分录如下：

借：其他货币资金——存出投资款 4 000 000

贷：应收利息——国贸公司 4 000 000

（4）2020 年 12 月 31 日，会计编制 2020 年利息计算单（参考表 5 - 4），做会计分录如下：

借：应收利息——国贸公司 4 000 000

债权投资——国贸公司（利息调整） 907 042.5

贷：投资收益 4 907 042.5

 动脑筋　　想一想 2021 年 12 月 31 日的利息计算单应如何编制？

（5）2021 年 1 月 5 日，会计收到国贸公司支付的 2020 年公司债券利息，会计分录同 2020 年 1 月 5 日，此处略。

（6）2021 年 12 月 31 日，会计编制 2021 年利息计算单，做会计分录如下：

借：应收利息——国贸公司 4 000 000

债权投资——国贸公司（利息调整） 952 107.5

贷：投资收益 4 952 107.5

2. 以摊余成本计量的金融资产的信用减值

当对金融资产预期未来现金流量具有不利影响的一项或多项事件发生时，该金融资产成为已发生信用减值的金融资产。金融资产已发生信用减值的证据包括下列可观察信息：

（1）发行方或债务人发生重大财务困难。

（2）债务人违反合同，如偿付利息或本金违约或逾期等。

（3）债权人出于与债务人财务困难有关的经济或合同考虑，给予债务人在任何其他情况下都不会做出的让步。

（4）债务人很可能破产或进行其他财务重组。

（5）发行方或债务人财务困难导致该金融资产的活跃市场消失。

（6）以大幅折扣购买或源生一项金融资产，该折扣反映了发生信用损失的事实。

金融资产发生信用减值，有可能是多个事件的共同作用所致，未必是可单独识别的事件所致。

根据《企业会计准则第 22 号——金融工具确认和计量》的规定，企业应当按照该准则规定，以预期信用损失为基础，对以摊余成本计量的金融资产进行减值会计处理并确认损失准备。

预期信用损失，是指以发生违约的风险为权重的金融工具信用损失的加权平均值。

信用损失，是指企业按照原实际利率折现的、根据合同应收的所有合同现金流量与预期收取的所有现金流量之间的差额，即全部现金短缺的现值。

在资产负债表日，当以摊余成本计量的金融资产发生减值时，应按照减值的金额，借记"信用减值损失——计提的债权投资减值准备"科目，贷记"债权投资减值准备"科目。

已计提减值准备的债权投资价值以后又得以恢复的，应当在原已计提的信用减值准备金额范围内，按照已恢复的金额，借记"债权投资减值准备"科目，贷记"信用减值损失——计提的债权投资减值准备"科目。

企业结转出售以摊余成本计量的金融资产的账面价值时，对于已计提债权投资减值准备的，还应当同时借记"债权投资减值准备"科目。

● 例5-10 承［例5-8］，2020年12月31日，有客观证据表明国贸公司发生了严重财务困难，假定江淮公司对债券投资确定的减值损失为342 000元；2021年12月31日，有客观证据表明国贸公司债券价值已恢复，且客观上与确认该损失后发生的事项有关，假定江淮公司确认的应恢复的金额为300 000元。江淮公司应编制如下会计分录：

（1）2020年12月31日，确认国贸公司债券投资发生的减值损失时：

借：信用减值损失——计提的债权投资减值准备（国贸公司债券）
　　　　　　　　　　　　　　342 000
　　贷：债权投资减值准备——国贸公司债券　　342 000

（2）2021年12月31日，确认国贸公司债券投资减值损失转回时：

借：债权投资减值准备——国贸公司债券　　300 000
　　贷：信用减值损失——计提的债权投资减值准备（国贸公司债券）
　　　　　　　　　　　　　　300 000

（三）以摊余成本计量的金融资产的处置

企业出售以摊余成本计量的金融资产时，应当将取得的价款与账面价值之间的差额作为投资损益进行会计处理。企业按照实际收到的金额，借记"银行存款"等科目；按照该以摊余成本计量的金融资产的账面余额，贷记"债权投资——成本、利息调整、应计利息"科目；按照其差额，贷记或借记"投资收益"科目。已计提信用减值准备的，还应同时结转减值准备。

● 例5-11 承［例5-9］，2022年1月5日，国贸公司债券到期，江淮公司收回本金及最后一年利息。做会计分录如下：

借：其他货币资金——存出投资款　　104 000 000
　　贷：债权投资——国贸公司（成本）　　100 000 000
　　　　应收利息——国贸公司　　4 000 000

三、以摊余成本计量的金融资产的重分类

企业改变其管理的以摊余成本计量的金融资产的业务模式时，应当按照准则的规定对所有受影响的相关金融资产进行重分类。

1. 重分类为以公允价值计量且其变动计入当期损益的金融资产

企业将一项以摊余成本计量的金融资产重分类为以公允价值计量且其变动计入当期损益的金融资产的，应当按照该资产在重分类日的公允价值进行计量。原账面价值与公允价值之间的差额计入当期损益。

账务处理为：应在重分类日，按以摊余成本计量的金融资产的公允价值，借记"交易性金融资产——成本"科目；按其账面价值，贷记"债权投资——成本、利息调整、应计利息"等科目；按其差额，贷记或借记"投资收益"科目。

2. 重分类为以公允价值计量且其变动计入其他综合收益的金融资产

企业将一项以摊余成本计量的金融资产重分类为以公允价值计量且其变动计入其他综合收益的金融资产的，应当按照该金融资产在重分类日的公允价值进行计量。原账面价值与公允价值之间的差额计入其他综合收益。该金融资产重分类不影响其实际利率和预期信用损失的计量。

账务处理为：应在重分类日，按以摊余成本计量的金融资产的公允价值，借记"其他债权投资——成本"科目；按其账面余额，贷记"债权投资——成本、利息调整、应计利息"科目；按其差额，贷记或借记"其他综合收益"科目。已计提减值准备的，还应同时结转减值准备，借记"债权投资减值准备"科目，贷记"其他综合收益"科目。

◆例5-12　2019年1月1日，淮洲公司从上海证券交易所购入W公司债券10万份，支付价款1 000万元。债券面值100元，期限3年，票面利率5%，于每年年末支付本年利息，淮洲公司将其划分为以摊余成本计量的金融资产。7月，公司为解决资金紧张问题，将其持有的W公司债券以当日的公允价值每张105元的价格出售一半，另一半重分类为以公允价值计量且其变动计入其他综合收益的金融资产。不考虑债券出售等其他相关因素的影响，则淮洲公司相关的会计分录如下：

（1）7月，出售债券时：

借：其他货币资金——存出投资款　　　　　　　　　　5 250 000
　　　贷：债权投资——W公司债券（成本）　　　　　　　　5 000 000
　　　　　投资收益　　　　　　　　　　　　　　　　　　　250 000

（2）同时，将剩余公司债券重分类：

借：其他债券投资——W公司债券（成本）　　　　　　5 250 000
　　　贷：债权投资——W公司债券（成本）　　　　　　　　5 000 000
　　　　　其他综合收益　　　　　　　　　　　　　　　　　250 000

第四节　其他债权投资和其他权益工具投资

以公允价值计量且其变动计入其他综合收益的金融资产是指企业管理该金融资产的业务模式既以收取合同现金流量为目标又以出售该金融资产为目标。同时该金融资产的合同条款规定，在特定日期产生的现金流量，仅为对本金和以未偿付本金金额为基础的利息的支付的非衍生金融资产。以公允价值计量且其变动计入其他综合收益的金融资产用"其他债权投资"或"其他权益工具投资"科目核算。

提示　实施新金融准则的企业，企业分类为以公允价值计量且其变动计入其他综合收益的长期债权投资用"其他债权投资"科目核算；指定为以公允价值计量且其变动计入其他综合收益的非交易性权益工具投资用"其他权益工具投资"科目核算。

一、以公允价值计量且其变动计入其他综合收益的金融资产核算的账户设置

为了反映和监督企业以公允价值计量且其变动计入其他综合收益的金融资产的取得、收取现金股利或利息和出售情况，企业应设置"其他债权投资""其他权益工具投资""其他综合收益""投资收益"等科目。

"其他债权投资"科目，属于资产类，核算企业持有的以公允价值计量且其变动计入其他综合收益的长期债权投资。该科目借方登记长期债权投资取得的成本、资产负债表日其公允价值高于账面余额的差额等；贷方登记资产负债表日其公允价值低于账面余额的差额、出售长期债权投资时结转的成本和公允价值变动。企业应当按照长期债权投资的类别和品种，分别设置"成本""利息调整""公允价值变动"等明细科目进行核算。

"其他权益工具投资"科目，属于资产类，核算企业指定为以公允价值计量且其变动计入其他综合收益的非交易性权益工具投资。该科目借方登记非交易性权益工具投资取得的成本、资产负债表日其公允价值高于账面余额的差额等；贷方登记资产负债表日其公允价值低于账面余额的差额、出售非交易性权益工具投资时结转的成本和公允价值变动。企业应当按照非交易性权益工具投资的类别和品种，分别设置"成本""公允价值变动"等明细科目进行核算。

"其他综合收益"科目，属于所有者权益类，核算企业以公允价值计量且其变动计入其他综合收益的金融资产公允价值变动而形成的应计入所有者权益的利得和损失等。该科目的借方登记资产负债表日企业持有的以公允价值计量且其变动计入其他综合收益的金融资产的公允价值低于账面价值的差额等；贷方登记资产负债表日企业持有的以公允价值计量且其变动计入其他综合收益的金融资产的公允价值高于账面价值的差额等。企业应当按照以公允价值计量且其变动计入其他综合收益的金融资产的类别和品种，分别设置"其他债权投资公允价值变动""其他权益工具投资公允价值变动"等明细科目进行核算。

二、以公允价值计量且其变动计入其他综合收益的金融资产的核算

（一）以公允价值计量且其变动计入其他综合收益的金融资产的取得

企业取得的以公允价值计量且其变动计入其他综合收益的金融资产应当按照公允价值计量，取得该金融资产时发生的交易费用计入该金融资产的初始入账金额。

企业取得的以公允价值计量且其变动计入其他综合收益的金融资产所支付价款中包含已宣告但尚未发放的现金股利或已到付息期但尚未领取的债券利息，应当单独确认为应收项目，不构成该项金融资产的初始成本。

企业取得的以公允价值计量且其变动计入其他综合收益的长期债权投资，应当按照该债券的面值，借记"其他债权投资——成本"科目；按照支付的价款中包含的已到付息期但尚未领取的债券利息，借记"应收利息"科目；按照实际支付的金额，贷记"其他货币资金——存出投资款"等科目；按照其差额，借记或贷记"其他债权投资——利息调整"科目。

企业取得以公允价值计量且其变动计入其他综合收益的非交易性权益工具投资，应当按照该金融资产取得的公允价值与交易费用之和，借记"其他权益工具投资——成本"科目；按照支付价款中包含的已宣告但尚未发放的现金股利，借记"应收股利"科目，按照实际支付的金额，贷记"其他货币资金——存出投资款"等科目。

> **动脑筋**　想一想，交易性金融资产、债权投资、其他债权投资和其他权益工具投资在取得时的账务处理有什么相同和不同之处？

（二）以公允价值计量且其变动计入其他综合收益的金融资产的持有

（1）企业在持有以公允价值计量且其变动计入其他综合收益的金融资产期间取得的现金股利或债券利息，应当作为投资收益进行会计处理。

其他债权投资在资产负债表日，企业应当按照该项金融资产的面值和票面利率计算确定应收未收利息，借记"应收利息"科目；按照该项金融资产的摊余成本和实际利率计算确定利息收入，贷记"投资收益"科目；按照其差额，借记或贷记"其他债权投资——利息调整"科目。

> **提示**　其他债权投资的摊余成本和实际利率的计算方法同债权投资。

对于其他权益工具投资，企业获得的宣告发放的股利（明确代表投资成本部分收回的股利除外）计入当期损益，宣告发放时借记"应收股利"科目，贷记"投资收益"科目；其他相关的利得或损失（包括汇兑损益）均应当计入其他综合收益，借记"应收股利"科目，贷记"其他综合收益"科目，且后续不得转入当期损益。

（2）在资产负债表日，以公允价值计量且其变动计入其他综合收益的金融资产应当按照公允价值计量，该项金融资产公允价值变动应当作为其他综合收益，计入所有者权益，不构成当期利润。

资产负债表日，其他债权投资的公允价值高于其账面余额的差额，借记"其他债权投资——公允价值变动"科目，贷记"其他综合收益——其他债权投资公允价值变动"科目；公允价值低于其账面余额的差额，做相反的会计分录。

资产负债表日，其他权益工具投资的公允价值高于其账面余额的差额，借记"其他权益工具投资——公允价值变动"科目，贷记"其他综合收益——其他权益工具投资公允价值变动"科目；公允价值低于其账面余额的差额，做相反的会计分录。

（三）以公允价值计量且其变动计入其他综合收益的金融资产的出售

企业出售其他债权投资时，应当将取得的价款与账面价值之间的差额作为投资损益进行会计处理；同时，将之前计入该其他债权投资的公允价值变动转出，由其他综合收益转为投资收益。

企业出售的其他债权投资，应当按照实际收到的金额，借记"其他货币资金——存出投资款"等科目；按该项金融资产的账面价值，贷记"其他债权投资——成本"科目，借记或贷记"其他债权投资——公允价值变动、利息调整"科目；按照其差额，贷记或借记"投资收益"科目。同时，按照应从所有者权益中转出的公允价值变动额，借记或贷记"其他综合收益——其他债权投资公允价值变动"科目，贷记或借记"投资收益"科目。

● 例 5 - 13 淮洲公司于 2019 年 1 月 1 日从证券市场上购入茂华公司同日发行的、票面年利率为 4%、实际利率为 5% 的三年期债券。每年 1 月 5 日支付上年度的利息，到期日一次归还本金和最后一次利息。淮洲公司购入债券的面值为 10 000 000 元，实际支付价款为 9 147 700 元，另支付相关费用 200 000 元。淮洲公司购入后将其划分为以公允价值计量且其变动计入其他综合收益的金融资产。2019 年 12 月 31 日，该债券公允价值为 9 500 000 元。2020 年 1 月 1 日，淮洲公司将债券全部出售，取得款项 10 385 000 元。

根据上述经济业务，淮洲公司从 2019 年 1 月 1 日至 2020 年 1 月 1 日有关业务的会计分录如下：

（1）2019 年 1 月 1 日，公司购入茂华公司债券，做会计分录如下：

借：其他债权投资——茂华公司（成本）　　　　10 000 000
　　贷：其他货币资金——存出投资款　　　　　　　　9 347 700
　　　　其他债权投资——茂华公司（利息调整）　　　652 300

（2）2019 年 12 月 31 日，计算一年的利息并进行利息摊销，做会计分录如下：

借：应收利息　　　　　　　　　　　　　　　400 000
　　其他债权投资——茂华公司（利息调整）　　67 385
　　贷：投资收益　　　　　　　　　　　　　　467 385

> **提示** 应收利息 = 10 000 000 × 4% = 400 000（元）
>
> 应确认的投资收益 =（10 000 000 - 652 300）× 5% = 467 385（元）
>
> 利息调整 = 467 385 - 400 000 = 67 385（元）

（3）2019 年 12 月 31 日，资产负债表日，会计根据公允价值，编制其他债权投资公允价值变动损益计算表，做会计分录如下：

借：其他债权投资——茂华公司（公允价值变动）　　　　84 915

　　贷：其他综合收益——其他债权投资公允价值变动　　　　84 915

提示　其他债权投资账面余额 = 10 000 000 − 652 300 + 67 385 = 9 415 085（元）

　　其他债权投资公允价值 = 9 500 000（元）

　　公允价值变动 = 9 500 000 − 9 415 085 = 84 915（元）

（4）2020 年 1 月 1 日，出售债券，做会计分录如下：

借：其他货币资金——存出投资款　　　　　　　　　　10 385 000

　其他债权投资——茂华公司（利息调整）　　　　　　　584 915

　　贷：其他债权投资——茂华公司（成本）　　　　　　10 000 000

　　　　　　　　　——茂华公司（公允价值变动）　　　　84 915

　　　应收利息　　　　　　　　　　　　　　　　　　　400 000

　　　投资收益　　　　　　　　　　　　　　　　　　　485 000

同时：

借：其他综合收益——其他债权投资公允价值变动　　　　84 915

　　贷：投资收益　　　　　　　　　　　　　　　　　　　84 915

提示　茂华公司债券的成本 = 10 000 000（元）

　　"其他债权投资——茂华公司（利息调整）"账面贷方余额

　　= 652 300 − 67 385 = 584 915（元）

　　"其他债权投资——茂华公司（公允价值变动）"账面借方余额 = 84 915（元）

企业出售其他权益工具投资时，应当将取得的价款与账面余额之间的差额作为留存收益进行会计处理；同时将之前计入其他综合收益的累计利得或损失从其他综合收益中转出，计入留存收益。

企业出售的其他权益工具投资，应当按照实际收到的金额，借记"其他货币资金——存出投资款"等科目；按该项金融资产的账面价值，贷记"其他权益工具投资——成本"科目，借记或贷记"其他权益工具投资——公允价值变动"科目；按照其差额，贷记或借记"盈余公积""利润分配——未分配利润"科目。同时，按照之前计入其他综合收益中转出的公允价值变动额，借记或贷记"其他综合收益——其他权益工具投资公允价值变动"科目，贷记或借记"盈余公积""利润分配——未分配利润"科目。

提示　计入留存收益的金额，应先按照 10% 提取法定盈余公积，剩下的余额计入未分配利润。

● 例 5 - 14　淮洲公司于 2019 年 5 月 10 日从上海证券交易所购入黄河公司股票 1 000 000 股，占黄河公司有表决权股份的 0.5%，支付价款合计 8 090 000 元，其中，证券交易税等交易费用 12 000 元，已宣告发放现金股利 78 000 元。淮洲公司没有在黄河公司董事会中派出代表，公司将其指定为以公允价值计量且其变动计入其他综合收益的非交易性权益工具投资。

2019 年 5 月 20 日，淮洲公司收到黄河公司发放的 2018 年现金股利 78 000 元。

2019 年 6 月 30 日，黄河公司股票收盘价跌为每股 7.5 元，淮洲公司预计黄河公司股票价格下跌是暂时的。

2019 年 12 月 31 日，黄河公司财务状况好转，业绩较上年有较大提升，公司股票收盘价上涨为每股 8.2 元。

2020 年 5 月 9 日，黄河公司宣告发放现金股利 3 000 万元。

2020 年 5 月 21 日，淮洲公司收到黄河公司发放的现金股利。

2020 年 6 月 10 日，淮洲公司以每股 9.5 元的价格将股票全部转让。

根据上述经济业务，假设不考虑其他情况，淮洲公司从 2019 年 5 月 10 日至 2020 年 6 月 10 日上述有关业务的会计分录如下：

（1）2019 年 5 月 10 日，会计根据成交过户割单等原始凭证，编制记账凭证，做会计分录如下：

借：其他权益工具投资——黄河股份（成本）　　8 012 000

　　应收股利　　78 000

　　贷：其他货币资金——存出投资款　　8 090 000

提示　黄河公司股票的单位成本 = 8 012 000 ÷ 1 000 000 = 8.012（元/股）

（2）2019 年 5 月 20 日，收到黄河公司发放的 2018 年现金股利，做会计分录如下：

借：其他货币资金——存出投资款　　78 000

　　贷：应收股利　　78 000

（3）2019 年 6 月 30 日，会计根据收盘价，编制其他权益工具投资公允价值变动损益计算表，做会计分录如下：

借：其他综合收益——其他权益工具投资公允价值变动　512 000

　　贷：其他权益工具投资——黄河股份（公允价值变动）　512 000

提示　公允价值变动 = (7.5 − 8.012) × 1 000 000 = −512 000（元）

（4）2019 年 12 月 31 日，会计根据收盘价，编制其他权益工具投资公允价值变动损益计算表，做会计分录如下：

借：其他权益工具投资——黄河股份（公允价值变动）　700 000

　　贷：其他综合收益——其他权益工具投资公允价值变动　700 000

提示　其他权益工具投资账面余额 = 8 012 000 − 512 000 = 7 500 000（元）

　　　其他权益工具投资公允价值 = 8.2 × 1 000 000 = 8 200 000（元）

　　　公允价值变动 = 82 000 000 − 7 500 000 = 700 000（元）

（5）2020 年 5 月 9 日，淮洲公司确认发放的现金股利，做会计分录如下：

借：应收股利　　150 000

　　贷：投资收益　　150 000

（6）2020 年 5 月 21 日，淮洲公司收到发放的现金股利，做会计分录如下：

借：其他货币资金——存出投资款 150 000

贷：应收股利 150 000

（7）2020 年 6 月 10 日，出售股票，做会计分录如下：

借：其他货币资金——存出投资款 9 500 000

其他综合收益——其他权益工具投资公允价值变动 188 000

贷：其他权益工具投资——黄河股份（成本） 8 012 000

——黄河股份（公允价值变动） 188 000

盈余公积 148 800

利润分配——未分配利润 1 339 200

> **提示** 出售股票售价 = 9.5 × 1 000 000 = 9 500 000（元）
>
> 黄河公司股票的成本 = 8 012 000（元）
>
> 盈余公积 =（9 500 000 - 8 012 000）× 10% = 148 800（元）
>
> 利润分配——未分配利润 =（9 500 000 - 8 012 000）- 148 800 = 1 339 200（元）
>
> "其他权益工具投资——黄河股份（公允价值变动）"账面借方余额 = - 512 000 + 700 000 = 188 000（元）

本章内容在报表中的信息披露

资产负债表	
资　　产	负债和所有者权益
流动资产：	负债：
……	……
交易性金融资产 =（"交易性金融资产"相关明细科目期末余额分析填列）	
……	
一年内到期的非流动资产 =（根据"债权投资""其他债权投资"等相关明细科目期末余额分析填列）	
其他流动资产 =（根据"债权投资""其他债权投资"等相关明细科目期末余额分析填列）	
流动资产合计	
非流动资产：	所有者权益：
债权投资 =（"债权投资"科目的相关明细科目期末余额 - "债权投资减值准备"科目中相关减值准备期末余额后的金额分析填列）	……
其他债权投资 =（"其他债权投资"科目的相关明细科目期末余额分析填列）	其他综合收益 =（"其他综合收益"）

（续）

资 产	负债和所有者权益
……	……
其他权益工具投资 =（"其他权益工具投资"科目的期末余额填列）	
……	
其他非流动资产 =（根据"交易性金融资产"等相关明细科目期末余额分析填列）	

∽ 本 章 习 题 ∾

一、单项选择题（下列答案中有一个是正确的，请将正确答案前的英文字母填入括号内）

1. 下列各项应反映在交易性金融资产的初始计量金额中的是（   ）。
   A. 债券的买入价　　　　　　　　　B. 支付的手续费
   C. 支付的印花税　　　　　　　　　D. 已到付息期但尚未领取的利息

2. A 公司从证券市场上购入 B 公司发行在外的股票 100 万股作为以公允价值计量且其变动计入当期损益的金融资产，每股支付价款 5 元（含已宣告但尚未发放的现金股利 1 元），另支付相关费用 2 万元。A 公司该项金融资产取得时的入账价值为（   ）万元。
   A. 502　　　　　　B. 500　　　　　　C. 402　　　　　　D. 400

3. A 公司于 11 月 5 日从证券市场上购入 B 公司发行在外的股票 2000 万股作为以公允价值计量且其变动计入当期损益的金融资产，每股支付价款 5 元，另支付不含税相关费用 10 万元，当年 12 月 31 日，这部分股票的公允价值为 10500 万元，A 公司 12 月 31 日应确认的公允价值变动损益为（   ）万元。
   A. 损失 10　　　　B. 收益 500　　　　C. 收益 490　　　　D. 损失 500

4. 某股份有限公司 3 月 30 日以每股 12 元的价格购入某上市公司的股票 100 万股，将其划分为以公允价值计量且其变动计入当期损益的金融资产，购买该股票支付手续费 20 万元。5 月 20 日收到该上市公司按照每股 0.5 元发放的现金股利。12 月 31 日，该股票的市价为每股 11 元。12 月 31 日该项金融资产的账面价值为（   ）万元。
   A. 1 100　　　　　B. 1 150　　　　　C. 1 170　　　　　D. 1 220

5. 甲公司 2019 年 1 月 1 日，购入面值为 100 万元，年利率为 4% 的 A 债券，取得时的价款是 104 万元（含已到付息期但尚未领取的利息 4 万元），另外支付交易费用 0.5 万元。甲公司将其划分为交易性金融资产。2019 年 1 月 5 日，收到购买时价款中所含的利息 4 万元；2019 年 12 月 31 日，A 债券的公允价值为 106 万元；2020 年 1 月 5 日，收到 A 债券 2019 年度的利息 4 万元；2020 年 3 月 20 日甲公司出售 A 债券，售价为 108 万元。甲公司出售 A 债券时确认的投资收益的金额为（　　）万元。

A. 2　　　　　　　　B. 6　　　　　　　　C. 8　　　　　　　　D. 4

6. 3 月 1 日，甲公司从二级市场购入乙公司发行的股票 100 万股，并将其划分为以公允价值计量且其变动计入当期损益的金融资产，每股价格 10 元，另支付交易费用 1 万元。乙公司于 3 月 5 日宣告按每分配 0.1 元的比例分配现金股利，甲公司于 3 月 10 日收到现金股利 10 万元。3 月 20 日，甲公司以每股 11 元的价格将股票全部出售，另支付交易费用 1 万元，则 3 月甲公司应确认的投资收益为（　　）万元。

A. 110　　　　　　　B. 109　　　　　　　C. 108　　　　　　　D. 98

7. 甲公司 7 月 1 日购入乙公司当年 1 月 1 日发行的债券，支付价款为 2 100 万元（含已到付息期但尚未领取的债券利息 40 万元），另支付不含税交易费用 15 万元。该债券面值为 2 000 万元，票面年利率为 4%（票面利率等于实际利率），每半年付息一次，甲公司将其划分为以公允价值计量且其变动计入当期损益的金融资产。甲公司当年度该项金融资产应确认的投资收益为（　　）万元。

A. 25　　　　　　　　B. 40　　　　　　　　C. 65　　　　　　　　D. 80

8. 7 月 1 日，甲公司从二级市场以 2 100 万元（含已到付息日但尚未领取的利息 100 万元）购入乙公司发行的债券，另发生不含税交易费用 10 万元，划分为以公允价值计量且其变动计入当期损益的金融资产。当年 12 月 31 日，该项金融资产的公允价值为 2 200 万元。假定不考虑其他因素，当日甲公司应就该金融资产确认的公允价值变动损益为（　　）万元。

A. 90　　　　　　　　B. 100　　　　　　　C. 190　　　　　　　D. 200

9. 关于以公允价值计量且其变动计入当期损益的金融资产的计量，下列说法中正确的是（　　）。

A. 应当按取得该金融资产的公允价值和相关交易费用之和作为初始确认金额

B. 应当按取得该金融资产的公允价值作为初始确认金额，相关交易费用在发生时计入当期损益

C. 资产负债表日，企业应将金融资产的公允价值变动直接计入当期所有者权益

D. 处置该金融资产时，其公允价值与初始入账金额之间的差额应确认为投资收益，同时调整公允价值变动损益

10. 甲上市公司购入乙公司的债券，准备持有至到期，划分为以摊余成本计量的金融资产。购入时支付的购买价款为 210 万元（其中包含已到付息期但尚未领取的利息 8 万元），另外用银行存款支付不含税交易费用 6 万元，债券的面值为 200 万元。则甲公司购入时计入"债权投资"科目的金额为（　　）万元。

A. 202　　　　　　　B. 208　　　　　　　C. 210　　　　　　　D. 216

11. 2019 年年初，甲公司购买了一项公司债券，剩余年限 5 年，划分为以摊余成本计量的金融资产，公允价值为 1 200 万元，交易费用为 10 万元，每年年末按票面利率 3% 支付利息，假定实际利率为 4%。该债券在第五年年末兑付（不能提前兑付）时可得本金 1 500 万元。则 2019 年年末"债权投资"的摊余成本为（　　）万元。
    A. 1 200　　　　　　　B. 1 210　　　　　　　C. 1 213.4　　　　　　　D. 1 258.4

12. 甲公司 1 月 1 日购入 A 公司发行的 3 年期公司债券，公允价值为 10 560.42 万元，债券面值 10 000 万元，每半年付息一次，到期还本，票面利率 6%，半年实际利率 2%。采用实际利率法摊销，则甲公司当年 6 月 30 日该债权投资的摊余成本为（　　）万元。
    A. 10 471.63　　　　　B. 10 381.06　　　　　C. 1 056.04　　　　　D. 1 047.16

13. 下列金融资产中，一般应作为以公允价值计量且其变动计入其他综合收益的金融资产核算的是（　　）。
    A. 企业从二级市场购入准备随时出售套利的股票
    B. 企业购入有意图和能力持有至到期的公司债券
    C. 企业购入没有公开报价且不准备随时变现的 A 公司 1% 的股票
    D. 企业购入有公开报价但不准备随时变现的 A 公司 1% 的流通股票

14. A 公司于 4 月 5 日从证券市场上购入 B 公司发行在外的股票 200 万股，并将其指定为以公允价值计量且其变动计入其他综合收益的金融资产，每股支付价款 4 元（含已宣告但尚未发放的现金股利 0.3 元），另支付相关费用 12 万元。当年 12 月 31 日，B 公司发行在外的股票每股市价为 6 元。A 公司该项金融资产取得时的入账价值和期末确认的其他综合收益金额分别为（　　）万元。
    A. 752 和 448　　　　　B. 800 和 400　　　　　C. 740 和 460　　　　　D. 812 和 388

15. K 公司于某年 1 月 1 日从证券市场购入 N 公司发行在外的股票 30 000 股，并将其指定为以公允价值计量且其变动计入其他综合收益的金融资产，每股支付价款 10 元，另支付相关费用 6 000 元。当年 12 月 31 日，这部分股票的公允价值为 320 000 元，K 公司因此项金融资产计入其他综合收益科目的金额为（　　）元。
    A. 5 000　　　　　　　B. 10 000　　　　　　　C. 14 000　　　　　　　D. 15 000

16. 甲公司于某年 2 月 20 日从证券市场购入 A 公司发行在外的股票 50 000 股，并将其指定为以公允价值计量且其变动计入其他综合收益的金融资产，每股买价 8 元，另支付印花税及佣金 4 000 元。A 公司于当年 4 月 20 日宣告发放现金股利，每股 0.3 元。甲公司于 5 月 20 日收到现金股利 15 000 元。至 12 月 31 日，该股票的市价为 450 000 元。甲公司全年对该项金融资产应确认的投资收益为（　　）元。
    A. 15 000　　　　　　　B. 11 000　　　　　　　C. 50 000　　　　　　　D. 65 000

17. 甲公司于 2019 年 7 月 1 日以每股 25 元的价格购入黄河股份公司发行的股票 100 万股，并将其指定为以公允价值计量且其变动计入其他综合收益的金融资产。2019 年 12 月 31 日，该股票的市场价格为每股 27.5 元。2020 年 12 月 31 日，该股票的市场价格为每股

23.75 元，甲公司预计该股票价格的下跌是暂时的。2021 年 12 月 31 日，该股票的市场价格为每股 22.5 元，甲公司仍然预计该股票价格的下跌是暂时的，则 2022 年 12 月 31 日，甲公司应做的会计处理为借记（　　　）。

A. "资产减值损失"科目 250 万元

B. "公允价值变动损益"科目 125 万元

C. "其他综合收益——可供出售金融资产公允价值变动"科目 250 万元

D. "其他综合收益——可供出售金融资产公允价值变动"科目 125 万元

二、多项选择题（下列答案中有多个答案是正确的，请将正确答案前的英文字母填入括号内）

1. 下列各项中，属于金融资产的有（　　　）。

A. 已出租的厂房

B. 以摊余成本计量的金融资产

C. 以公允价值计量且其变动计入其他综合收益的金融资产

D. 以公允价值计量且其变动计入当期损益的金融资产

2. 企业核算确认和收到以公允价值计量且其变动计入当期损益的金融资产的现金股利时，可能涉及的会计科目有（　　　）。

A. 投资收益　　　　　　　　　　　　　B. 交易性金融资产

C. 应收股利　　　　　　　　　　　　　D. 其他货币资金

3. 企业将购入的公司债券作为以公允价值计量且其变动计入当期损益的金融资产时可能用到的借方科目有（　　　）。

A. 交易性金融资产　　　　　　　　　　B. 应收利息

C. 财务费用　　　　　　　　　　　　　D. 投资收益

4. 关于以公允价值计量且其变动计入当期损益的金融资产的会计处理，下列说法中正确的有（　　　）。

A. 取得该项金融资产时，应当按照该金融资产取得时的公允价值作为其初始确认金额

B. 取得该项金融资产所支付的价款中包含了已宣告但尚未发放的现金股利或已到付息期但尚未领取的债券利息的，应当单独确认为应收项目

C. 取得该项金融资产所发生的相关交易费用应当在发生时计入投资收益

D. 资产负债表日，该项金融资产应当按照公允价值计量，公允价值与账面余额之间的差额计入当期损益

5. 以公允价值计量且其变动计入当期损益的金融资产期末根据公允价值与账面余额之间的差额应该做的会计处理可能有（　　　）。

A. 借记"交易性金融资产——公允价值变动"科目，贷记"公允价值变动损益"科目

B. 借记"公允价值变动损益"科目，贷记"交易性金融资产——公允价值变动"科目

C. 借记"投资收益"科目，贷记"交易性金融资产——公允价值变动"科目

D. 借记"交易性金融资产——公允价值变动"科目，贷记"投资收益"科目

6. 下列各项中，在购入以公允价值计量且其变动计入当期损益的金融资产时不应计入其入账价值的有（　　）。

  A. 买入价
    B. 支付的手续费

  C. 支付的印花税
   D. 已宣告但尚未发放的现金股利

7. 关于以摊余成本计量的金融资产，下列说法中不正确的有（　　）。

  A. 应按照实际利率与摊余成本计算确定应收未收利息

  B. 应按照票面利率计算确定利息收入

  C. 计提减值损失不影响其摊余成本

  D. 应按期末公允价值调整其账面价值

8. 分类为以公允价值计量且其变动计入其他综合收益的金融资产，应同时满足的条件有（　　）。

  A. 企业管理该金融资产的业务模式既以收取合同现金流量为目标又以出售该金融资产为目标

  B. 该金融资产的合同条款规定，在特定日期产生的现金流量，仅为收回的本金和以未偿付本金金额为基础收取的利息

  C. 企业管理该金融资产的业务模式是以收取合同现金流量为目标

  D. 该金融资产的合同条款规定，在特定日期产生的现金流量，仅为收回的本金和以未偿付本金金额为基础收取的利息

9. 下列各项因素中，影响企业以摊余成本计量的金融资产中债券投资摊余成本的有（　　）。

  A. 债券持有的剩余期限
   B. 债券投资的票面利率

  C. 债券投资当期利息收入收到的时间
  D. 债券投资发生的减值损失

10. 下列关于其他权益工具投资核算的表述中，不正确的有（　　）。

  A. 交易费用计入初始确认金额
   B. 公允价值变动计入资本公积

  C. 处置净损益计入投资收益
   D. 处置净损益计入留存收益

11. 下列关于其他债权投资的计量中，说法不正确的有（　　）。

  A. 企业取得其他债权投资时支付的相关费用计入投资收益

  B. 其他债权投资应当以公允价值进行后续计量，其公允价值变动计入公允价值变动损益

  C. 处置其他债权投资时，应将原直接计入其他综合收益的公允价值变动累计额对应处置部分的金额转出，计入投资收益

  D. 处置其他债权投资时，应将原直接计入其他综合收益的公允价值变动累计额对应处置部分的金额转出，计入留存收益

12. 下列各项中，可以进行重分类的有（　　）。

  A. 以摊余成本计量的金融资产

  B. 以公允价值计量且其变动计入其他综合收益的金融资产

  C. 以公允价值计量且其变动计入当期损益的金融资产

  D. 以公允价值计量且其变动计入当期损益的金融负债

13. 下列关于以摊余成本计量的金融资产的核算，正确的有（　　）。

    A. 交易费用计入初始确认金额

    B. 处置净损益计入公允价值变动损益

    C. 按摊余成本和实际利率计算确定的利息收入，应计入投资收益

    D. 计提减值准备时，借记"信用减值损失"科目

14. 下列金融资产应当以公允价值进行后续计量的有（　　）。

    A. 交易性金融资产　　　　　　　　　B. 债权投资

    C. 其他债权投资　　　　　　　　　　D. 其他权益工具投资

三、判断题（正确的在括号内打"√"，错误的打"×"）

1. 取得交易性金融资产所发生的相关交易费用应当在发生时计入投资成本。　　　　　　（　　）

2. 企业持有交易性金融资产期间对于被投资单位宣告发放的现金股利，投资企业应确认为投资收益。　　　　　　　　　　　　　　　　　　　　　　　　　　　　（　　）

3. 出售交易性金融资产时，应将出售时的公允价值与其账面余额之间的差额确认为当期投资收益。　　　　　　　　　　　　　　　　　　　　　　　　　　　　　（　　）

4. 企业出售交易性金融资产时，要将原计入公允价值变动损益的金额转入营业外收入中。

    （　　）

5. 企业为取得以摊余成本计量的金融资产所发生的交易费用应计入当期损益。　　　（　　）

6. 购买债券时支付的价款中包含的已到付息期但尚未领取的短期债券投资利息应计入应收利息，实际收到该利息时，借记"银行存款"科目，贷记"应收利息"科目，不计入当期损益。　　　　　　　　　　　　　　　　　　　　　　　　　　　　　　（　　）

7. 企业购入以摊余成本计量的金融资产时，应按投资的公允价值加上支付的交易费用，借记"债权投资——成本"科目。　　　　　　　　　　　　　　　　　　　　（　　）

8. 以摊余成本计量的金融资产在持有期间应当按照摊余成本和实际利率计算确定利息收入，并计入资本公积。　　　　　　　　　　　　　　　　　　　　　　　　　（　　）

9. 处置债权投资时，应将所取得价款与该账面价值之间的差额计入其他综合收益。（　　）

10. 以摊余成本计量的金融资产发生的减值损失应计入当期损益。　　　　　　　　（　　）

11. 取得以公允价值计量且其变动计入其他综合收益的金融资产时发生的交易费用应计入其成本。　　　　　　　　　　　　　　　　　　　　　　　　　　　　　　（　　）

12. 以公允价值计量且其变动计入其他综合收益的金融资产期末应采用摊余成本计量。（　　）

13. 其他权益工具投资持有期间取得的现金股利应冲减金融资产成本。　　　　　　（　　）

14. 处置其他权益工具投资时，应将取得的价款与该金融资产账面价值之间的差额，计入投资收益；原直接计入所有者权益的公允价值变动累计额不需要进行会计处理。（　　）

15. 在资产负债表日，其他债权投资应当按照公允价值计量，其公允价值变动应当作为其他综合收益，计入所有者权益。　　　　　　　　　　　　　　　　　　　（　　）

四、计算及账务处理题

1. 2019 年 5 月 10 日，甲公司以 620 万元（含已宣告但尚未领取的现金股利 20 万元）购入

乙公司股票 200 万股作为以公允价值计量且其变动计入当期损益的金融资产，另支付不含税手续费 6 万元，税率 6%，取得增值税专用发票。5 月 31 日，甲公司收到现金股利 20 万元；2019 年 6 月 30 日该股票每股市价为 3.2 元；2019 年 8 月 10 日，乙公司宣告分派现金股利，每股 0.2 元；8 月 20 日，甲公司收到分派的现金股利。至 2019 年 12 月 31 日，甲公司仍持有该项金融资产，期末每股市价为 3.6 元，2020 年 1 月 3 日以 630 万元出售该项金融资产。假定甲公司每年 6 月 30 日和 12 月 31 日对外提供财务报告。

要求：（1）编制上述经济业务的会计分录。

（2）计算该项金融资产的累计损益。

（答案中的金额单位用万元表示。）

2. 甲企业 2019 年 1 月 1 日，从二级市场支付价款 2 040 000 元（含已到付息期但尚未领取的利息 40 000 元）购入某公司发行的债券，另发生交易费用 40 000 元。该债券面值 2 000 000 元，剩余期限为 2 年，票面年利率为 4%，每半年付息一次，甲企业将其划分为以公允价值计量且其变动计入当期损益的金融资产。其他资料如下：

（1）2019 年 1 月 5 日，收到该债券 2018 年下半年利息 40 000 元。

（2）2019 年 6 月 30 日，该债券的公允价值为 2 300 000 元（不含利息）。

（3）2019 年 7 月 5 日，收到该债券 2019 年上半年利息。

（4）2019 年 12 月 31 日，该债券的公允价值为 2 200 000 元（不含利息）。

（5）2020 年 1 月 5 日，收到该债券 2019 年下半年利息。

（6）2020 年 3 月 31 日，甲企业将该债券出售，取得价款 2 360 000 元。

要求：编制甲企业上述业务的会计分录。

3. 甲公司 2019 ~ 2020 年发生如下与股票投资有关的业务：

（1）2019 年 4 月 1 日，用银行存款购入 A 上市公司（以下简称 A 公司）的股票 4 000 股作为以公允价值计量且其变动计入当期损益的金融资产，每股买入价为 20 元，其中 0.5 元为已宣告但尚未分派的现金股利。另支付不含税费用 360 元，税率 6%，取得增值税专用发票。

（2）2019 年 4 月 18 日，收到 A 公司分派的现金股利 2 000 元。

（3）2019 年 4 月 30 日，股票的公允价值为每股 20 元。

（4）2019 年 5 月 31 日，股票的公允价值为每股 21 元。

（5）2020 年 2 月 3 日，出售持有的 A 公司股票 3 000 股，实得价款 65 000 元。2 月末计提增值税。

（6）2020 年 4 月 15 日，A 公司宣告分派现金股利，每股派发 0.1 元。

（7）2020 年 4 月 30 日，收到派发的现金股利。

要求：编制甲公司上述业务的会计分录。

4. 甲公司 2019 年 1 月 1 日从证券市场上购入乙公司当日发行的三年期债券 500 万份，每股面值 100 元，票面年利率为 6%，每年年末支付当年利息，2021 年 12 月 31 日支付最后一期利息和本金。甲公司实际支付购买价款 51 000 万元，另支付交易费用 361.62 万元。甲公司将该债券作为以摊余成本计量的金融资产进行核算。经计算该债券的实际利率为 5%。

要求：做出 2019 年 1 月 1 日至 2021 年 12 月 31 日的会计处理，并计算出 2019 年年末、2020 年年末该债券的摊余成本。（答案中的金额单位用万元表示，计算结果保留两位小数。）

5. A 公司于 2019 年 1 月 1 日从证券市场上购入甲公司当日发行的 3 年期债券 100 万份，每股面值 100 元，票面利率为 5%，甲公司于每年年末支付当年利息。A 公司管理层将该债券作为以摊余成本计量的金融资产进行核算，实际支付价款 9 500 万元，另支付交易税费 232.7 万元，该债券的实际年利率为 6%。

   2019 年 12 月 31 日收到当年的债券利息。

   2020 年由于甲公司的经营政策出现问题，导致其发生财务困难，信用状况严重恶化，12 月 31 日经测算该债券发生信用减值 2 905.66 万元。A 公司预计甲公司的经营情况很难发生好转，但是 A 公司预计 2020 年将会收到利息，因此在期末对该债券计提了减值准备。

   2021 年 3 月 31 日，A 公司获悉甲公司的经营情况继续恶化，因此将该债券全部出售，取得价款 8 000 万元（已扣除交易费用的影响）。

   要求：

   (1) 根据以上资料，计算 2020 年 12 月 31 日 A 公司对甲公司债券投资应当计提的减值准备金额。

   (2) 判断 2021 年 3 月 31 日，A 公司对外出售该债券时，是否需要对持有的其他持有至到期投资进行重分类？

   (3) 编制 A 公司上述经济业务的会计分录。

   （答案中的金额单位用万元表示，计算结果保留两位小数。）

6. 甲公司 2019 年 2 月 1 日从证券市场上购入乙公司发行在外的股票 100 万股，支付价款共计 550 万元，另支付相关税费 20 万元。甲公司将该金融资产指定为以公允价值计量且其变动计入其他综合收益的非交易性权益工具投资核算。2019 年 6 月 30 日，该股票的市价为每股 6 元。2019 年 7 月 15 日，乙公司宣告发放 2018 年度现金股利，每股 0.5 元，7 月 20 日甲公司收到发放的现金股利。2019 年 12 月 31 日，该股票的市价为每股 6.5 元。假定甲公司每年 6 月 30 日和 12 月 31 日对外提供财务报告。2020 年 1 月 10 日，该公司将该金融资产出售，取得价款 700 万元。

   要求：编制甲公司上述经济业务的会计分录。（答案中的金额单位用万元表示。）

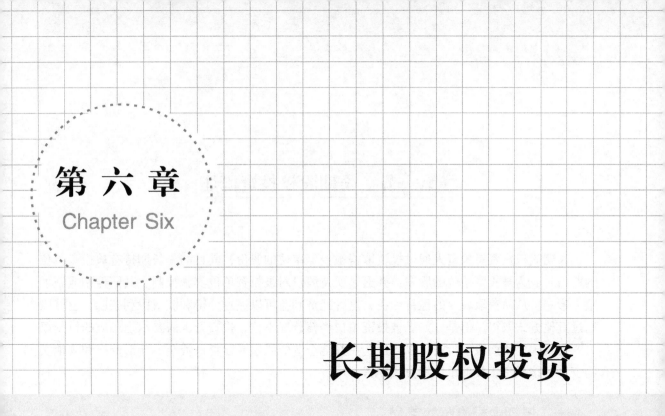

第 六 章
Chapter Six

长期股权投资

本章学习目标

- 了解长期股权投资的含义、取得方式与初始计量

- 掌握《企业会计准则第 2 号——长期股权投资》中关于长期股权投资成本法、权益法等核算方法

- 掌握《企业会计准则第 8 号——资产减值》中关于长期股权投资减值的核算方法

- 熟悉长期股权投资会计核算岗位工作职责和账务处理流程，能根据原始凭证正确分析经济业务，熟练进行长期股权投资业务的会计处理

- 具备相应的会计职业判断能力，学会长期股权投资在资产负债表中的披露方法

本章主要科目

- 长期股权投资
- 投资收益
- 应收股利
- 长期股权投资减值准备
- 资产处置损益

第一节　长期股权投资概述

长期股权投资是投资人通过投资取得被投资单位的股份，其目的是长期持有被投资单位的股份，成为被投资单位的股东，并通过所持股份对被投资单位实施控制、共同控制或施加重大影响，从而获取较大的经济利益，这种经济利益可以通过分得利润或股利获取，也可以通过其他方式取得。但是，如果被投资单位经营状况不佳，投资人也需要承担相应的投资损失。在我国，长期股权投资可以通过购买其他企业的股票或以货币资金、无形资产和其他实物资产直接投资于其他单位等方式取得。

一、长期股权投资的含义

长期股权投资是指应当按照《企业会计准则第 2 号——长期股权投资》进行核算的权益性投资，包括：①企业持有的能够对被投资单位实施控制的权益性投资，即对子公司投资；②企业持有的能够与其他合营方一同对被投资单位实施共同控制的权益性投资，即对合营企业投资；③企业持有的能够对被投资单位施加重大影响的权益性投资，即对联营企业投资。除此之外，其他权益性投资不作为长期股权投资进行核算，而应当按照《企业会计准则第 22 号——金融工具确认和计量》的规定进行会计核算。

提示　控制是指投资方拥有对被投资方的权力，通过参与被投资方的相关活动而享有可变回报，并且有能力运用对被投资方的权力影响其回报金额。这里的相关活动，是指对被投资方的回报产生重大影响的活动。被投资方的相关活动应当根据具体情况进行判断，通常包括商品或劳务的销售和购买、金融资产的管理、资产的购买和处置、研究与开发活动以及融资活动等。

共同控制是指按照相关约定对某项安排所共有的控制，并且该安排的相关活动必须经过分享控制权的参与方一致同意后才能决策。

重大影响是指投资方对被投资单位的财务和经营政策有参与决策的权力，但并不能够控制或者与其他方一起共同控制这些政策的制定。重大影响通常体现为在被投资单位的董事会或类似权力机构中派有代表、参与被投资单位的政策制定过程、与被投资单位之间发生重要交易、向被投资单位派出管理人员或是向被投资单位提供关键技术资料等。从持股比例来看，一般情况下，投资企业直接或通过其子公司间接拥有被投资单位20%以上但低于50%的表决权股份时，认为对被投资单位具有重大影响。

二、长期股权投资的取得方式

（一）通过企业合并方式取得

企业合并是指将两个或者两个以上单独的企业合并形成一个报告主体的交易或事项。企业合并按合并方式划分，可分为控股合并、吸收合并和新设合并。

（1）控股合并是指合并方（或购买方，下同）通过企业合并交易或事项取得对被合并方（或被购买方，下同）的控制权，企业合并后能够通过所取得的股权等主导被合并方的生产经营决策，并从被合并方的生产经营活动中获益，被合并方在企业合并后仍维持其独立法人资格继续经营。该类企业合并中，因合并方通过企业合并交易或事项取得了对被合并方的控制权，被合并方成为其子公司，在企业合并发生后，被合并方应当纳入合并方合并财务报表的编制范围，从合并财务报表角度，形成报告主体的变化。

（2）吸收合并是指合并方在企业合并中取得被合并方的全部净资产，并将有关资产、负债并入合并方自身的账簿和报表进行核算。企业合并后，注销被合并方的法人资格，由合并方持有合并中取得的被合并方的资产、负债，在新的基础上继续经营。

（3）新设合并是指注销参与合并各方的法人资格，重新注册成立一家新的企业，由新注册成立的企业持有参与合并各企业的资产、负债，在新的基础上经营。

提示　由于吸收合并中被合并方被购买方解散，新设合并中合并各方均解散，被投资主体不复存在。因此，在这个意义上，只有控股合并存在长期股权投资持续核算的问题。

我国企业合并准则中按一定的标准，将企业合并分为同一控制下的企业合并和非同一控制下的企业合并。同一控制下的企业合并是指参与合并的企业在合并前后均受同一方或相同的多方最终控制且该控制并非暂时性的，在同一控制下的合并双方分别被称为合并方与被合并方；同一控制下的企业合并一般发生于企业集团内部，如集团内母子公司之间、子公司与子公司之间等。非同一控制下的企业合并是指参与合并各方在合并前后不受同一方或相同的多方最终控制的合并交易，即同一控制下企业合并以外的其他企业，在非同一控制下合并双方分别被称为购买方与被购买方。企业合并的类型划分不同，所遵循的会计处理原则也不同。

（二）通过非企业合并方式取得

通过非企业合并方式取得的长期股权投资是指企业除通过合并形成的长期股权投资以外，以其他方式取得的长期股权投资，如企业以支付现金、发行权益性证券、接受投资者投入、通过非货币性资产交换、通过债务重组等形式取得的长期股权投资。

三、长期股权投资的核算方法

长期股权投资的核算方法有两种：一是成本法；二是权益法。成本法和权益法核算的范围见表6-1。

表 6 - 1　成本法和权益法核算的范围

投资方和被投资方的关系	持股比例	投资方核算方法
控制	大于 50%	成本法
共同控制	两方或多方对被投资方持股比例相同	权益法
重大影响	20% 及以上至 50%（含 50%）	权益法

注：持股比例只是一个形式，最终应根据投资方和被投资方的关系这一实质进行职业判断来确定长期股权投资应采用的核算方法。

四、长期股权投资核算的账户设置

为了反映和监督长期股权投资的取得、现金股利的发放、长期股权投资的处置及减值等情况，企业需要设置"长期股权投资""应收股利""投资收益""其他综合收益""长期股权投资减值准备"等科目。

"长期股权投资"科目核算企业持有的长期股权投资，借方登记长期股权投资取得时的初始投资成本以及采用权益法核算时按被投资单位实现的净损益、其他综合收益和其他权益变动等计算的应分享的份额，贷方登记处置长期股权投资的账面余额或采用权益法核算时被投资单位宣告分派现金股利或利润时企业按持股比例计算应享有的份额，以及按被投资单位发生的净亏损、其他综合收益和其他权益变动等计算的应分担的份额。期末余额在借方，反映企业持有的长期股权投资的价值。

该科目应按被投资单位进行明细核算。长期股权投资采用权益法核算的，还应当分别按"投资成本""损益调整""其他综合收益""其他权益变动"科目进行明细核算。

"应收股利"科目核算企业应收取的现金股利，借方登记应收股利的增加，贷方登记实际收到的现金股利。期末余额在借方，表示被投资单位尚未收到的现金股利。该科目可按被投资单位进行明细核算。

> 提示　根据长期股权投资准则，投资单位取得长期股权投资后，应当按照应享有或应分担的被投资单位其他综合收益的份额，确认其他综合收益，同时调整长期股权投资的账面价值。投资单位在确定应享有或应分担的被投资单位其他综合收益的份额时，该份额的性质取决于被投资单位的其他综合收益的性质。

"长期股权投资减值准备"科目核算企业长期股权投资的减值准备，贷方登记计提的长期股权投资的减值准备金额，借方登记长期股权投资减值准备的转销金额。期末余额在贷方，反映企业已计提但尚未转销的长期股权投资减值准备。该科目可按被投资单位进行明细核算。

第二节　采用成本法核算的长期股权投资

成本法是指长期股权投资的账面价值除收回投资或追加投资外，一般不会因被投资单位所有者权益的变动而发生变动。企业能够对被投资单位实施控制的长期股权投资，即企业对子公司的长期股权投资，应当采用成本法核算。投资方为投资性主体且子公司不纳入其合并财务报表的除外。

一、成本法核算的长期股权投资的初始计量

（一）企业合并形成的长期股权投资初始投资成本的计量

企业合并形成的长期股权投资，初始投资成本的确定应遵循《企业会计准则第20号——企业合并》的相关原则，即应区分企业合并的类型，分别就同一控制下企业合并和非同一控制下企业合并确定形成的长期股权投资的成本。

1. 同一控制下企业合并形成长期股权投资的初始计量

（1）同一控制下的企业合并，合并方以支付现金、转让非现金资产或承担债务方式作为合并对价的，应当在合并日按照取得被合并方所有者权益在最终控制方合并财务报表中的账面价值的份额作为长期股权投资的初始投资成本。长期股权投资初始投资成本与支付的现金、转让的非现金资产以及所承担债务账面价值之间的差额，应当调整资本公积；资本公积不足冲减的，调整留存收益。

> **注意**　这里调整的是"资本公积（资本溢价或股本溢价）"而不是"资本公积"的全部。

具体进行会计处理时，合并方在合并日，借记"长期股权投资"科目（按照取得被合并方所有者权益在最终控制方合并财务报表中的账面价值的份额），借记"应收股利"科目（按应享有被投资单位已宣告但尚未发放的现金股利或利润），贷记有关资产或负债科目（按投出资产账面价值或承担债务账面价值）及应交税费，按其差额，贷记"资本公积——资本溢价或股本溢价"科目。如为借方差额，应借记"资本公积——资本溢价或股本溢价"科目。"资本公积——资本溢价或股本溢价"不足冲减的，借记"盈余公积""利润分配——未分配利润"科目。

（2）同一控制下的企业合并，合并方以发行权益性证券作为合并对价的，应当在合并日按照取得被合并方所有者权益在最终控制方合并财务报表中的账面价值的份额作为长期股权投资的初始投资成本。按照发行股份的面值总额作为股本，长期股权投资初始投资成本与所发行股份面值总额之间的差额，应当调整资本公积；资本公积不足冲减的，调整留存收益。

具体进行会计处理时，合并方在合并日，借记"长期股权投资"科目（按照取得被合并方所有者权益在最终控制方合并财务报表中的账面价值的份额），借记"应收股利"科目（按应享有被投资单位已宣告但尚未发放的现金股利或利润），贷记"股本"科目（按发行权益性证券的面值），按其差额，贷记"资本公积——资本溢价或股本溢价"科目。如为借方差额，应借记"资本公积——资本溢价或股本溢价"科目。资本公积——资本溢价或股本溢价不足冲减的，借记"盈余公积""利润分配——未分配利润"科目。

提示 合并方为进行企业合并发生的各项直接相关费用，包括为进行企业合并而支付的审计费用、评估费用、法律服务费用等，应当于发生时计入当期损益（管理费用）。为企业合并发行的债券或承担其他债务支付的手续费、佣金等，应当计入所发行债券及其他债务的初始计量金额。企业合并中发行权益性证券发生的手续费、佣金等费用，应当抵减权益性证券溢价收入，溢价收入不足冲减的，冲减留存收益。

●例 6-1 2019 年 11 月 1 日，淮洲公司向其母公司安淮公司支付 4 000 万元，取得母公司安淮公司拥有的对 A 公司 100% 的股权，并于当日起能够对 A 公司实施控制。另支付合并发生的审计费用等 50 000 元。2019 年 10 月 31 日 A 公司净资产的账面价值为 40 020 000 元。假定淮洲公司和 A 公司在企业合并前采用的会计政策相同。合并日，淮洲公司与 A 公司所有者权益的构成见表 6-2。

表 6-2　淮洲公司与 A 公司所有者权益的构成

2019 年 10 月 31 日　　　　　　　　　　　　　　　（单位：元）

项　目	淮洲公司	A 公司
实收资本	30 000 000	10 000 000
资本公积	20 000 000	6 000 000
盈余公积	20 000 000	20 000 000
未分配利润	23 550 000	4 020 000
合　计	93 550 000	40 020 000

A 公司在合并后维持其法人资格继续经营，合并日淮洲公司在其账簿及个别财务报表中应确认对 A 公司的长期股权投资，其成本为合并日享有的 A 公司账面所有者权益的份额，账务处理为：

借：长期股权投资——A 公司　　　　　　　40 020 000
　　贷：银行存款　　　　　　　　　　　　　　　40 000 000
　　　　资本公积——资本溢价　　　　　　　　　　20 000
借：管理费用　　　　　　　　　　　　　　　50 000
　　贷：银行存款　　　　　　　　　　　　　　　　50 000

提示 同一控制下企业合并取得长期股权投资的入账价值 = 40 020 000 × 100% = 40 020 000（元），应确认的资本公积 = 40 020 000 - 40 000 000 = 20 000（元）。

●例 6-2 2019 年 6 月 30 日，甲公司以定向增发股票的方式购买同一集团内另一企业持有的丙公司 80% 股权。为取得该股权，甲公司增发 4 000 万股普通股，每股面值为 1 元，每股公允价值为 5 元；支付承销商佣金 50 万元。取得该股权时，丙公司净资产账面价值为 8 000 万元，公允价值为 12 000 万元。假定甲公司和丙公司采用的会计政策相同，不考虑其他因素，甲公司编制会计分录如下：

```
借：长期股权投资——丙公司              64 000 000
    贷：股本                           40 000 000
        资本公积——股本溢价            24 000 000
借：资本公积——股本溢价               500 000
    贷：银行存款                        500 000
```

提示　同一控制下企业合并取得长期股权投资的入账价值 = 8 000 × 80% = 6 400（万元），应确认的资本公积 = 8 000 × 80% − 4 000 × 1 − 50 = 2 350（万元）。

2. 非同一控制下企业合并形成长期股权投资的初始计量

非同一控制下的企业合并，购买方应当按照确定的企业合并成本作为长期股权投资的初始投资成本。企业合并成本包括购买方付出的资产、发生或承担的负债、发行的权益性证券的公允价值。一次交换交易实现的企业合并，合并成本为购买方在购买日为取得对被购买方的控制权而付出的资产、发生或承担的负债以及发行的权益性证券的公允价值之和；通过多次交换交易分步实现的企业合并，合并成本为每一单项交易成本之和。

具体进行会计处理时，对于形成非同一控制下控股合并的长期股权投资，应当在购买日按企业合并成本，借记"长期股权投资"科目；公允价值与其账面价值的差额，计入当期损益。具体而言，非同一控制下的企业合并，投出资产为非货币性资产时，投出资产公允价值与其账面价值的差额应分不同资产进行账务处理：投出资产为固定资产或无形资产的，其差额计入"资产处置损益"科目；投出资产为存货的，按其公允价值确认"主营业务收入"或"其他业务收入"科目，涉及增值税的，还应进行相应的会计处理，同时按其账面价值结转"主营业务成本"或"其他业务成本"科目。

提示　非同一控制下的企业合并发生的相关费用的会计处理与同一控制相同。

例6-3　淮洲公司于2019年8月31日取得了C公司70%的股权。合并中，淮洲公司支付的有关资产在购买日的账面价值与公允价值见表6-3。合并中，淮洲公司为核实C公司的资产价值，聘请专业资产评估机构对C公司的资产进行评估，支付评估费用1 000 000元。本例中假定合并前淮洲公司与C公司及其股东不存在任何关联方关系，不考虑相关税费。

表6-3　淮洲公司支付的有关资产购买日的账面价值和公允价值

2019年8月31日　（单位：元）

项　目	账面价值	公允价值
土地使用权	20 000 000（成本 30 000 000，累计摊销 10 000 000）	32 000 000
专利技术	8 000 000（成本 10 000 000，累计摊销 2 000 000）	10 000 000
银行存款	8 700 000	8 700 000
合　计	36 700 000	50 700 000

本例中因淮洲公司与 C 公司及其股东在合并前不存在任何关联方关系，应作为非同一控制下的企业合并处理。淮洲公司对于合并形成的对 C 公司的长期股权投资，应按支付对价的公允价值确定其初始投资成本。

淮洲公司应进行的账务处理为：

借：长期股权投资		50 700 000
管理费用		1 000 000
累计摊销		12 000 000
贷：无形资产		40 000 000
银行存款		9 700 000
资产处置损益		14 000 000

▄▄ 例6-4 2019 年 9 月 30 日，甲公司与 C 公司原投资者 D 公司签订协议（甲公司和 D 公司不属于同一控制下的公司），甲公司以存货和承担 D 公司的短期还贷款义务换取 D 公司持有的 C 公司股权，购买日 C 公司可辨认净资产公允价值为 1 000 万元，甲公司取得 60% 的份额。甲公司投出存货的公允价值为 500 万元，增值税额 80 万元，账面成本 380 万元，承担归还短期贷款义务 100 万元。不考虑其他因素，甲公司编制会计分录如下：

借：长期股权投资——C 公司		6 800 000
贷：短期借款		1 000 000
主营业务收入		5 000 000
应交税费——应交增值税（销项税额）		800 000
借：主营业务成本		3 800 000
贷：库存商品		3 800 000

提示 合并成本 = 500 + 80 + 100 = 680（万元）。

（二）非企业合并形成的长期股权投资的初始计量

除企业合并形成的长期股权投资以外，其他方式取得的长期股权投资，应当按照下列规定确定其初始投资成本：

（1）以支付现金取得的长期股权投资，应当按照实际支付的购买价款作为初始投资成本。初始投资成本包括与取得长期股权投资直接相关的费用、税金及其他必要支出。企业取得长期股权投资时，实际支付的价款或对价中包含的已宣告但尚未发放的现金股利或利润，应作为应收项目处理。

（2）以发行权益性证券取得的长期股权投资，应当按照发行权益性证券的公允价值作为初始投资成本。与发行权益性证券直接相关的费用，在溢价发行的前提下冲抵溢价，如果溢价不够抵减或以面值发行的应依次冲减盈余公积和未分配利润。

（3）通过非货币性资产交换取得的长期股权投资，其初始投资成本应当按照《企业会计准则第 7 号——非货币性资产交换》的有关规定确定。

（4）通过债务重组取得的长期股权投资，其初始投资成本应当按照《企业会计准则第 12 号——债务重组》的有关规定确定。

●例6-5　2019年10月1日，甲公司从证券市场上购入丁公司（上市公司）发行在外的1000万股股票作为长期股权投资，符合成本法核算范围，每股7元，实际支付价款7000万元，另支付相关税费30万元。甲公司编制会计分录如下：

借：长期股权投资——丁公司　　　　　　　70 300 000
　　贷：其他货币资金——存出投资款　　　　　　　70 300 000

●例6-6　2019年11月1日，甲公司发行股票1000万股作为对价向E公司投资，每股面值为1元，实际发行价为每股4元，另支付发行费用18万元，符合成本法核算范围，不考虑相关税费，甲公司编制会计分录如下：

借：长期股权投资——E公司　　　　　　　40 000 000
　　贷：股本　　　　　　　　　　　　　　　　　10 000 000
　　　　资本公积——股本溢价　　　　　　　　　30 000 000
借：资本公积——股本溢价　　　　　　　　　180 000
　　贷：银行存款　　　　　　　　　　　　　　　　180 000

二、成本法核算的长期股权投资的后续计量

采用成本法核算的长期股权投资，初始投资或追加投资时，按照初始投资或追加投资时的成本增加长期股权投资的账面价值。

除取得投资时实际支付的价款或对价中包含的已宣告但尚未发放的现金股利或利润外，投资企业应当按照享有被投资单位宣告发放的现金股利或利润确认为当期投资收益，借记"应收股利"科目，贷记"投资收益"科目，不管有关利润分配是属于对取得投资前还是投资后被投资单位实现净利润的分配。

●例6-7　淮洲公司于2019年11月10日取得G公司（非上市公司）80%的股权，初始投资成本为12 000 000元。2020年2月6日，G公司宣告分派现金股利，淮洲公司按照持股比例可取得800 000元，如图6-1所示。淮洲公司在取得G公司股权后，能够对G公司的财务和经营决策进行控制。G公司于2020年2月22日实际分派现金股利。

现金股利派发通知单

淮洲公司：

根据本公司股东大会决议，决定向全体股东每股派发2019年度现金股利0.1元（含税），贵公司按股额8 000 000股，总计应派发800 000元整。

G股份有限公司
财务专用章
2020年2月6日

图6-1　现金股利派发通知单

淮洲公司应进行的账务处理为：

2019年11月10日取得该股权时：

借：长期股权投资——G公司　　　　　　　　12 000 000
　　　贷：银行存款　　　　　　　　　　　　　　　　12 000 000

2020年2月6日，G公司宣告分派现金股利时：
　　借：应收股利　　　　　　　　　　　　　　　800 000
　　　贷：投资收益　　　　　　　　　　　　　　　　800 000

2020年2月22日收到G公司分派的现金股利时：
　　借：银行存款　　　　　　　　　　　　　　　800 000
　　　贷：应收股利　　　　　　　　　　　　　　　　800 000

进行上述处理后，如相关长期股权投资存在减值迹象的，应当进行减值测试，具体见本章第四节内容。

三、成本法核算的长期股权投资的处置

企业处置长期股权投资时，应相应结转与所售股权相对应的长期股权投资的账面价值，出售所得价款与处置长期股权投资账面价值之间的差额，应确认为处置损益，并应同时结转已计提的长期股权投资减值准备。

具体进行会计处理时，按实际收到的金额，借记"银行存款"等科目；按原已计提的减值准备，借记"长期股权投资减值准备"科目；按该项长期股权投资的账面余额，贷记"长期股权投资"科目；按尚未领取的现金股利或利润，贷记"应收股利"科目；按其差额借记或贷记"投资收益"科目。

➡ 例6-8　淮洲公司原持有H公司（非上市公司）80%的股权，2019年12月30日，淮洲公司出售所持有H公司股权中的25%，出售时淮洲公司账面上对H公司长期股权投资的投资成本为12 000 000元，出售取得价款3 100 000元。该项长期股权投资未计提减值准备。相关会议决议如图6-2所示。

淮洲公司董事会第二次会议决议（节选）

会议日期：2019年12月25日

会议地址：公司五楼会议室

与会董事：张军等7人

根据被投资单位具体情况和公司业务发展需要，公司董事会审议并通过了《关于出售部分H股份有限公司股份的议案》，并决定：

1. 在遵循公司对外投资内部控制有关制度的前提下，经投资部门予以充分论证之后，同意通过公开市场出售H股份有限公司股份800万股。

2. 本公司出售H股份有限公司股份符合公司战略。

以上决议公司全体董事一致通过。

董事会成员签字：张军等

2019年12月25日

图6-2　相关会议决议

淮洲公司确认处置损益的账务处理为：

借：银行存款 3 100 000

贷：长期股权投资——H公司 3 000 000

投资收益 100 000

第三节 采用权益法核算的长期股权投资

权益法是指除初始投资或追加投资增加长期股权投资的账面价值外，在投资持有期间根据投资企业享有被投资单位所有者权益份额的变动对投资的账面价值进行调整的方法。在权益法下，"长期股权投资"科目的账面价值已不是长期股权投资的原始成本，而是投资企业在被投资单位中应享有的相应份额。投资企业对被投资单位具有重大影响或对其合营企业的长期股权投资，应当采用权益法核算。长期股权投资采用权益法核算的，应当分别按"投资成本""损益调整""其他综合收益""其他权益变动"进行明细核算。

提示 "投资成本"明细科目核算：取得投资时的初始成本；初始成本小于投资时应享有被投资单位可辨认净资产公允价值份额时，对初始成本的调整；处置时结转的成本。"损益调整"明细科目核算：被投资单位实现的净利润或发生的净亏损；被投资单位宣告分派的现金股利或利润。"其他综合收益"明细科目核算：投资企业对于被投资单位应享有或分担的其他综合收益的份额变动，应当调整长期股权投资的账面价值。"其他权益变动"明细科目核算：投资企业对于被投资单位除净损益、其他综合收益和利润分配以外所有者权益的其他变动，应当调整长期股权投资的账面价值。

一、权益法核算的长期股权投资的初始计量

投资企业取得对联营企业或合营企业的投资以后，对于取得投资时投资成本与应享有被投资单位可辨认净资产公允价值份额之间的差额，应区别以下情况处理：

（一）不要求调整长期股权投资的成本

初始投资成本大于取得投资时应享有被投资单位可辨认净资产公允价值份额的，该部分差额体现为投资企业在购入该项投资过程中通过作价体现出的与所取得股权份额相对应的商誉及被投资单位不符合确认条件的资产价值。该部分差额不要求调整长期股权投资的初始投资成本。

● 例6-9 淮洲公司于2019年1月1日取得A公司（非上市公司）30%的股权，实际支付价款30 000 000元。取得投资时A公司所有者权益账面价值为75 000 000元（假定该时点被投资单位各项可辨认资产、负债的公允价值与其账面价值相同）。

在 A 公司的生产经营决策过程中，所有股东均以其持股比例行使表决权。淮洲公司在取得对 A 公司的股权后，派人参与了 A 公司的财务和生产经营决策。因能够对 A 公司的生产经营决策施加重大影响，淮洲公司对该项投资采用权益法核算。取得投资时，淮洲公司应进行的账务处理为：

　　借：长期股权投资——A公司（投资成本）　　　30 000 000
　　　　贷：银行存款　　　　　　　　　　　　　　　　　30 000 000

长期股权投资的成本 30 000 000 元大于取得投资时应享有 A 公司可辨认净资产公允价值的份额 22 500 000 元（75 000 000 × 30%），不对其初始投资成本进行调整。

（二）要求调整长期股权投资的成本

初始投资成本小于取得投资时应享有被投资单位可辨认净资产公允价值份额的，两者之间的差额体现为交易双方在作价过程中转让方对投资企业给予的让步或是出于其他方面的考虑给予投资企业的无偿经济利益流入，应计入取得投资当期的损益，作为"营业外收入"核算，同时调整长期股权投资的成本。

◆ 例6-10　承［例6-9］，只假定例6-9中取得投资时 A 公司可辨认净资产公允价值为 120 000 000 元，淮洲公司按持股比例 30% 计算确定应享有 36 000 000 元，则初始投资成本与应享有 A 公司可辨认净资产公允价值份额之间的差额 6 000 000 元应计入取得投资当期的损益。

　　借：长期股权投资——A公司（投资成本）　　　36 000 000
　　　　贷：银行存款　　　　　　　　　　　　　　　　　30 000 000
　　　　　　营业外收入　　　　　　　　　　　　　　　　　6 000 000

二、权益法核算的长期股权投资的后续计量

（一）投资损益的确认

1. 被投资单位实现盈利时投资损益的确认

投资企业取得长期股权投资后，被投资单位实现盈利的，应当按照应享有被投资单位实现净利润的份额，调整长期股权投资的账面价值，并确认为当期投资收益。具体进行会计处理时，借记"长期股权投资——损益调整"科目，贷记"投资收益"科目。

◆ 例6-11　承［例6-9］，假定淮洲公司长期股权投资的成本大于取得投资时 A 公司可辨认净资产公允价值份额的情况下，2018 年 A 公司实现净利润 8 000 000 元。淮洲公司、A公司均以公历年度作为会计年度，采用相同的会计政策。由于投资时 A 公司各项资产、负债的账面价值与其公允价值相同，不需要对 A 公司的净利润进行调整，淮洲公司应确认的投资收益为 2 400 000 元（8 000 000 × 30%），一方面增加长期股权投资的账面价值，另一方面作为利润表中的投资收益进行确认。

淮洲公司的会计处理如下：

借：长期股权投资——A公司（损益调整）　　　　　2 400 000
　　贷：投资收益　　　　　　　　　　　　　　　　　　2 400 000

2. 被投资单位发生亏损时投资损益的确认

投资企业取得长期股权投资后，被投资单位发生亏损的，应当按照应分担被投资单位发生净亏损的份额，调整长期股权投资的账面价值，并确认为当期投资损失。具体进行会计处理时，借记"投资收益"科目，贷记"长期股权投资——损益调整"科目。

注意　被投资单位发生亏损时，投资企业减记长期股权投资账面价值时，应以长期股权投资的账面价值以及其他实质上构成对被投资单位净投资的长期权益减记至零为限，投资企业负有承担额外损失义务的除外。这里所讲"其他实质上构成对被投资单位净投资的长期权益"通常是指长期应收项目，如投资方对被投资单位的长期债权，该债权没有明确的清收计划且在可预见的未来期间不准备收回的，实质上构成了对被投资单位的净投资。该类长期权益不包括投资方与被投资单位之间因销售商品、提供劳务等日常活动所产生的长期债权。

投资方在确认应分担被投资单位发生的亏损时，应按照以下顺序处理：

首先，减记长期股权投资的账面价值。

其次，在长期股权投资的账面价值减记至零的情况下，考虑是否有其他构成长期权益的项目，如果有，则以其他实质上构成对被投资单位长期权益的账面价值为限，继续确认投资损失，冲减长期应收项目等的账面价值。

最后，在其他实质上构成对被投资单位长期权益的价值也减至零的情况下，如果按照投资合同或协议约定，投资方需要履行其他额外的损失赔偿义务，则需按预计将承担责任的金额确认预计负债，计入当期投资损失。

除按上述顺序确认的损失以外仍有额外损失的，应在账外做备查登记，不再予以确认。

在确认了有关的投资损失以后，被投资单位以后期间实现盈利的，应按以上相反顺序分别减记已确认的预计负债，恢复其他长期权益和长期股权投资的账面价值，同时确认投资收益。即应当按顺序分别借记"预计负债""长期应收款""长期股权投资"等科目，贷记"投资收益"科目。

例6—12　淮洲公司持有E公司40%的股权，采用权益法核算该项长期股权投资。长期股权投资的初始投资成本为20 000 000元。E公司2019年由于一项主要经营业务市场条件发生骤变，当年发生亏损30 000 000元。假定淮洲公司在取得投资时，E公司各项可辨认资产、负债的公允价值与其账面价值相同，采用的会计政策和会计期间也相同。

淮洲公司2019年应确认的投资损失 = 30 000 000 × 40% = 12 000 000（元），该损失额12 000 000元小于该长期股权投资账面价值20 000 000元，可按实际发生额确认投资损失。

借：投资收益　　　　　　　　　　　　　　　　12 000 000
　　贷：长期股权投资——A公司（损益调整）　　　12 000 000

确认上述投资损失后，该长期股权投资的账面价值为 8 000 000 元。

　例 6-13　承［例 6-12］，其他条件不变，假设 E 公司 2019 年发生亏损 60 000 000 元，淮洲公司对 E 公司无其他长期权益或其他额外的损失赔偿义务。

淮洲公司 2019 年应确认的投资损失 = 60 000 000 × 40% = 24 000 000（元），该损失额 24 000 000 元大于该长期股权投资账面价值 20 000 000 元，应按长期股权投资账面价值 20 000 000 元确认投资损失，编制的会计分录如下：

```
借：投资收益                                    20 000 000
    贷：长期股权投资——A 公司（损益调整）              20 000 000
```

确认上述投资损失后，该长期股权投资的账面价值为 0 元，同时超额损失在账外进行备查登记，金额为 4 000 000 元。

　例 6-14　承［例 6-12］，其他条件不变，假设 E 公司 2019 年发生亏损 60 000 000 元，同时淮洲公司账上仍有应收 E 公司的长期应收款 8 000 000 元（实质上构成对 E 公司净投资），无其他长期权益或其他额外的损失赔偿义务。

```
借：投资收益                                    24 000 000
    贷：长期股权投资——E 公司（损益调整）              20 000 000
        长期应收款——E 公司（超额亏损）                4 000 000
```

确认上述投资损失后，该长期股权投资的账面价值为 0 元，同时"长期应收款——E 公司"科目余额为 4 000 000 元。

3. 取得现金股利或利润的处理

按照权益法核算的长期股权投资，投资方从被投资单位取得的现金股利或利润，应抵减长期股权投资的账面价值。在被投资单位宣告分派现金股利或利润时，借记"应收股利"科目，贷记"长期股权投资——损益调整"科目。

　例 6-15　承［例 6-11］，2020 年 4 月，A 公司宣告分派现金股利 4 000 000 元。2020 年 5 月，淮洲公司收到 A 公司分派的现金股利。

宣告分派现金股利时：

```
借：应收股利——A 公司                             1 200 000
    贷：长期股权投资——A 公司（损益调整）               1 200 000
```

收到分派现金股利时：

```
借：银行存款                                     1 200 000
    贷：应收股利——A 公司                            1 200 000
```

（二）被投资单位除净损益外所有者权益的其他变动

1. 被投资单位其他综合收益变动的处理

被投资单位其他综合收益发生变动的，投资方应当按照归属于本企业的部分，相应调整长期股权投资的账面价值，同时增加或减少其他综合收益。

●例 6-16　承［例 6-15］，2020 年 A 公司因持有的其他债权投资公允价值的变动计入其他综合收益的金额为 6 000 000 元，除该事项外，A 公司当年实现的净利润为 32 000 000 元。淮洲公司在确认应享有 A 公司所有者权益的变动时：

借：长期股权投资——A 公司（损益调整）　　　9 600 000
　　贷：投资收益　　　　　　　　　　　　　　　　　9 600 000
借：长期股权投资——A 公司（其他综合收益）　1 800 000
　　贷：其他综合收益——A 公司　　　　　　　　　　1 800 000

提示　A 公司损益调整 = 32 000 000 × 30% = 9 600 000（元）
　　　A 公司其他综合收益 = 6 000 000 × 30% = 1 800 000（元）

2. 被投资单位除净损益、其他综合收益以及利润分配以外的所有者权益的其他变动

被投资单位除净损益、其他综合收益以及利润分配以外的所有者权益的其他变动主要包括被投资单位接受其他股东的资本性投入、被投资单位发行可分离交易的可转债中包含的权益成分、以权益结算的股份支付、其他股东对被投资单位增资导致投资方持股比例变动等。投资方应按所持股权比例计算应享有的份额，调整长期股权投资的账面价值，同时计入资本公积（其他资本公积），并在备查簿中予以登记。投资方在后续处置股权投资但对剩余股权仍采用权益法核算时，应按处置比例将这部分资本公积转入当期投资收益；对剩余股权终止权益法核算时，将这部分资本公积全部转入当期投资收益。

●例 6-17　承［例 6-16］，2020 年 A 公司其他权益增加计入资本公积的金额为 1 000 000 元。淮洲公司在确认应享有 A 公司所有者权益的变动时：

借：长期股权投资——A 公司（其他权益变动）　　300 000
　　贷：资本公积——其他资本公积　　　　　　　　　　300 000

提示　A 公司其他权益变动 = 1 000 000 × 30% = 300 000（元）

三、权益法核算的长期股权投资的处置

处置长期股权投资时，应相应结转与所售股权相对应的长期股权投资的账面价值，一般情况下，出售所得价款与处置长期股权投资账面价值之间的差额，应确认为处置损益。投资方全部处置权益法核算的长期股权投资时，原权益法核算的相关其他综合收益应当在终止采用权益法核算时采用与被投资单位直接处置相关资产或负债相同的基础进行会计处理，因被投资方除净损益、其他综合收益和利润分配以外的其他所有者权益变动而确认的所有者权益，应当在终止采用权益法核算时全部转入当期投资收益。投资方部分处置权益法核算的长期股权投资，剩余股权仍采用权益法核算的，原权益法核算的相关其他综合收益应当采用与被投资单位直接处置相关资产或负债相同的基础处理并按比例结转，因被投资方除净损益、其他综合收益和利润分配以外的其他所有者权益变动而确认的所有者权益，应当按比例转入

当期投资收益。

→ 例6-18 沿用［例6-9］、［例6-11］、［例6-15］、［例6-16］、［例6-17］的资料，2021年7月，淮洲公司将A公司10%的股权出售给非关联的第三方，所得价款为15010 000元，对剩余20%的股权仍采用权益法核算。

淮洲公司取得A公司股权至2021年7月期间：

确认的投资成本＝30 000 000（元）

确认的损益调整＝2 400 000－1 200 000＋9 600 000＝10 800 000（元）

确认的其他综合收益＝1 800 000（元）

确认的资本公积＝300 000（元）

由于淮洲公司处置后的剩余股权仍采用权益法核算，因此相关的其他综合收益和其他所有者权益应按比例结转。淮洲公司有关账务处理如下：

```
借：银行存款                              15 010 000
    贷：长期股权投资——A公司（投资成本）        10 000 000
                   ——A公司（损益调整）          3 600 000
                   ——A公司（其他综合收益）         600 000
                   ——A公司（其他权益变动）         100 000
        投资收益                               710 000
```

同时：

```
借：其他综合收益                             600 000
    资本公积——其他资本公积                    100 000
    贷：投资收益                               700 000
```

假设，2021年7月，淮洲公司将A公司25%的股权出售给非关联的第三方，剩余5%股权作为可供出售金融资产核算。由于淮洲公司处置后的剩余股权改按金融工具确认和计量准则进行会计处理，因此相关的其他综合收益和其他所有者权益应全部结转。淮洲公司有关账务处理如下：

```
借：其他综合收益                            1 800 000
    资本公积——其他资本公积                    300 000
    贷：投资收益                              2 100 000
```

第四节 长期股权投资减值

作为长期股权投资核算的权益性投资，在按照《会计准则第2号——长期股权投资》规定进行核算确定的账面价值基础上，如果存在减值迹象的，应当按照相关准则的规定计提减值准备。其中，对子公司、联营企业及合营企业的投资，应当按照资产减值准则相关内容计提减值准备。

一、长期股权投资的减值迹象及其判断

长期股权投资减值是指长期股权投资的可收回金额低于其账面价值。为了提供真实、公允和稳健的长期股权投资信息，企业应当在会计期末判断长期股权投资是否存在可能发生减值的迹象。长期股权投资可能发生减值的迹象，主要可从外部信息来源和内部信息来源两方面加以判断。

（1）从企业外部信息来源看，以下情况均属于长期股权投资可能发生减值的迹象，企业需要据此估计长期股权投资的可收回金额，确定是否需要确认减值损失。

1）长期股权投资的市价当期大幅度下跌，其跌幅明显高于因时间的推移或者正常使用而预计的下跌。

2）企业经营所处的经济、技术或者法律等环境以及长期股权投资所处的市场在当期或者将在近期发生重大变化，从而对企业产生不利影响。

3）市场利率或者其他市场投资报酬率在当期已经提高，从而影响企业计算长期股权投资预计未来现金流量现值的折现率，导致长期股权投资可收回金额大幅度降低。

（2）从企业内部信息来源看，以下情况均属于长期股权投资可能发生减值的迹象，企业需要据此估计长期股权投资的可收回金额，确定是否需要确认减值损失。

1）长期股权投资已经计划或者将被提前处置。

2）企业内部报告的证据表明长期股权投资的经济绩效已经低于或者将低于预期，如长期股权投资所创造的净现金流量或者实现的营业利润（或者亏损）远远低于（或者高于）预计金额等。

此外，采用成本法核算的长期股权投资，除取得投资时实际支付的价款或对价中包含的已宣告但尚未发放的现金股利或利润外，投资企业按照享有被投资单位宣告发放的现金股利或利润确认投资收益后，应当考虑长期股权投资是否发生了减值。在判断该类长期股权投资是否存在减值迹象时，应当关注长期股权投资的账面价值是否大于所享有被投资单位净资产（包括相关商誉）账面价值的份额等类似情况。

二、长期股权投资减值金额的确定

如果长期股权投资存在减值迹象，企业应当估计其可收回金额。长期股权投资的可收回金额低于其账面价值的，应当将长期股权投资的账面价值减记至可收回金额，减记的金额确认为长期股权投资减值损失，计入当期损益，同时计提相应的长期股权投资减值准备。

计算长期股权投资减值时的"可收回金额"，应当根据长期股权投资的公允价值减去处置费用后的净额与长期股权投资预计未来现金流量的现值两者之间较高者确定。

三、长期股权投资减值的会计处理

企业在资产负债表日，根据长期股权投资减值的金额，借记"资产减值损失"科目，贷记"长期股权投资减值准备"科目。处置长期股权投资时，应同时结转已计提的长期股

权投资减值准备。

长期股权投资的减值损失一经确认，在以后会计期间不得转回。

● 例 6-19　淮洲公司对 H 公司进行长期股权投资，采用成本法核算，假如 2019 年 H 公司发生巨额亏损，2019 年年末淮洲公司对 H 公司的投资可收回金额为 850 万元，长期股权投资的账面价值为 880 万元。那么淮洲公司需计提 30 万元的长期股权投资减值准备，具体见表 6-4。

表 6-4　长期股权投资减值计算表

2019 年 12 月 31 日

投资项目	账面价值（万元）	可收回金额（万元）	减值金额（万元）
H 公司股份	880	850	30
合计			30

投资经理：夏颖　　　财务经理：黄立　　　记账：张强　　　制表：张军

借：资产减值损失　　　　　　　　　　　　300 000
　　贷：长期股权投资减值准备　　　　　　　　　300 000

本章内容在报表中的信息披露

资产负债表	
资　产	负债和所有者权益
流动资产：	
……	
流动资产合计	
非流动资产：	
……	
长期股权投资（=长期股权投资-长期股权投资减值准备）	
……	

本章习题

一、单项选择题（下列答案中有一个是正确的，请将正确答案前的英文字母填入括号内）

1. 关于长期股权投资后续计量的核算表述正确的是（　　）。

　A. 处置净收益计入营业外收入　　　　B. 合营企业采用成本法核算

　C. 联营企业用成本法核算　　　　　　D. 子公司用成本法核算

2. 某年 1 月 5 日，甲公司以银行存款 1 200 万元取得对乙公司的长期股权投资，另支付相关税费 5 万元。甲公司采用成本法核算该长期股权投资。当年 3 月 10 日，乙公司宣告发放上一年度现金股利共 200 万元。假设不考虑其他因素，甲公司 3 月末该项长期股权投资的账面余额为（　　）万元。

   A. 1 000　　　　　　B. 1 195　　　　　　C. 1 200　　　　　　D. 1 205

3. 某企业采用成本法核算长期股权投资，被投资单位宣告发放现金股利时，投资企业应按所持股份份额进行的会计处理正确的是（　　）。

   A. 冲减投资收益　　　　　　　　B. 增加投资收益
   C. 冲减长期股权投资　　　　　　D. 增加资本公积

4. 甲公司用 300 万元购入乙公司股票作为长期投资，占 30% 股份，另支付交易费用 10 万元，具有重大影响，乙公司可辨认净资产公允价值 900 万元，该投资初始入账金额为（　　）万元。

   A. 280　　　　　　　B. 310　　　　　　　C. 300　　　　　　　D. 270

5. 甲公司支付价款 7 000 万元，从二级市场购入乙公司股票 500 万股准备长期持有，占乙公司 30% 的股份，对乙公司有重大影响。购入股票时，乙公司可辨认净资产的公允价值为 20 000 万元，甲公司持有长期股权投资的入账价值为（　　）万元。

   A. 20 000　　　　　　B. 1 000　　　　　　C. 7 000　　　　　　D. 6 000

6. 甲公司支付价款 2 000 万元购入乙公司 30% 的股份，准备长期持有，另支付相关税费 20 万元，购入时乙公司可辨认净资产公允价值为 12 000 万元。甲公司取得投资后对乙公司具有重大影响。假定不考虑其他因素，甲公司因确认投资而影响利润的金额为（　　）万元。

   A. −20　　　　　　　B. 0　　　　　　　　C. 1 580　　　　　　D. 1 600

7. 某年 1 月 1 日，甲公司以 1600 万元购入乙公司 30% 的股份，另支付相关费用 8 万元，采用权益法核算。取得投资时，乙公司所有者权益的账面价值为 5 000 万元（与可辨认净资产的公允价值相同）。乙公司该年度实现净利润 300 万元。假定不考虑其他因素，甲公司该长期股权投资该年 12 月 31 日的账面余额为（　　）万元。

   A. 1 590　　　　　　B. 1 598　　　　　　C. 1 608　　　　　　D. 1 698

8. 下列各项应确认为投资损益的是（　　）。

   A. 投资性房地产出租期间所取得的租金收入
   B. 为取得长期股权投资发生的相关交易费用
   C. 采用成本法核算的长期股权投资处置时实际取得的价款与其账面价值的差额
   D. 采用权益法核算的长期股权投资持有期间收到被投资方宣告发放的股票股利

9. 甲、乙、丙三个公司同属一个集团，丙公司持有乙公司 60% 的股权，甲企业发行 600 万股普通股（每股面值 1 元）作为对价自丙公司手中取得乙公司 60% 的股权，每股的公允价值为 10 元。甲公司为此支付给券商 8 万元的发行费用。合并日乙公司账面净资产总额为 1 300 万元。甲公司长期股权投资的入账价值为（　　）万元。

A. 600　　　　　　　B. 608　　　　　　　C. 780　　　　　　　D. 788

10. A 公司购入 B 公司 10% 的股份，以银行存款支付 500 万元，同时支付相关税费 5 万元。A 公司购入 B 公司的股份准备长期持有且有重大影响，当日 B 公司所有者权益的公允价值为 5 000 万元。则该长期股权投资的初始投资成本为（　　）万元。

A. 500　　　　　　　B. 505　　　　　　　C. 495　　　　　　　D. 510

11. A 公司长期持有 B 公司 30% 的股权，采用权益法核算。1 月 1 日，该项投资账面价值为 1 300 万元。该年度 B 公司实现净利润 2 000 万元，宣告发放现金股利 1 200 万元。假定不考虑其他因素，该年 12 月 31 日，A 公司该项投资账面价值为（　　）万元。

A. 1 300　　　　　　B. 1 380　　　　　　C. 1 500　　　　　　D. 1 540

12. 采用成本法核算长期股权投资的情况下，被投资企业分配投资前的现金股利时，投资企业应当（　　）。

A. 借记"投资收益"科目　　　　　　　B. 借记"资本公积"科目

C. 贷记"投资收益"科目　　　　　　　D. 不做处理

13. 长期股权投资采用权益法核算的情况下，在被投资企业宣告分配现金股利时，投资企业的会计处理是（　　）。

A. 借记"应收股利"科目，贷记"投资收益"或"长期股权投资"科目

B. 借记"长期股权投资"科目，贷记"投资收益"科目

C. 借记"应收股利"科目，贷记"长期股权投资"科目

D. 借记"银行存款"科目，贷记"应收股利"科目

14. 甲公司购入乙公司股票作为长期股权投资，采用成本法进行核算，购入时支付价款 11 900 元，其中含已宣告发放但尚未领取的上年度股利 1 000 元，同时另支付相关税费 100 元，购入 1 个月后收到上年度股利 1 000 元，则甲公司购入时长期股权投资应确认的入账价值为（　　）元。

A. 10 900　　　　　　B. 11 000　　　　　　C. 11 900　　　　　　D. 12 000

15. 甲公司与乙公司共同出资设立丙公司，经甲、乙双方协议，丙公司的董事长由乙公司委派，甲方的出资比例为 40%，股东按出资比例行使表决权。在这种情况下，甲公司、乙公司核算该长期股权投资时（　　）。

A. 甲公司采用权益法核算，乙公司采用成本法核算

B. 甲公司采用成本法核算，乙公司采用权益法核算

C. 甲公司和乙公司均采用成本法核算

D. 甲公司和乙公司均采用权益法核算

二、多项选择题（下列答案中有多个答案是正确的，请将正确答案前的英文字母填入括号内）

1. 采用成本法核算长期股权投资时，下列各项中不会导致长期股权投资账面价值发生增减

变动的有（　　　）。

A. 长期股权投资发生减值损失

B. 持有长期股权投资期间被投资企业实现净利润

C. 被投资企业宣告分派属于投资企业投资前和投资后实现的净利润

D. 收到购买股票时已宣告发放但尚未发放的现金股利

2. 下列各项中，在长期股权投资持有期间应确认为当期投资收益的有（　　　）。

A. 成本法下，应享有被投资方宣告发放现金股利的相应份额

B. 收到长期股权投资购买价款中包含的尚未发放的现金股利

C. 权益法下，应享有被投资方实现净利润的相应份额

D. 权益法下，被投资方宣告发放现金股利

3. 下列各项中，能引起权益法核算的长期股权投资账面价值发生变动的有（　　　）。

A. 被投资单位实现净利润

B. 被投资单位宣告发放股票股利

C. 被投资单位宣告发放现金股利

D. 被投资单位除净损益、其他综合收益及利润分配外的其他所有者权益变动

4. 下列各项中，权益法下会导致长期股权投资账面价值发生增减变动的有（　　　）。

A. 确认长期股权投资减值损失

B. 投资持有期间被投资单位实现净利润

C. 投资持有期间被投资单位提取盈余公积

D. 投资持有期间被投资单位宣告发放现金股利

5. 下列关于长期股权投资会计处理的表述中，正确的有（　　　）。

A. 对子公司长期股权投资应采用成本法核算

B. 处置长期股权投资时应结转其已计提的减值准备

C. 成本法下，按被投资方实现净利润应享有的份额确认投资收益

D. 成本法下，按被投资方宣告发放现金股利应享有的份额确认投资收益

6. 按企业会计准则规定，下列项目中，不应计入"投资收益"科目的有（　　　）。

A. 成本法核算的被投资企业实现的盈利

B. 持有的交易性金融资产确认的股利

C. 权益法下，被投资企业宣告发放现金股利

D. 成本法下，被投资企业宣告发放现金股利

7. M公司以定向增发股票的方式购买同一集团内N公司持有的F公司80%股权。为取得该股权，M公司增发200万股普通股，每股面值为1元，每股公允价值为10元；支付承销商佣金20万元，合并中发生审计费用12万元。合并当日F公司所有者权益在最终控制方合并财务报表中的账面价值为700万元，公允价值为1 000万元。M公司和F公司采用的会计政策相同，基于上述资料，如下论断中正确的有（　　　）。

A. 该合并属于同一控制下的换股合并

B. 长期股权投资入账成本为 560 万元

C. 承销商的佣金和合并中的审计费用均列入发生当期的管理费用

D. 此业务直接造成 M 公司所有者权益追加 540 万元

8. 采用成本法核算长期股权投资，下列各项中不会导致长期股权投资账面价值发生增减变动的有（　　）。

A. 长期股权投资发生减值损失

B. 持有长期股权投资期间被投资企业实现净利润

C. 被投资企业宣告分派属于投资企业投资前实现的净利润

D. 被投资企业宣告分派属于投资企业投资后实现的净利润

9. 对长期股权投资是否要计提减值准备，不应当将账面价值与（　　）相比较。

A. 可收回金额
B. 公允价值
C. 未来现金流量现值
D. 可变现净值

10. 下列各项中，应当确认为投资收益的有（　　）。

A. 支付与取得交易性金融资产直接相关的费用

B. 支付与取得长期股权投资直接相关的费用

C. 期末交易性金融资产公允价值变动的金额

D. 处置长期股权投资净损益

11. 下列情况下，投资方应采用权益法核算长期股权投资的是（　　）。

A. 控制
B. 重大影响
C. 无重大影响
D. 共同控制

12. 下列关于长期股权投资会计处理的表述中，正确的有（　　）。

A. 对合营企业的长期股权投资应采用权益法核算

B. 长期股权投资减值准备一经确认，在以后会计期间不得转回

C. 权益法下，按被投资方宣告发放现金股利应享有的份额确认投资收益

D. 权益法下，按被投资方实现净利润应享有的份额确认投资收益

13. 下列情况中能够采用权益法核算的有（　　）。

A. 企业对其合营企业的长期股权投资

B. 企业对其联营企业的长期股权投资

C. 企业对其子公司的长期股权投资

D. 企业对被投资单位具有重大影响的长期股权投资

14. 成本法下处置长期股权投资，可能涉及的会计科目有（　　）。

A. 长期股权投资减值准备
B. 资本公积
C. 投资收益
D. 应收股利

15. 下列各项中，关于被投资单位宣告发放现金股利或分配利润时，正确的会计处理有（　　）。

A. 交易性金融资产持有期间，被投资单位宣告发放现金股利或利润时确认投资收益

B. 长期股权投资采用成本法核算时，被投资单位宣告发放现金股利或利润时确认投资收益

C. 长期股权投资采用权益法核算时，被投资单位宣告发放现金股利或利润时确认投资收益

D. 长期股权投资采用权益法核算时，被投资单位宣告发放现金股利或利润时冲减其账面价值

16. 企业购入的采用权益法核算的长期股权投资，其初始投资成本包括（　　）。

A. 购入时实际支付的价款

B. 支付的价款中包含的被投资方已宣告但尚未发放的现金股利

C. 支付的印花税

D. 为取得长期股权投资发生的相关手续费

三、判断题（正确的在括号内打"√"，错误的打"×"）

1. 长期股权投资按成本法核算，投资企业收到被投资单位宣告分派现金股利的通知，应冲减投资成本。　　　　　　　　　　　　　　　　　　　　　　　　　　　　（　　）

2. 采用权益法核算的长期股权投资，其初始投资成本大于投资时应享有被投资单位可辨认净资产公允价值份额的，应调整已确认的初始投资成本。　　　　　　　　（　　）

3. 企业对长期股权投资计提的减值准备，在该长期股权投资价值回升期间应当转回，但转回的金额不应超过原计提的减值准备。　　　　　　　　　　　　　　　　（　　）

4. 长期股权投资采用成本法核算的，因被投资企业除净损益以外的所有者权益其他变动，投资企业应按其享有份额增加或减少资本公积。　　　　　　　　　　　（　　）

5. 成本法下，如果企业收到现金股利，若该现金股利属于投资前被投资单位实现的净利润，应冲减长期股权投资的投资成本。　　　　　　　　　　　　　　　　（　　）

6. 采用权益法核算时，被投资单位除净损益以外所有者权益的其他变动，会引起长期股权投资账面价值的变动。　　　　　　　　　　　　　　　　　　　　　（　　）

7. 非同一控制下的企业合并是指参与合并的各方在合并前后不属于同一方或相同的多方最终控制的情况下进行的合并。　　　　　　　　　　　　　　　　　　　（　　）

8. 同一控制下的企业合并是指参与合并的各方在合并前后均受同一方或相同的多方最终控制的情况下进行的合并，且该控制并非暂时性的。　　　　　　　　　　（　　）

9. 采用成本法核算的长期股权投资，初始投资或追加投资时，按照初始投资或追加投资时的成本增加长期股权投资的账面价值。　　　　　　　　　　　　　　（　　）

10. 长期股权投资初始取得价款中包含的已宣告但尚未领取的现金股利应作为应收股利处理。　　　　　　　　　　　　　　　　　　　　　　　　　　　　　　（　　）

11. 在权益法下，"长期股权投资"账面价值始终反映该项投资的原始成本。　　（　　）

12. 长期股权投资的核算方法有两种：一是成本法；二是权益法。　　　　　（　　）

13. 企业能够对被投资单位实施控制的，被投资单位为本企业的子公司。控制是指按照合同

约定对某项经济活动所共有的控制，仅在与该项经济活动相关的重要财务和经营决策需要分享控制权的投资方一致同意时存在。　　　　　　　　　　　（　　）

14. 同一控制下的企业合并中，合并方发生的审计、法律服务、评估咨询等中介费用以及其他相关直接费用，应当于发生时直接计入管理费用。　　　　　　　　（　　）

15. 非同一控制下的控股合并中，购买方应当以付出的资产、发生或承担的负债以及发行的权益性证券的公允价值，作为长期股权投资的成本。　　　　　　　（　　）

四、计算及账务处理题

1. 宏远上市公司发生下列长期股权投资业务：
   - （1）2019 年 1 月 3 日，购入乙公司股票 500 万股，占乙公司有表决权股份的 30%，对乙公司的财务和经营决策具有重大影响，宏远公司采用权益法对长期股权投资核算。每股买入价 9 元，每股价格中包含已宣告但尚未发放的现金股利 1 元，另外支付相关税费 10 万元。款项均以银行存款支付。当日，乙公司所有者权益的账面价值（与其公允价值不存在差异）为 13 000 万元。
   - （2）2019 年 3 月 8 日，收到乙公司宣告分派的现金股利。
   - （3）2019 年度，乙公司实现净利润 3 000 万元。
   - （4）2020 年 2 月 1 日，乙公司宣告分派 2019 年度股利，每股分派现金股利 0.2 元。
   - （5）2020 年 3 月 18 日，宏远上市公司收到乙公司分派的 2019 年度的现金股利。
   - （6）2021 年 1 月 3 日，宏远上市公司出售所持有的全部乙公司的股票，共取得价款 5 100 万元（不考虑长期股权投资减值及相关税费）。

   要求：根据上述资料，编制宏远上市公司长期股权投资的会计分录。（"长期股权投资"科目要求写出明细科目，答案中的金额单位用万元表示。）

2. 现代公司发生下列与长期股权投资相关的业务：
   - （1）2019 年 1 月 7 日，购入乙公司有表决权的股票 100 万股，取得该公司的控制权，采用成本法核算。该股票每股买入价为 8 元，其中每股含已宣告分派但尚未领取的现金股利 0.2 元；另外，现代公司在购买股票时支付相关税费 10 000 元，款项均由银行存款支付。
   - （2）2019 年 2 月 15 日，收到乙公司宣告分派的现金股利。
   - （3）2019 年度，乙公司实现净利润 2 000 000 元。
   - （4）2020 年 1 月 6 日，乙公司宣告分派 2019 年度股利，每股分派现金股利 0.1 元。
   - （5）2020 年 2 月 15 日，现代公司收到乙公司分派的 2019 年度的现金股利（不考虑相关税费）。
   - （6）2020 年度，乙公司发生亏损 200 000 元。
   - （7）2021 年 1 月 7 日，现代公司出售所持有的乙公司的股票 10 万股，每股销售价格为 10 元。

   要求：根据上述业务，编制现代公司相关会计分录。

3. 2019 年 7 月 25 日，甲公司以账面余额 800 万元、存货跌价准备 100 万元、公允价值 1 000

万元的库存商品从同一集团的丁公司换取乙公司 70% 的股权，该商品的增值税率为 16%，消费税税率为 5%。乙公司账面净资产为 800 万元。甲公司投资当日"资本公积——资本溢价"为 70 万元，"盈余公积"为 50 万元。甲公司与乙公司的会计年度和采用的会计政策相同。

要求： 编制甲公司取得乙公司长期股权投资的会计分录。

4. 甲公司长期股权投资业务如下：

（1）2019 年 1 月 1 日，委托证券公司购入乙公司发行的股票 200 万股，准备长期持有，占乙公司股份的 30%，每股买入价为 5 元，另支付相关税费 2 万元，款项已支付，甲公司对乙公司具有重大影响，2018 年 12 月 31 日乙公司所有者权益的账面价值为 3 000 万元（与公允价值不存在差异）。

（2）2019 年乙公司实现净利润 800 万元。

（3）2019 年 5 月 10 日乙公司宣告发放 2018 年现金股利 500 万元。

（4）2020 年 12 月 31 日，乙公司以公允价值计量且其变动计入其他综合收益的金融资产的公允价值增加了 200 万元。

要求： 根据上述资料，编制甲公司长期股权投资的会计分录。

5. 甲公司 2019 年年初从非关联方购入乙公司 80% 的股份，初始投资成本为 1 000 万元，当日乙公司可辨认净资产额的公允价值为 900 万元。2019 年 5 月 12 日乙公司宣告分红 30 万元，于 6 月 4 日发放。2019 年乙公司实现净利润 200 万元，2019 年年末乙公司实现其他综合收益 100 万元。2020 年 8 月 1 日甲公司将乙公司 70% 的股份卖给了非关联方，售价为 900 万元，假定无相关税费。甲公司持有的乙公司剩余股份当日公允价值为 130 万元。

要求： 根据上述资料，编制甲公司长期股权投资相关的会计分录。

6. 甲公司发生与长期股权投资有关的业务资料如下：

（1）2019 年 1 月 1 日，甲公司以 4 800 万元购入乙公司 25% 有表决权的股份，能够对乙公司施加重大影响，作为长期股权投资核算。当日，乙公司可辨认净资产的公允价值为 20 000 万元（与其账面价值相同）。

（2）2019 年度乙公司实现净利润 2 000 万元。

（3）2020 年 3 月 15 日，乙公司宣告发放现金股利，甲公司可分派到 100 万元。4 月 15 日，甲公司收到乙公司分派的现金股利 100 万元。

（4）2020 年 3 月 31 日，乙公司以公允价值计量且其变动计入其他综合收益的金融资产的公允价值增加 200 万元。

（5）2020 年 4 月 30 日，甲公司以 6 000 万元的价格将其所持乙公司股份全部出售，款项已存入银行。

要求： 根据上述资料，假定不考虑其他因素，编制相关会计分录。（答案中的金额单位用万元表示。）

第七章
Chapter Seven

固定资产

本章学习目标

- 明确固定资产的确认、特征和分类

- 掌握《企业会计准则第 4 号——固定资产》中关于固定资产取得、折旧、后续支出、清查、处置等业务的核算方法

- 掌握《企业会计准则第 8 号——资产减值》中关于固定资产减值的核算方法

- 熟悉固定资产会计核算岗位工作职责和账务处理流程，能根据原始凭证正确分析经济业务，熟练进行固定资产业务的会计处理

- 具备相应的会计职业判断能力，学会固定资产在资产负债表中的披露方法

本章主要科目

- 固定资产
- 在建工程
- 工程物资
- 累计折旧
- 固定资产清理
- 固定资产减值准备
- 资产处置损益

第一节　固定资产概述

固定资产是企业非流动资产的重要组成部分，是企业重要的劳动手段，它以实物形态加入生产过程，可连续参加多个生产周期，但不构成产品实体，其价值逐渐、部分地转移到产品成本中。固定资产是企业从事生产经营活动的必要条件，体现了企业的生产能力，一个企业拥有的固定资产的规模、质量和先进程度，决定着该企业产品的质量以及产品在市场上的竞争能力。

一、固定资产的确认

（一）固定资产的定义

固定资产是指同时具有以下特征的有形资产：①为生产商品、提供劳务、出租或经营管理而持有的；②使用寿命超过一个会计年度。

首先，企业持有固定资产的目的是用于生产产品、提供劳务、出租或经营管理，而不是直接用于出售。其中，出租是指以经营租赁方式出租的机器设备类的固定资产，不包括以经营租赁方式出租的建筑物，后者属于企业的投资性房地产，参见本书第八章的相关内容。

其次，固定资产的使用寿命超过一个会计年度。这意味着固定资产属于非流动资产，其收益期超过一年，随着使用和磨损，通过计提折旧的方式逐渐减少其账面价值。因此，对固定资产计提折旧是对固定资产进行后续计量的重要内容。

提示　固定资产的使用寿命是指企业使用固定资产的预计期间，或者该固定资产所能生产产品或提供劳务的数量。

最后，固定资产必须是有形资产。这一特征将固定资产和无形资产区别开来。有些无形资产可能同时符合固定资产的其他特征，如无形资产是为生产产品、提供劳务而持有，使用寿命超过一个会计年度，但是由于其没有实物形态，所以不属于固定资产。

（二）固定资产的确认条件

一项资产如要作为固定资产加以确认，首先要符合固定资产的定义，其次还要符合固定资产的确认条件。

1. 与该固定资产有关的经济利益很可能流入企业

资产最重要的特征是预期会给企业带来经济利益。企业在确认固定资产时，需要判断与该项固定资产所有权相关的风险和报酬转移到了企业。

提示 与固定资产所有权相关的风险是指由于经营情况变化造成的相关收益的变动，以及由于资产闲置、技术陈旧等原因造成的损失；与固定资产所有权相关的报酬是指在固定资产使用寿命内使用该资产而获得的收入，以及处置该资产所实现的利得等。

通常，取得固定资产的所有权是判断与固定资产所有权相关的风险和报酬转移到企业的一个重要标志。但是，所有权是否转移，不是判断与固定资产所有权相关的风险和报酬转移到企业的唯一标志，在有些情况下，某项固定资产的所有权虽然不属于企业，但是企业能够控制与该项固定资产有关的经济利益流入企业，这就意味着与该固定资产所有权相关的风险和报酬实质上已转移到企业，在这种情况下，企业应将该项固定资产予以确认。例如，融资租入的固定资产，企业（承租人）虽然不拥有固定资产的所有权，但与固定资产所有权相关的风险和报酬实质上已转移到了企业，因此，符合固定资产确认的第一个条件。此外，对于购置的环保设备和安全设备等资产，其使用虽然不能直接为企业带来经济利益，但是有助于企业从相关资产获得经济利益，或者将减少企业未来经济利益的流出，因此，企业应将这类设备确认为固定资产。

2. 该固定资产的成本能够可靠地计量

企业在确定固定资产成本时必须取得确凿证据，但是，有时需要根据所获得的最新资料，对固定资产的成本进行合理的估计。例如，企业对于已达到预定可使用状态但尚未办理竣工决算的固定资产，需要根据工程预算、工程造价或者工程实际发生的成本等资料，按估计价值确定其成本，办理竣工决算后，再按照实际成本调整原来的暂估价值。

注意 在实务中，确认固定资产时，还需要注意以下两个问题：①固定资产的各组成部分具有不同使用寿命或者以不同方式为企业提供经济利益，适用不同折旧率或折旧方法的，应当分别将各组成部分确认为单项固定资产。②与固定资产有关的后续支出，满足固定资产确认条件的，应当计入固定资产成本；不满足固定资产确认条件的，应当在发生时计入当期损益。

二、固定资产的分类

（一）按固定资产的经济用途分类

固定资产按经济用途可分为生产经营用固定资产和非生产经营用固定资产。

生产经营用固定资产是指直接服务于生产经营全过程的固定资产，如生产经营用的房屋、建筑物、机器、设备、器具、工具等。非生产经营用固定资产是指不直接服务于生产经营，而是为了满足职工物质文化、生活福利需要的固定资产，如职工宿舍、食堂、托儿所、幼儿园、浴室、医务室、图书馆等非生产经营用的房屋、建筑物和其他固定资产。

固定资产按经济用途分类，可以归类反映和监督企业生产经营用固定资产和非生产经营用固定资产之间的组成变化情况，借以考核和分析企业固定资产管理和利用情况，从而促进固定资产的合理配置，充分发挥其效用。

（二）按固定资产的使用情况分类

固定资产按使用情况可分为使用中的固定资产、未使用的固定资产和不需用的固定资产。

使用中的固定资产是指正在使用的经营性和非经营性固定资产。由于季节性经营或修理等原因，暂时停止使用的固定资产仍属于企业使用中的固定资产；企业出租给其他单位使用的固定资产以及内部替换使用的固定资产，也属于使用中的固定资产。未使用的固定资产是指已完工或已购建的尚未交付使用的固定资产以及因进行改建、扩建等原因停止使用的固定资产，如企业购建的尚待安装的固定资产、经营任务变更停止使用的固定资产等。不需用的固定资产是指本企业多余或不适用，需要调配处理的固定资产。

固定资产按使用情况进行分类，有利于企业掌握固定资产的使用情况，便于比较分析固定资产的利用效率，挖掘固定资产的使用潜力，促进固定资产的合理使用，同时也便于企业准确合理地计提固定资产折旧。

（三）按固定资产的所有权分类

固定资产按所有权可分为自有固定资产和租入固定资产。

自有固定资产是指企业拥有的可供企业自由支配使用的固定资产。租入固定资产是指企业采用租赁方式从其他单位租入的固定资产，按其租赁方式的不同，又可分为经营性租入固定资产和融资租入固定资产两种。

（四）按固定资产的管理要求分类

固定资产按管理要求可分为生产经营用固定资产、非生产经营用固定资产、租出固定资产（指企业在经营租赁方式下出租给外单位使用的固定资产）、不需用固定资产、未使用固定资产、土地（指过去已经估价单独入账的土地）、融资租入固定资产（指企业采取融资租赁方式租入的固定资产，在租赁期内，应视同自有固定资产进行管理）。

注意　企业取得的土地使用权，应作为无形资产管理，不能作为固定资产管理。

由于企业的经营性质不同，经营规模有大有小，对于固定资产的分类不可能完全一致，企业可以根据自己的实际情况和经营管理、会计核算的需要进行必要的分类。

三、固定资产核算的账户设置

为了反映和监督固定资产的取得、计提折旧、处置和减值等情况，企业需要设置"固定资产""累计折旧""在建工程""工程物资""固定资产清理""固定资产减值准备"等科目。

（1）"固定资产"科目核算企业固定资产的原价。该科目借方登记企业增加的固定资产原价，贷方登记企业减少的固定资产原价，期末借方余额，反映企业期末固定资产的账面原价。企业应设置"固定资产登记簿"和"固定资产卡片"，按固定资产类别、使用部门和每项固定资产进行明细核算。

（2）"累计折旧"科目属于"固定资产"的调整科目，核算企业固定资产的累计折旧。该科目贷方登记计提的固定资产折旧，借方登记因减少固定资产而转出的累计折旧，期末贷方余额，反映企业固定资产的累计折旧额。

（3）"在建工程"科目核算企业进行基建、更新改造等在建工程发生的实际支出，该科目借方登记企业各项在建工程的实际支出，贷方登记完工工程转出的实际支出，期末借方余额，反映企业尚未达到预定可使用状态的在建工程的成本。

（4）"工程物资"科目核算企业为在建工程等而准备的各种物资的实际成本。该科目借方登记企业购入工程物资的实际成本，贷方登记领用工程物资的实际成本，期末借方余额，反映企业为在建工程购入但尚未领用的各种物资的成本。

（5）"固定资产清理"科目核算企业因出售、报废、毁损、对外投资、非货币性资产交换、债务重组等原因转入清理的固定资产价值及其在清理过程中发生的清理费用和清理收入的情况。该科目借方登记转入清理的固定资产账面价值、清理过程中发生的清理费用以及相关税费，贷方登记清理固定资产的变价收入、保险公司或过失人的赔偿款等。期末如为借方余额，反映企业尚未清理完毕的固定资产的清理净损失；期末如为贷方余额，反映企业尚未清理完毕的固定资产的清理净收益。企业应当按照被清理的固定资产项目设置明细账，进行明细核算。

此外，企业固定资产、在建工程、工程物资发生减值的，还应当设置"固定资产减值准备""在建工程减值准备""工程物资减值准备"等科目进行核算。

第二节　固定资产取得

固定资产取得的方式是多种多样的，有外购固定资产、自行建造固定资产、投资者投入固定资产、接受捐赠固定资产、融资租入固定资产等。本节重点介绍企业外购固定资产、自行建造固定资产的会计核算方法。

一、外购固定资产的核算

（一）外购固定资产成本的确定

固定资产应当按照成本进行初始计量。企业外购固定资产的成本，包括实际支付的购买价款、相关税费、使固定资产达到预定可使用状态前所发生的可归属于该项资产的运输费、装卸费、安装费和专业人员服务费等。其中，相关税费包括企业为取得固定资产而缴纳的契税、耕地占用税、车辆购置税等相关税费，不包括按照现行增值税制度规定，可以从销项税额中抵扣的增值税进项税额。

动脑筋　　专业人员服务费和员工培训费计入固定资产的成本吗？

在对货物和劳务普遍征收增值税的前提下，根据对外购固定资产所含税金扣除方式的不同，增值税分为生产型、收入型和消费型三种类型。生产型增值税，以纳税人的销售收入（或劳务收入）减去用于生产、经营的外购原材料、燃料、动力等物质资料价值后的余额作为法定的增值额，但对购入的固定资产及其折旧均不予扣除。收入型增值税，除允许扣除外购物资资料的价值以外，对于购置用于生产、经营用的固定资产，允许将已提折旧的价值额予以扣除。消费型增值税，允许将购置物资资料的价值和用于生产、经营的固定资产价值中所含的税款，在购置当期全部一次扣除。目前世界上140多个实行增值税的国家中，绝大多数国家实行消费型增值税。

1994年税制改革以来，我国一直实行生产型增值税。2008年11月5日，国务院第34次常务会议决定自2009年1月1日起在全国范围内实施增值税转型改革。2009年1月1日起，我国实行消费型增值税，增值税一般纳税人新购进的生产用设备的增值税进项税额允许抵扣。其中，准予抵扣的固定资产范围包括机器、机械、运输工具以及其他与生产、经营有关的设备、工具、器具，不包括房屋、建筑物等不动产，不包括购进的应征消费税的小汽车、摩托车和游艇，也不包括发生的不动产在建工程。

2011年11月起，我国开始进行营改增试点。自2013年8月1日起纳税人自用的应征消费税的小汽车、摩托车、游艇进项税额可以抵扣。2016年财政部和国家税务总局发布财税〔2016〕36号《关于全面推开营业税改征增值税试点的通知》，自2016年5月1日起全部营业税纳税人，纳入试点范围。依据国家税务总局2016年制定的《不动产进项税额分期抵扣暂行办法》，增值税一般纳税人2016年5月1日后取得并在会计制度上按固定资产核算的不动产，以及2016年5月1日后发生的不动产在建工程，其进项税额分2年从销项税额中抵扣，60%的部分于取得扣税凭证的当期从销项税额中抵扣，40%的部分为待抵扣进项税额，于取得扣税凭证的当月起第13个月从销项税额中抵扣。

（二）外购固定资产的账务处理

（1）企业购入不需要安装的动产，应按实际支付的购买价款、相关税费、使固定资产达到预定可使用状态前所发生的可归属于该项资产的运输费、装卸费和专业人员服务费等作为固定资产的成本，借记"固定资产"科目，贷记"银行存款"等科目。

注意　若企业为增值税一般纳税人，则购进机器设备等生产经营用固定资产的进项税额可以在销项税额中抵扣，不计入固定资产成本，借记"应交税费——应交增值税（进项税额）"科目，贷记"银行存款"科目。

例7-1　2018年10月6日，淮洲公司购入生产用不需安装的设备一台，增值税专用发票上价款50 000元，税率16%，增值税8 000元，款项以银行存款支付。该设备达到预定可使用状态并交付使用，有关单据如图7-1~图7-4所示。

江苏省增值税专用发票
发　票　联

国家税务局监制

No. 13072221

开票日期：2018 年 10 月 06 日

购货单位	名　　称：淮洲公司 纳税人识别号：112366005083349 地址、电话：淮安市开发区枚乘路 8 号 0517-8068666 开户行及账号：工商银行淮安清江支行 1110010806482122456	密码区	1502-7 +0 <6 <92-9 <87 <36 08 * 837532-37913 < > * 810 5 *01-/ +0 * * <87-6683 * <4 1 * + -016269-37- +7/8 > > >1

货物或应税 劳务名称	规格 型号	单位	数量	单价	金　　额	税率（%）	税　　额
交换机	JSY2000-09	台	1	50000	50000.00	16	8000.00
合　计					¥50000.00		¥8000.00

价税合计（大写）	⊗伍万捌仟元整	（小写）¥：58000.00

销货单位	名　　称：天健公司 纳税人识别号：2302021672197 地址、电话：南京市中山路 29 号 025—86739988 开户行及账号：工商银行南京中山支行 4222303031232456532	备注	天健公司 2302021672197 发票专用章

收款人：刘晓军　　　复核：周文洁　　　开票人：高明　　　销货单位：（公章）

第三联：发票联　购货方记账凭证

图 7-1　增值税专用发票（发票联）

江苏省增值税专用发票
抵　扣　联

国家税务局监制

No. 13072221

开票日期：2018 年 10 月 06 日

购货单位	名　　称：淮洲公司 纳税人识别号：112366005083349 地址、电话：淮安市开发区枚乘路 8 号 0517-8068666 开户行及账号：工商银行淮安清江支行 1110010806482122456	密码区	1502-7 +0 <6 <92-9 <87 <36 08 * 837532-37913 < > * 810 5 *01-/ +0 * * <87-6683 * <4 1 * + -016269-37- +7/8 > > >1

货物或应税 劳务名称	规格 型号	单位	数量	单价	金　　额	税率（%）	税　　额
交换机	JSY2000-09	台	1	50000	50000.00	16	8000.00
合　计					¥50000.00		¥8000.00

价税合计（大写）	⊗伍万捌仟元整	（小写）¥：58000.00

销货单位	名　　称：天健公司 纳税人识别号：2302021672197 地址、电话：南京市中山路 29 号 025—86739988 开户行及账号：工商银行南京中山支行 4222303031232456532	备注	天健公司 2302021672197 发票专用章

收款人：刘晓军　　　复核：周文洁　　　开票人：高明　　　销货单位：（公章）

第二联：抵扣联　购货方扣税凭证

图 7-2　增值税专用发票（抵扣联）

中国工商银行电汇凭证（回 单） 1

委托日期 2018 年 10 月 06 日 ×××××××

☐普通☐加急

汇款人	全 称	淮洲公司	收款人	全 称	天健公司
	账 号	1110010806482122456		账 号	4222303031232456532
	汇出地点	江苏省 淮安市/县		汇入地点	江苏省 南京市/县

汇出行名称	工商银行淮安清江支行	汇入行名称	工商银行南京中山支行

金额	人民币（大写） 伍万捌仟元整	亿	千	百	十	万	千	百	十	元	角	分
					¥	5	8	0	0	0	0	0

中国工商银行股份有限公司
淮安清江支行
2018年10月06日
转讫
汇出行签章

支付密码

附加信息及用途
购货款
复核： 记账：

图7-3 电汇凭证

固定资产验收交接单

2018 年 10 月 06 日 第 04 号

资产编号	资产名称	型号规格或结构面积	计量单位	数量	设备价值或工程造价	设备基础及安装费用	合计
864	交换机	JSY2000-09	台	1	50000		50000
资产来源			预计使用年限	10年	主要附属设备	1.	
制造厂名	天健公司		估计残值	5%		2.	
制造日期及编号	2018.10		预计清理费用	0		3.	
使用部门	一车间		年折旧率	10%		4.	

交验部门主管：赵丽红　　　点交人：王雅倩　　　接管部门主管：洪云　　　接管人：张田园

图7-4 固定资产验收交接单

有关账务处理如下：

借：固定资产　　　　　　　　　　　　　　　　50 000

应交税费——应交增值税（进项税额）　　　　 8 000

贷：银行存款　　　　　　　　　　　　　　　　　58 000

（2）企业购入需要安装的动产，应在购入的固定资产成本基础上加上安装调试成本等，作为固定资产的成本，先记入"在建工程"科目，待安装完毕达到预定可使用状态时，再由"在建工程"科目转入"固定资产"科目。

➡例7-2　淮洲公司购入一条需安装的生产线，增值税专用发票上价款400 000 元，增值税 64 000 元，支付运输费 30 000 元，税率 10%，增值税 3 000 元，款项以银行存款支付。该生产线安装期间，用银行存款支付安装费 20 000 元，税率 16%，增值税 3 200 元。该生产线达到预定可使用状态交付使用。

1）购入进行安装时：

借：在建工程 430 000

应交税费——应交增值税（进项税额） 67 000

贷：银行存款 497 000

2）发生安装各项费用时：

借：在建工程 20 000

应交税费——应交增值税（进项税额） 3 200

贷：银行存款 23 200

3）生产线安装完毕达到预定可使用状态时：

入账价值 = 430 000 + 20 000 = 450 000（元）

会计分录：

借：固定资产 450 000

贷：在建工程 450 000

（3）一笔款项购入多项没有单独标价的固定资产，如果这些资产均符合固定资产的定义，并满足固定资产的确认条件，则应将各项资产单独确认为固定资产，并按照各项固定资产公允价值的比例对总成本进行分配，分别确定各项固定资产的成本。

● 例 7-3　淮洲公司为降低采购成本，向鸿达公司一次购进了三套不同型号且具有不同生产能力的设备 A、B 和 C。淮洲公司为该批设备共支付货款 876 000 元，增值税的进项税额为 140 160 元，运输费 4 000 元，税率 10%，增值税 400 元，全部以银行存款转账支付；假定设备 A、B 和 C 均满足固定资产的定义及其确认条件，公允价值分别为 20 万元、30 万元、50 万元；不考虑其他相关税费。

确定应计入固定资产成本的金额：

应计入固定资产的成本 = 876 000 + 4 000 = 880 000（元）

确定 A、B、C 设备的价值分配比例：

A 设备应分配的固定资产价值比例 = 200 000/（200 000 + 300 000 + 500 000）× 100% = 20%

B 设备应分配的固定资产价值比例 = 300 000/（200 000 + 300 000 + 500 000）× 100% = 30%

C 设备应分配的固定资产价值比例 = 500 000/（200 000 + 300 000 + 500 000）× 100% = 50%

确定 A、B、C 设备各自的成本：

A 设备的成本 = 880 000 × 20% = 176 000（元）

B 设备的成本 = 880 000 × 30% = 264 000（元）

C 设备的成本 = 880 000 × 50% = 440 000（元）

会计分录：

借：固定资产——A 设备 176 000

——B 设备 264 000

——C 设备 440 000

应交税费——应交增值税（进项税额）	140 560	
贷：银行存款		1 020 560

（4）购进作为固定资产核算的不动产或不动产在建工程，按规定其进项税额分年抵扣的账务处理规定如下：一般纳税人自2016年5月1日后取得并按固定资产核算的不动产或者2016年5月1日后取得的不动产在建工程，其进项税额按现行增值税制度规定自取得之日起分2年从销项税额中抵扣的，应当按取得成本，借记"固定资产""在建工程"等科目；按当期可抵扣的增值税额，借记"应交税费——应交增值税（进项税额）"科目；按以后期间可抵扣的增值税额，借记"应交税费——待抵扣进项税额"科目；按应付或实际支付的金额，贷记"应付账款""应付票据""银行存款"等科目。尚未抵扣的进项税额待以后期间允许抵扣时，按允许抵扣的金额，借记"应交税费——应交增值税（进项税额）"科目，贷记"应交税费——待抵扣进项税额"科目。

例7-4 淮洲公司购进一办公用房，于当月投入使用。增值税专用发票上价款8 000 000元，税率10%，增值税800 000元，款项以银行存款支付。有关账务处理如下：

①购入时：

借：固定资产	8 000 000	
应交税费——应交增值税（进项税额）	480 000	
应交税费——待抵扣进项税额	320 000	
贷：银行存款		8 800 000

提示 进项税额 = 800 000 × 60% = 480 000（元）

待抵扣进项税额 = 800 000 × 40% = 320 000（元）

②第13个月时：

借：应交税费——应交增值税（进项税额）	320 000	
贷：应交税费——待抵扣进项税额		320 000

二、自行建造固定资产的核算

（一）自行建造固定资产成本的确定

企业自行建造固定资产，应按照建造该项资产达到预定可使用状态前所发生的必要支出，作为固定资产的成本。

自建固定资产应先通过"在建工程"科目核算，工程达到预定可使用状态时，再从"在建工程"科目转入"固定资产"科目。企业自建固定资产，主要有自营和出包两种方式，由于采用的建设方式不同，其会计处理也不同。

（二）自行建造固定资产的账务处理

1. 自营工程

自营工程是指企业自行组织工程物资采购、自行组织施工人员施工的建筑工程和安装工程。自营工程发生的工程成本核算方法见表7-1。

表 7 - 1　自营工程的工程成本核算方法

发生成本	自行建造设备等动产	新建不动产（2016 年 5 月 1 日全面营改增后）
领用工程物资	购入时： 借：工程物资 　　应交税费——应交增值税（进项税额） 　　贷：银行存款 领用时： 借：在建工程 　　贷：工程物资	购入时： 借：工程物资 　　应交税费——应交增值税（进项税额） 　　应交税费——待抵扣进项税额 　　贷：银行存款 领用时： 借：在建工程 　　贷：工程物资
领用原材料	购入时： 借：原材料 　　应交税费——应交增值税（进项税额） 　　贷：银行存款 领用时： 借：在建工程 　　贷：原材料	领用时： 借：在建工程 　　贷：原材料 借：应交税费——待抵扣进项税额 　　贷：应交税费——应交增值税（进项税额转出） 提示　进项税额转出 40% 待抵扣
领用自产产品	领用时： 借：在建工程 　　贷：库存商品	领用时： 借：在建工程 　　贷：库存商品 借：应交税费——待抵扣进项税额 　　贷：应交税费——应交增值税（进项税额转出） 提示　转出自产产品耗用原材料的增值税 40% 待抵扣
其他成本	发生工程人员工资： 借：在建工程 　　贷：应付职工薪酬 辅助生产部门为工程劳务： 借：在建工程 　　贷：生产成本——辅助生产成本 工程发生的借款费用满足借款费用资本化条件的： 借：在建工程 　　贷：长期借款、应付利息	
达到预定可使用状态	借：固定资产 　　贷：在建工程	

提示 一般纳税人2016年5月1日后购进货物和设计服务、建筑服务，用于新建不动产的，其进项税额分2年从销项税额中抵扣。

提示 购进时已全额抵扣进项税额的货物和服务，转用于不动产在建工程的，其已抵扣进项税额的40%部分，应于转用的当期从进项税额中扣减，计入待抵扣进项税额，并于转用的当月起第13个月从销项税额中抵扣。

● 例7-5　淮洲公司为一般纳税企业，增值税率为16%。在生产经营期间以自营方式建造一条生产线。2019年1月至6月发生的有关经济业务如下：

（1）1月10日，为建造生产线购入A工程物资一批，收到的增值税专用发票上注明的价款为2 000 000元，增值税额为320 000元，款项已支付。

借：工程物资——A　　　　　　　　　　　　　　2 000 000
　　应交税费——应交增值税（进项税额）　　　　320 000
　　　贷：银行存款　　　　　　　　　　　　　　　　2 320 000

（2）1月20日，建造生产线领用A工程物资1 800 000元。

借：在建工程——生产线　　　　　　　　　　　1 800 000
　　　贷：工程物资——A　　　　　　　　　　　　　1 800 000

（3）6月30日，建造生产线发生工程人员职工薪酬1 150 000元。

借：在建工程——生产线　　　　　　　　　　　1 150 000
　　　贷：应付职工薪酬　　　　　　　　　　　　　　1 150 000

（4）6月30日，工程建设期间领用生产用原材料350 000元。

借：在建工程——生产线　　　　　　　　　　　350 000
　　　贷：原材料　　　　　　　　　　　　　　　　　350 000

（5）6月30日，生产线达到预定可使用状态并交付使用。

生产线入账价值 = 1 800 000 + 1 150 000 + 350 000 = 3 300 000（元）

借：固定资产——生产线　　　　　　　　　　　3 300 000
　　　贷：在建工程——生产线　　　　　　　　　　　3 300 000

● 例7-6　淮洲公司为一般纳税企业，在生产经营期间以自营方式建造一座厂房。2019年7月至12月发生的有关经济业务如下：

（1）为建造厂房购入B工程物资一批，收到的增值税专用发票上注明的价款为1 000 000元，增值税额为160 000元，款项已支付。

借：工程物资——B　　　　　　　　　　　　　　1 000 000
　　应交税费——应交增值税（进项税额）　　　　96 000
　　应交税费——待抵扣进项税额　　　　　　　　64 000
　　　贷：银行存款　　　　　　　　　　　　　　　　1 160 000

提示 进项税额 = 160 000 × 60% = 96 000（元）

$$待抵扣进项税额 = 160\,000 \times 40\% = 64\,000（元）$$

（2）建造厂房领用 B 工程物资 1 000 000 元。

　　借：在建工程——厂房　　　　　　　　　　　　1 000 000
　　　　贷：工程物资——B　　　　　　　　　　　　　　1 000 000

（3）建造厂房的工程人员职工薪酬为 500 000 元。

　　借：在建工程——厂房　　　　　　　　　　　　500 000
　　　　贷：应付职工薪酬　　　　　　　　　　　　　　500 000

（4）工程建设期间领用生产用原材料 100 000 元，该批原材料购入时增值税为 16 000 元。

　　借：在建工程　　　　　　　　　　　　　　　100 000
　　　　贷：原材料　　　　　　　　　　　　　　　　100 000
　　借：应交税费——待抵扣进项税额　　　　　　　6 400
　　　　贷：应交税费——应交增值税（进项税额转出）　　6 400

提示　进项税额转出 $= 16\,000 \times 40\% = 6\,400$（元）

（5）12 月 30 日，厂房达到预定可使用状态并交付使用。

厂房入账价值 $= 1\,000\,000 + 500\,000 + 100\,000 = 1\,600\,000$（元）

　　借：固定资产——厂房　　　　　　　　　　　　1 600 000
　　　　贷：在建工程——厂房　　　　　　　　　　　　1 600 000

2. 出包工程

出包工程是指企业通过招标方式将工程项目发包给建造承包商，由建造承包商组织施工的建筑工程和安装工程。企业采用出包方式进行的固定资产工程，通过"在建工程"科目核算企业与建造承包商办理的工程价款结算情况。

企业按合理估计的发包工程进度和合同规定向建造承包商结算的进度款，并由对方开具增值税专用发票，按增值税专用发票上注明的价款，借记"在建工程"科目；按增值税专用发票上注明的增值税进项税额的 60%（当期可抵扣的税额），借记"应交税费——应交增值税（进项税额）"；按增值税专用发票上注明的增值税进项税额的 40%（本月起第 13 个月可抵扣的税额），借记"应交税费——待抵扣进项税额"；按实际支付的金额，贷记"银行存款"科目。工程达到预定可使用状态时，按其成本，借记"固定资产"科目，贷记"在建工程"科目。

● 例7-7　淮洲公司将一幢厂房的建造工程出包给南扬建筑公司承建，按合理估计的发包工程进度和合同规定向南扬建筑公司结算进度款，取得增值税专用发票，注明工程款 600 000 元，增值税 60 000 元。工程完工后，收到南扬建筑公司有关工程结算单据，补付工程款，取得增值税专用发票，注明工程款 300 000 元，增值税 30 000 元。工程完工并达到预定可使用状态。

（1）按合理估计的发包工程进度和合同规定向建造承包商结算的进度款：

借：在建工程　　　　　　　　　　　　　　　600 000
　　应交税费——应交增值税（进项税额）　　　36 000
　　应交税费——待抵扣进项税额　　　　　　　24 000
　　贷：银行存款　　　　　　　　　　　　　　　　660 000

（2）工程完成时按合同规定补付的工程款：
借：在建工程　　　　　　　　　　　　　　　300 000
　　应交税费——应交增值税（进项税额）　　　18 000
　　应交税费——待抵扣进项税额　　　　　　　12 000
　　贷：银行存款　　　　　　　　　　　　　　　　330 000

（3）工程达到预定可使用状态时，按其成本：
借：固定资产　　　　　　　　　　　　　　　900 000
　　贷：在建工程　　　　　　　　　　　　　　　　900 000

第三节　固定资产折旧

一、固定资产折旧概述

（一）固定资产折旧的概念

固定资产折旧是指在固定资产使用寿命内，按照确定的方法对应计折旧额进行系统分摊。其中，应计折旧额是指应当计提折旧的固定资产的原价扣除其预计净残值后的金额。已计提减值准备的固定资产，还应当扣除已计提的固定资产减值准备累计金额。

（二）影响固定资产折旧的因素

影响固定资产折旧的因素主要有以下几个方面：

（1）固定资产原价，是指固定资产的成本。

（2）预计净残值，是指假定固定资产预计使用寿命已满并处于使用寿命终了时的预期状态，企业此时从该项资产处置中获得的扣除预计处置费用后的金额。

（3）固定资产减值准备，是指固定资产已计提的固定资产减值准备累计金额。

（4）固定资产的使用寿命，是指企业使用固定资产的预计期间，或者该固定资产所能生产产品或提供劳务的数量。

> **提示**　企业确定固定资产使用寿命时，应当考虑下列因素：①该项资产的预计生产能力或实物产量；②该项资产的预计有形损耗和无形损耗；③法律或者类似规定对资产使用的限制。

企业应当根据固定资产的性质和使用情况，合理确定固定资产的使用寿命和预计净残值。固定资产的使用寿命、预计净残值一经确定，不得随意变更。但是，符合《企业会计准则第4号——固定资产》第十九条规定的除外。

（三）固定资产折旧的计提范围

除以下情况外，企业应当对所有固定资产计提折旧：

（1）已提足折旧仍继续使用的固定资产。

（2）单独计价入账的土地。

在确定计提折旧的范围时，还应注意以下几点：

（1）固定资产提足折旧后，不论能否继续使用，均不再计提折旧；提前报废的固定资产，也不再补提折旧。

> **提示** 提足折旧是指已经提足该项固定资产的应计折旧额。

（2）已达到预定可使用状态但尚未办理竣工决算的固定资产，应当按照估计价值确定其成本，并计提折旧；待办理竣工决算后，再按实际成本调整原来的暂估价值，但不需要调整原已计提的折旧额。

（3）不需用固定资产、因修理而停用的固定资产、季节性停用的固定资产照提折旧。

（4）处于更新改造过程中而停止使用的固定资产，不计提折旧。

（5）以融资租赁方式租入的固定资产和以经营租赁方式租出的固定资产应当计提折旧。

（四）固定资产折旧的时间范围

固定资产应当按月计提折旧，当月增加的固定资产，当月不计提折旧，从下月起计提折旧；当月减少的固定资产，当月仍计提折旧，从下月起不计提折旧。

二、固定资产的折旧方法

企业应当根据与固定资产有关的经济利益的预期实现方式，合理选择固定资产的折旧方法。可选用的折旧方法包括年限平均法、工作量法、双倍余额递减法和年数总和法等。

（一）年限平均法

年限平均法又称直线法，是指将固定资产的应计折旧额均衡地分摊到固定资产预定使用寿命内的一种方法。采用这种方法计算的每期折旧额相等。年限平均法的计算公式如下：

$$年折旧率 = (1 - 预计净残值率) \div 预计使用年限 \times 100\%$$

$$月折旧率 = 年折旧率 \div 12$$

$$年折旧额 = 固定资产原价 \times 年折旧率$$

$$= (原价 - 预计净残值) \div 预计使用年限$$

$$月折旧额 = 固定资产原价 \times 月折旧率$$

例7-8 淮洲公司有一幢厂房，原价6 000 000元，预计使用年限20年，净残值120 000元，采用年限平均法计提折旧。计算该固定资产的年折旧率和年折旧额。

$$预计净残值率 = 120\,000 \div 6\,000\,000 \times 100\% = 2\%$$
$$年折旧率 = (1 - 2\%) \div 20 = 4.9\%$$
$$年折旧额 = 6\,000\,000 \times 4.9\%$$
$$= 294\,000\;(元)$$

（二）工作量法

工作量法是指根据固定资产实际工作量计算每期应提折旧额的一种方法。工作量法的计算公式如下：

$$单位工作量折旧额 = 固定资产原价 \times (1 - 预计净残值率) \div 预计总工作量$$
$$某项固定资产月折旧额 = 该项固定资产当月工作量 \times 单位工作量折旧额$$

•• 例7-9 淮洲公司2019年5月、6月固定资产增减业务如下：

（1）购买一台设备供生产车间使用，采用工作量法计提折旧。该设备原价600 000元，预计总工作时数为200 000小时，预计净残值为50 000元。该设备6月份工作量为2 000小时。

（2）新办公楼交付使用，采用年限平均法计提折旧。该办公楼原价6 200 000元，预计使用年限20年，预计净残值200 000元。

（3）一辆轿车使用期满予以报废。该轿车原价370 000元，预计使用年限6年，净残值10 000元，采用年限平均法计提折旧。

计算5月和6月的固定资产月折旧额如下：

（1）5月固定资产月折旧额：

设备月折旧额 = 0（元）

办公楼月折旧额 = 0（元）

$$轿车月折旧额 = (370\,000 - 10\,000) \div 6 \div 12 = 5\,000\;(元)$$

5月份应计提固定资产折旧额 = 0 + 0 + 5 000 = 5 000（元）

（2）6月固定资产月折旧额：

$$设备月折旧额 = (600\,000 - 50\,000) \div 200\,000 \times 2\,000 = 5\,500\;(元)$$

$$办公楼月折旧额 = (6\,200\,000 - 200\,000) \div 20 \div 12 = 25\,000\;(元)$$

轿车月折旧额 = 0（元）

6月份应计提固定资产折旧额 = 5 500 + 25 000 + 0 = 30 500（元）

（三）双倍余额递减法

双倍余额递减法是指在不考虑固定资产残值的情况下，按每期期初固定资产账面净值和双倍的直线法折旧率来计算固定资产折旧的方法。双倍余额递减法的计算公式如下：

$$年折旧率 = 2 \div 预计使用寿命(年) \times 100\%$$
$$年折旧额 = 固定资产年初账面净值 \times 年折旧率$$

这种方法没有考虑固定资产的残值收入，因此不能使固定资产的账面折余价值降低到它的预计残值收入以下，因此采用双倍余额递减法计提固定资产折旧时，一般应在固定资产使用寿命到期前两年内，将固定资产账面净值扣除预计净残值后的余额平均摊销。

例7-10　淮洲公司一项固定资产于 2015 年 12 月 10 日安装完毕投入使用，该资产成本为 5 000 000 元，预计使用 5 年，预计净残值为 200 000 元。按照双倍余额递减法计提折旧，每年的折旧额计算如下：

年折旧率 = 2 ÷ 5 × 100% = 40%

2016 年年折旧额 = 5 000 000 × 40% = 2 000 000（元）

2017 年年折旧额 =（5 000 000 - 2 000 000）× 40% = 1200 000（元）

2018 年年折旧额 =（5 000 000 - 2 000 000 - 1200 000）× 40% = 720 000（元）

2019 年年折旧额 =（5 000 000 - 2 000 000 - 1200 000 - 720 000 - 200 000）÷ 2 = 440 000（元）

2020 年年折旧额 = 440 000（元）

双倍余额递减法下计算的每年应提折旧额见表 7-2。

表 7-2　双倍余额递减法下固定资产折旧额计算表

（单位：元）

年份	年初账面净值 ①	折旧率 ②	年折旧额 ③ = ① × ②	年末账面净值 ④
第一年	5 000 000	40%	2 000 000	3 000 000
第二年	3 000 000	40%	1 200 000	1 800 000
第三年	1 800 000	40%	720 000	1 080 000
第四年	1 080 000	—	440 000①	640 000
第五年	640 000	—	440 000	200 000

①440 000 =（1 080 000 - 200 000）÷ 2

 动脑筋　假设该资产于 2016 年 3 月 10 日安装完毕并交付使用，采用双倍余额递减法计算折旧，则 2016 年该资产应计提的年折旧额是多少？

（四）年数总和法

年数总和法是指将固定资产的原值减去净残值后的净额乘以一个逐年递减的分数来计算每年的折旧额的一种方法。年数总和法的计算公式如下：

年折旧率 = 尚可使用年限 ÷ 预计使用寿命的年数总和 × 100%

年折旧额 =（固定资产原价 - 预计净残值）× 该年折旧率

例7-11　承 ［例7-10］，淮洲公司上述固定资产如采用年数总和法计提折旧，每年的折旧额计算如下：

年数总和 = 1 + 2 + 3 + 4 + 5 = 15

第一年折旧率 = 5 ÷ 15 × 100% = 33.33%

2016 年年折旧额 =（5 000 000 − 200 000）×5 ÷ 15 × 100% = 1 600 000（元）

2017 年年折旧额 =（5 000 000 − 200 000）×4 ÷ 15 × 100% = 1 280 000（元）

2018 年年折旧额 =（5 000 000 − 200 000）×3 ÷ 15 × 100% = 960 000（元）

2019 年年折旧额 =（5 000 000 − 200 000）×2 ÷ 15 × 100% = 640 000（元）

2020 年年折旧额 =（5 000 000 − 200 000）×1 ÷ 15 × 100% = 320 000（元）

年数总和法下计算的每年应提折旧额见表 7 − 3。

表 7 − 3　年数总和法下固定资产折旧额计算表

（单位：元）

年份	固定资产原价 − 预计净残值	折旧率	年折旧额	累计折旧
	①	②	③ = ① × ②	④
第一年	4 800 000	5 ÷ 15 × 100%	1 600 000	1 600 000
第二年	4 800 000	4 ÷ 15 × 100%	1 280 000	2 880 000
第三年	4 800 000	3 ÷ 15 × 100%	960 000	3 840 000
第四年	4 800 000	2 ÷ 15 × 100%	640 000	4 480 000
第五年	4 800 000	1 ÷ 15 × 100%	320 000	4 800 000

提示　双倍余额递减法和年数总和法这两种折旧方法都属于加速折旧法。加速折旧法是在固定资产的使用寿命内以递减状态分配其成本的方法。从固定资产所含经济利益预期实现方式看，固定资产的效能随着其使用寿命的减少而逐步降低。当固定资产处于较新状态时，效能高，实际使用时间长，操作效率高，产品质量好，而维修费用低，所取得现金流量较大，可为企业提供较多的效益；而固定资产处于较旧状态时，效能低，随着维修次数的增加，操作效率和产品质量都会降低，所取得现金流量较少，不断上升的成本降低了企业的收益能力。因此，为使折旧的提取量与固定资产的运营规律一致，按照配比原则的要求，应在固定资产使用初期提取较多折旧，在使用后期提取较少折旧，折旧费用呈递减趋势，这有利于固定资产价值尽快得到补偿。而直线法计提的折旧额在每个会计期间都相等，导致资产的磨损费用补偿不足，企业技术装备落后，产出低，成本高，面临实物更新困难的严峻现实。由于加速折旧法鼓励企业尽早回收投资，采用新技术，增强企业的竞争能力，所以加速折旧法实行的根本原因是市场和竞争的要求。采用加速折旧法，可使企业尽早收回投资，更新固定资产，提高劳动生产率和产品质量，从而提高企业在行业内部的竞争能力。

为拉动有效投资、促进产业升级、加快发展"中国智造"，2015 年 9 月 16 日，国务院第 105 次常务会议审议通过了进一步完善固定资产加速折旧政策方案，决定扩大固定资产加速折旧优惠范围。根据国务院决定，2015 年 9 月 17 日，财政部和税务总局联合制定下发了《关于进一步完善固定资产加速折旧企业所得税政策的通知》（财税〔2015〕106 号），对固定资产加速折旧优惠政策扩大范围和相关政策问题进行了明确。国家税务总局接着发布了

《关于进一步完善固定资产加速折旧企业所得税政策有关问题的公告》，进一步明确相关政策具体执行口径和征管要求，保证政策有效贯彻实施。

三、固定资产折旧的账务处理

固定资产应当按月计提折旧，计提的折旧应当记入"累计折旧"科目，并根据用途记入相关资产的成本或者当期损益。按月计提折旧时，于月末根据"固定资产折旧费用分配表"中的结果，借记"制造费用""管理费用"等有关费用科目，贷记"累计折旧"科目。

借：制造费用（基本生产车间用固定资产计提折旧）

管理费用（管理部门、未使用不需用固定资产计提折旧）

销售费用（销售部门用固定资产计提折旧）

其他业务成本（经营租出固定资产计提折旧）

研发支出（研发无形资产用固定资产计提折旧）

在建工程（自行建造固定资产中使用固定资产计提折旧）

贷：累计折旧

● 例 7-12　淮洲公司 2019 年 6 月第一车间用固定资产折旧计算表见表 7-4。

表 7-4　固定资产折旧计算表

部门：一车间　　　　　　　　　　2019 年 6 月　　　　　　　　　　（单位：元）

固定资产	上月折旧额	上月增加固定资产应计提折旧额	上月减少固定资产应计提折旧额	本月应计提折旧额
房屋	20 000			20 000
设备	34 000	1 200	800	34 400
合计	54 000	1 200	800	54 400

财会主管：言平　　　　会计：周莉　　　　复核：徐来　　　　制表：邹红

借：制造费用　　　　　　　　　54 400

贷：累计折旧　　　　　　　　　　54 400

四、固定资产的使用寿命、预计净残值和折旧方法的复核

固定资产的使用寿命、预计净残值和折旧方法一经确定，不得随意变更。企业至少应当于每年年度终了，对固定资产的使用寿命、预计净残值和折旧方法进行复核。使用寿命预计数与原先估计数有差异的，应当调整固定资产使用寿命。预计净残值预计数与原先估计数有差异的，应当调整预计净残值。与固定资产有关的经济利益预期实现方式有重大改变的，应当改变固定资产折旧方法。固定资产使用寿命、预计净残值和折旧方法的改变应当作为会计估计变更。

第四节　固定资产后续支出

一、固定资产后续支出的处理原则

固定资产的后续支出是指固定资产在使用过程中发生的更新改造支出、修理费用等。固定资产投入使用后，往往会发生局部损坏。为了保证固定资产的正常运转和使用，充分发挥使用效能，就必然会产生后续支出，如日常修理费、大修理费、更新改造支出、房屋装修等。《企业会计准则第4号——固定资产》规定：固定资产的更新改造等后续支出，满足固定资产确认条件的，应当计入固定资产成本，如有被替换的部分，应同时将被替换部分的账面价值从该固定资产原账面价值中扣除；不满足固定资产确认条件的固定资产修理费用等，应当在发生时计入当期损益。

二、资本化后续支出的核算

固定资产发生的可资本化的后续支出，应当通过"在建工程"科目核算。固定资产发生可资本化的后续支出时，企业应将该固定资产的原价、已计提的累计折旧和减值准备转销，将固定资产的账面价值转入在建工程，并停止计提折旧，借记"在建工程""累计折旧""固定资产减值准备"等科目，贷记"固定资产"科目；发生的可资本化后续支出，借记"在建工程"科目，贷记"银行存款"等科目；在固定资产的后续支出完工并达到预定可使用状态时，借记"固定资产"科目，贷记"在建工程"科目，并按重新确定的使用寿命、预计净残值和折旧方法计提折旧。

> 提示　发生的后续支出取得增值税专用发票的，应按照前述规定区分动产和不动产分别进行核算，如为动产，按增值税专用发票上注明的增值税额，借记"应交税费——应交增值税（进项税额）"科目；如为不动产，按增值税专用发票上注明的增值税额，分别按照60%、40%的比例分2年抵扣，借记"应交税费——应交增值税（进项税额）""应交税费——待抵扣增值税"科目。

● 例7-13　淮洲公司2015年12月购入一项生产设备，原价为6 000 000元，采用年限平均法计提折旧，使用寿命为10年，预计净残值为零。2018年12月该企业对该项固定资产的某一主要部件进行更换，被更换的部件的原价为3 000 000元，不考虑残值，被更换的部件报废且无残值收入。新购买的部件，价款4 000 000元，增值税640 000元，款项已经支付。安装时用银行存款支付安装费2 000元，增值税320元。该部件安装完毕，设备投入使用，该项后续支出符合固定资产确认条件。

（1）更换部件时，该项固定资产累计折旧 = 6 000 000 ÷ 10 × 3 = 1 800 000（元），将固定资产转入在建工程：

借：在建工程　　　　　　　　　　　　　　　　　　4 200 000
　　累计折旧　　　　　　　　　　　　　　　　　　1 800 000

贷：固定资产	6 000 000

（2）购买及安装新部件：

借：工程物资	4 000 000
应交税费——应交增值税（进项税额）	640 000
贷：银行存款	4 640 000
借：在建工程	4 000 000
贷：工程物资	4 000 000

（3）支付安装费：

借：在建工程	2 000
应交税费——应交增值税（进项税额）	320
贷：银行存款	2 320

（4）旧部件终止确认：

旧部件账面价值 = 3 000 000 − 3 000 000 ÷ 10 × 3 = 2 100 000（元）

借：营业外支出	2 100 000
贷：在建工程	2 100 000

（5）该部件安装完毕，设备投入使用：

固定资产入账价值 = 4 200 000 + 4 000 000 + 2 000 − 2 100 000 = 6 102 000（元）

借：固定资产	6 102 000
贷：在建工程	6 102 000

提示　纳税人2016年5月1日后购进货物和设计服务、建筑服务，用于改建、扩建、修缮、装饰不动产并增加不动产原值超过50%的，其进项税额依照有关规定分2年从销项税额中抵扣。其中不动产原值是指取得不动产时的购置原价或作价。

　　例如：天河公司（一般纳税人）2016年9月将2005年自建的办公楼进行改建，共发生改建支出580万元。该办公楼原值1 000万元，2016年9月1日净值为400万元。则改建不动产支出占不动产原值比例 = 580 ÷ 1 000 = 58%，由于改建不动产增加不动产原值超过50%，其改建过程中取得的进项税额应分2年从销项税额中抵扣。

　　若发生改建支出380万元，则改建不动产支出占不动产原值比例 = 380 ÷ 1 000 = 38%，由于改建不动产增加不动产原值不超过50%，其改建过程中取得的进项税额应当一次性抵扣。

三、费用化后续支出的核算

　　企业发生的与固定资产有关的修理费用及其他不可资本化的后续支出，通常不满足固定资产确认条件，应当根据不同情况分别在发生时计入当期管理费用或销售费用等，不得采用待摊或预提方式处理。

企业生产车间（部门）和行政管理部门发生的固定资产日常修理费用等不可资本化的后续支出及其可抵扣的增值税进项税额，借记"管理费用""应交税费——应交增值税（进项税额）"科目，贷记"银行存款"等科目；企业发生的与专设销售机构相关的固定资产修理费用等不可资本化的后续支出及其可抵扣的增值税进项税额，借记"销售费用""应交税费——应交增值税（进项税额）"科目，贷记"银行存款"等科目。

● 例 7 - 14　淮洲公司对生产车间使用的固定资产进行日常修理，发生修理费用并取得增值专用发票，注明修理费 9 000 元，增值税 1 440 元。

　　借：管理费用　　　　　　　　　　　　　　　　　　　9 000
　　　　应交税费——应交增值税（进项税额）　　　　　　1 440
　　　　　贷：银行存款　　　　　　　　　　　　　　　　　　10 440

● 例 7 - 15　淮洲公司对管理部门使用的固定资产进行日常修理，发生修理费用并取得增值税专用发票，注明修理费 4 500 元，增值税 720 元。

　　借：管理费用　　　　　　　　　　　　　　　　　　　4 500
　　　　应交税费——应交增值税（进项税额）　　　　　　　720
　　　　　贷：银行存款　　　　　　　　　　　　　　　　　　5 220

第五节　固定资产减值

一、固定资产减值的处理原则

固定资产的初始入账价值是历史成本，随着固定资产的使用，发生损坏、技术陈旧或者其他经济原因，都可能导致固定资产创造未来经济利益的能力大大下降，使得其可收回金额低于其账面价值，这种情况称之为固定资产减值。

企业应当根据《企业会计准则第 8 号——资产减值》的规定在资产负债表日判断资产是否存在可能发生减值的迹象。如固定资产在资产负债表日存在可能发生减值的迹象时，其可收回金额低于账面价值的，企业应当将该固定资产的账面价值减记至可收回金额，减记的金额确认为减值损失，计入当期损益，同时计提相应的资产减值准备。固定资产减值损失一经确认，在以后会计期间不得转回。

　　提示　可收回金额应当根据资产的公允价值减去处置费用后的净额与资产预计未来现金流量的现值两者之间较高者确定。其中处置费用包括与资产处置有关的法律费用、相关税费、搬运费以及为使资产达到可销售状态所发生的直接费用等。

固定资产减值损失确认后，应当按照新的固定资产的账面价值以及尚可使用寿命重新计算确定折旧率和折旧额。因固定资产减值准备而调整固定资产折旧时，对此前已计提的累计折旧不做调整。

二、固定资产减值的核算

为了核算固定资产减值准备的计提和转销情况，企业应设置"固定资产减值准备"科目，该科目是资产类科目，是"固定资产"科目的备抵科目，期末贷方余额表示企业已提取的固定资产减值准备。

企业固定资产的账面价值高于其可收回金额的，应按其差额，借记"资产减值损失——计提的固定资产减值准备"科目，贷记"固定资产减值准备"科目。

●例 7-16　2018 年 12 月 31 日，淮洲公司的一生产线存在可能发生减值的迹象。经计算，该机器的可收回金额合计为 1 200 000 元，预计尚可使用 3 年，预计净残值为 0。生产线原值为 2 800 000 元，按 10 年计提折旧，已计提折旧 5 年，净残值为 0，按照年限平均法计提折旧。以前年度未对该生产线计提过减值准备。

计算固定资产账面价值 $= 2\,800\,000 - 2\,800\,000 \div 10 \times 5 = 1\,400\,000$（元）

计算固定资产减值准备 $= 1\,400\,000 - 1\,200\,000 = 200\,000$（元）

借：资产减值损失——计提的固定资产减值准备　　200 000

　　贷：固定资产减值准备　　　　　　　　　　　　　200 000

2018 年 12 月 31 日计提减值后该生产线账面价值

$= 2\,800\,000 - 1\,400\,000 - 200\,000 = 1\,200\,000$（元）

2019 年该资产应计提的折旧 $= 1\,200\,000 \div 3 = 400\,000$（元）

第六节　固定资产清查

固定资产清查是指从实物管理的角度对企业实际拥有的固定资产进行实物清查，并与固定资产进行账务核对，确定盘盈、毁损、报废及盘亏资产。企业应定期或者至少于每年年末对固定资产进行清查，以保证固定资产核算的真实性，充分挖掘企业现有固定资产的潜力。在固定资产清查过程中，如果发现盘盈、盘亏的固定资产，应及时查明原因，并根据企业管理权限，经股东大会或董事会，或经理（厂长）会议或类似机构批准后，在期末结账前处理完毕。

一、固定资产盘盈

企业在财产清查中盘盈的固定资产，根据《企业会计准则第 28 号——会计政策、会计估计变更和差错更正》的规定，经查明确属企业所有，按管理权限报经批准后，应根据盘存凭证填制固定资产交接凭证，经有关人员签字后送交企业会计部门，同时填写固定资产卡片账，并作为前期差错处理。

企业在财产清查中盘盈的固定资产，在按管理权限报经批准处理前应先通过"以前年度损益调整"科目核算。盘盈的固定资产，应按重置成本确定其入账价值。企业应按上述规定确定的入账价值，借记"固定资产"科目，贷记"以前年度损益调整"科目。

● 例 7 - 17 淮洲公司 2018 年 12 月在财产清查过程中，发现一台设备未入账，重置成本为 200 000 元（假定与其计税基础不存在差异）。假定淮洲公司适用所得税税率为 25%，按净利润的 10% 计提法定盈余公积。

（1）盘盈固定资产时：

借：固定资产　　　　　　　　　　　　　　　200 000

　　贷：以前年度损益调整　　　　　　　　　　　　200 000

（2）调整应交所得税时：

借：以前年度损益调整　　　　　　　　　　　50 000

　　贷：应交税费——应交所得税　　　　　　　　　50 000

（3）将"以前年度损益调整"科目余额转入利润分配：

借：以前年度损益调整　　　　　　　　　　　150 000

　　贷：利润分配——未分配利润　　　　　　　　　150 000

（4）调整利润分配有关数字：

借：利润分配——未分配利润　　　　　　　　15 000

　　贷：盈余公积——法定盈余公积　　　　　　　　15 000

二、固定资产盘亏

企业在财产清查中盘亏的固定资产，应及时办理固定资产注销手续，按盘亏固定资产的账面价值，借记"待处理财产损溢——待处理非流动资产损溢"科目；按已提的折旧额，借记"累计折旧"科目；按已提的减值准备，借记"固定资产减值准备"科目；按其原价，贷记"固定资产"科目。

对于盘亏的固定资产，应及时查明原因，按管理权限报经批准后，按可收回的过失人及保险公司应赔偿额，借记"其他应收款"科目；按盘亏净损失，借记"营业外支出——盘亏损失"科目；按盘亏固定资产的账面价值，贷记"待处理财产损溢——待处理非流动资产损溢"科目。

提示 非正常损失的不动产，以及该不动产所耗用的购进货物、设计服务和建筑服务所涉及的进项税额不得从销项税额中抵扣。

● 例 7 - 18 淮洲公司 2019 年进行财产清查时发现盘亏固定资产，原价为 100 000 元，已计提折旧 46 000 元，已计提固定资产减值准备 10 000 元，购入时增值税额为 16 000 元，已抵扣。经查该资产系因管理不善造成盘亏。

（1）盘亏固定资产时：

借：待处理财产损溢——待处理非流动资产损溢　　44 000

　　累计折旧　　　　　　　　　　　　　　　　　46 000

　　固定资产减值准备　　　　　　　　　　　　 10 000

　　贷：固定资产　　　　　　　　　　　　　　　　　 100 000

（2）转出不可抵扣进项税额时：

借：待处理财产损溢　　　　　　　　　　　　　　8 640

　　贷：应交税费——应交增值税（进项税额转出）　　8 640

提示　 不得抵扣的进项税额＝（100 000－46 000）×16%＝8 640（元）

（3）报经批准转销时：

借：营业外支出——盘亏损失　　　　　　　　　 52 640

　　贷：待处理财产损溢——待处理非流动资产损溢　　52 640

第七节　固定资产处置

一、固定资产的处置包括的内容

按照《企业会计准则第 4 号——固定资产》第二十一条规定，固定资产满足下列条件之一的，应当予以终止确认：①该固定资产处于处置状态；②该固定资产预期通过使用或处置不能产生经济利益。

企业在生产经营过程中，可能将不需用的固定资产对外出售转让，或因磨损、技术进步等原因对固定资产进行报废，或因遭受自然灾害而对损毁的固定资产进行处理。固定资产处置包括固定资产的出售、报废、毁损、对外投资、非货币性资产交换、债务重组等。

二、固定资产处置的核算

固定资产因出售、报废、毁损、对外投资、非货币性资产交换、债务重组等进行处置时，应通过"固定资产清理"科目核算。会计核算包括以下几个环节：

（1）固定资产转入清理。固定资产转入清理时，按固定资产账面价值，借记"固定资产清理"科目；按已计提的累计折旧，借记"累计折旧"科目；按已计提的减值准备，借记"固定资产减值准备"科目；按固定资产账面原价，贷记"固定资产"科目。

（2）发生的清理费用。固定资产清理过程中发生的有关费用以及可抵扣的增值税进项税额，借记"固定资产清理""应交税费——应交增值税（进项税额）"科目，贷记"银行存款"等科目。

（3）出售收入、残料价值和变价收入等的处理。企业按实际收到的出售价款、残料价值和变价收入等，借记"银行存款""原材料"等科目，贷记"固定资产清理""应交税费——应交增值税（销项税额）"科目。

（4）保险赔偿的处理。应由保险公司或过失人赔偿的损失，借记"其他应收款"等科目，贷记"固定资产清理"科目。

（5）清理净损益的处理。固定资产清理完成后，对清理净损益，应区别不同情况进行账务处理：

如"固定资产清理"为借方余额，属于生产经营期间正常的处置损失，借记"资产处置损益"科目，贷记"固定资产清理"科目；属于自然灾害等非正常原因造成的损失，借记"营业外支出——非常损失"科目，贷记"固定资产清理"科目。

如"固定资产清理"为贷方余额，借记"固定资产清理"科目，贷记"资产处置损益"科目或"营业外收入——非流动资产处置利得"科目。

例7-19　淮洲公司出售一座建筑物，原价2 000 000元，已提折旧400 000元，未计提减值准备，用银行存款支付清理费用26 000元。出售收入1 900 000元，增值税190 000元，存入银行。淮洲公司应编制如下分录：

（1）固定资产转入清理：

借：固定资产清理　　　　　　　　　　　1 600 000
　　累计折旧　　　　　　　　　　　　　　400 000
　　贷：固定资产　　　　　　　　　　　　　　2 000 000

（2）支付清理费用：

借：固定资产清理　　　　　　　　　　　26 000
　　贷：银行存款　　　　　　　　　　　　　　26 000

（3）收到出售价款：

借：银行存款　　　　　　　　　　　　　2 090 000
　　贷：固定资产清理　　　　　　　　　　　　1 900 000
　　　　应交税费——应交增值税（销项税额）　190 000

（4）结转固定资产清理净损益：

借：固定资产清理　　　　　　　　　　　274 000
　　贷：资产处置损益　　　　　　　　　　　　274 000

例7-20　淮洲公司有一设备因事故提前报废，原价600 000元，已计提折旧400 000元，未计提减值损失。报废时残料变价收入40 000元，增值税额6 400元，已收存银行。用银行存款支付清理费用2 600元。淮洲公司确认了该设备的报废损失。

（1）固定资产转入清理：

借：固定资产清理　　　　　　　　　　　200 000
　　累计折旧　　　　　　　　　　　　　　400 000
　　贷：固定资产　　　　　　　　　　　　　　600 000

（2）收回材料变价收入：

　　借：银行存款　　　　　　　　　　　　　　　　　46 400
　　　贷：固定资产清理　　　　　　　　　　　　　　　　　40 000
　　　　　应交税费——应交增值税（销项税额）　　　　　6 400

（3）支付清理费用：

　　借：固定资产清理　　　　　　　　　　　　　　　　2 600
　　　贷：银行存款　　　　　　　　　　　　　　　　　　2 600

（4）结转固定资产清理净损益：

　　借：营业外支出——非流动资产损毁报废损失　　　162 600
　　　贷：固定资产清理　　　　　　　　　　　　　　　　162 600

⟶ 例7-21　　淮洲公司有一仓库原价320 000元，预计使用寿命20年，预计净残值20 000元，于2013年3月达到预定可使用状态，按直线法计提折旧。2017年12月该仓库突遭台风毁损，残料价值50 000元，验收入库，用银行存款支付清理费用，取得增值税专用发票，注明装卸费20 000元，增值税3 200元。经保险公司核定的应赔偿损失70 000元，尚未收到赔款。淮洲公司确认了该仓库的毁损损失。

（1）固定资产转入清理：

清理时，该仓库累计折旧＝（320 000－20 000）÷20÷12×57＝71 250（元）

该仓库账面价值＝320 000－71 250＝248 750（元）

　　借：固定资产清理　　　　　　　　　　　　　　248 750
　　　　累计折旧　　　　　　　　　　　　　　　　　71 250
　　　贷：固定资产　　　　　　　　　　　　　　　　　320 000

（2）支付清理费用：

　　借：固定资产清理　　　　　　　　　　　　　　　20 000
　　　　应交税费——应交增值税（进项税额）　　　　3 200
　　　贷：银行存款　　　　　　　　　　　　　　　　　23 200

（3）残料价值：

　　借：原材料　　　　　　　　　　　　　　　　　　50 000
　　　贷：固定资产清理　　　　　　　　　　　　　　　50 000

（4）保险公司赔款：

　　借：其他应收款　　　　　　　　　　　　　　　　70 000
　　　贷：固定资产清理　　　　　　　　　　　　　　　70 000

（5）结转固定资产清理净损益：

　　借：营业外支出——非常损失　　　　　　　　　148 750
　　　贷：固定资产清理　　　　　　　　　　　　　　　148 750

本章内容在报表中的信息披露

资产负债表

资　　产	负债和所有者权益
流动资产：	
……	
流动资产合计	
非流动资产：	
……	
固定资产［＝固定资产－累计折旧－固定资产减值准备＋固定资产清理（如为贷方余额则减去）］	
在建工程（＝在建工程－在建工程减值准备＋工程物资－工程物资减值准备）	

本章习题

一、单项选择题（下列答案中有一个是正确的，请将正确答案前的英文字母填入括号内）

1. 企业购入需要安装的固定资产时，在安装过程中的固定资产的全部安装成本应通过（　　）科目进行核算。

   A. 固定资产　　　　　B. 在建工程　　　　　C. 工程物资　　　　　D. 材料采购

2. 甲公司（一般纳税人）购入生产用设备一台，增值税专用发票上注明价款 85 000 元，增值税 13 600 元，支付运费 1 500 元，增值税 150 元，发生安装费 1 000 元，增值税 160 元，则该公司设备入账的原值为（　　）元。

   A. 101 400　　　　　B. 101 250　　　　　C. 101 100　　　　　D. 87 500

3. 甲公司（一般纳税人），适用增值税率为 16%。为建造一条生产线，领用材料一批，材料实际成本为 20 000 元，计税价格为 30 000 元。该业务应计入在建工程成本的金额为（　　）元。

   A. 30 000　　　　　B. 34 800　　　　　C. 20 000　　　　　D. 23 200

4. 甲公司（一般纳税人），适用增值税率为 16%。2019 年 2 月购入需安装的生产用设备一台，增值税专用发票上注明价款 1 000 000 元，增值税 160 000 元。安装过程中领用自产产品一批，成本为 50 000 元，计税价格为 80 000 元。当年 3 月该设备达到预定可使用状态。则该设备的入账价值为（　　）元。

   A. 1 050 000　　　　B. 1 058 000　　　　C. 1 062 800　　　　D. 1 092 800

5. 甲公司（一般纳税人），适用增值税率为16%。2019年2月开始建造一座仓库。购入工程用物资一批，增值税专用发票上注明价款1 000 000元，增值税160 000元，全部为工程所领用。建造过程中领用自产产品一批，成本为50 000元，计税价格为80 000元。当年5月该仓库达到预定可使用状态。则该仓库的入账价值为（   ）元。

A. 1 050 000　　　B. 1 062 800　　　C. 1 222 800　　　D. 1 012 800

6. 甲公司（一般纳税人），向乙公司一次购进了三台不同型号的生产用设备A、B和C。增值税专用发票上注明价款1 800万元，增值税为288万元，支付保险费12万元。设备A、B和C均满足固定资产的定义及其确认条件，公允价值分别为1 000万元、800万元、200万元。则B设备的入账价值为（   ）万元。

A. 724.8　　　B. 740.2　　　C. 745　　　D. 832.2

7. 计提固定资产折旧时，可以先不考虑固定资产残值的方法是（   ）。

A. 年限平均法　　　B. 工作量法　　　C. 双倍余额递减法　　　D. 年数总和法

8. 一项固定资产的原值为100 000元，预计使用年限为5年，预计净残值10 000元，在年数总和法下第二年的折旧额为（   ）。

A. 20 000　　　B. 24 000　　　C. 18 000　　　D. 16 000

9. 甲公司于2018年12月31日购入一条生产线，其原价为200万元，预计使用年限为5年，预计净残值为0.8万元，采用双倍余额递减法计提折旧。2019年度该项固定资产应计提的年折旧额为（   ）万元。

A. 39.84　　　B. 66.4　　　C. 79.68　　　D. 80

10. 一台设备的账面原值为15 500元，预计使用年限为5年，预计净残值为500元，按双倍余额递减法计提折旧。则第三年年末该设备的账面价值为（   ）元。

A. 3 348　　　B. 5 580　　　C. 6 320　　　D. 6 500

11. 2019年3月，甲公司新购入设备一台，该设备于当月安装完毕达到预定可使用状态，账面原值为1 320 000元，预计使用年限为10年，预计净残值为零，按年限平均法计提折旧。则当年该设备应计提的折旧额为（   ）元。

A. 90 000　　　B. 99 000　　　C. 110 000　　　D. 132 000

12. 甲公司对一条生产线进行扩建。该生产线原价为1200万元，已提折旧100万元，扩建生产线时发生扩建支出200万元，同时在扩建时处理废料发生变价收入10万元。该生产线新的原价应为（   ）万元。

A. 1 390　　　B. 1 300　　　C. 1 290　　　D. 1 205

13. 甲公司对一条生产线进行更新改造。该生产线原价为1 200 000元，预计使用年限为10年，预计净残值为零，按年限平均法计提折旧，已使用5年。改造过程中发生支出300 000元，被替换部分的账面原价为300 000元。该生产线更新改造后的成本为（   ）元。

A. 650 000　　　B. 750 000　　　C. 1 350 000　　　D. 1 500 000

14. 企业生产车间（部门）发生的固定资产日常修理费用等不可资本化的后续支出，应计入（　　）科目。

A. 生产成本　　　　B. 制造费用　　　　C. 管理费用　　　　D. 销售费用

15. 甲公司以60万元的价格出售一所房屋。该房屋的原价为70万元，已提折旧24万元。转让时支付清理费用4万元，不考虑相关税费。则出售该固定资产影响当期损益的金额为（　　）万元。

A. 80　　　　B. 10　　　　C. 88　　　　D. 18

16. 甲公司对账面原价为100万元，累计折旧为60万元的某一项固定资产进行清理。清理时发生清理费用5万元，清理收入80万元。该固定资产的清理净收入为（　　）万元。

A. 31　　　　B. 35　　　　C. 41　　　　D. 45

17. 下列业务中，应通过"待处理财产损溢"科目核算的是（　　）。

A. 出售的固定资产　　　　B. 报废的固定资产
C. 毁损的固定资产　　　　D. 盘亏的固定资产

18. 固定资产的折旧方法中，除最后两年外，其余年份中不需要考虑预计净残值的一种折旧方法是（　　）。

A. 年数总和法　　　　B. 双倍余额递减法
C. 工作量法　　　　D. 年限平均法

19. 甲公司因台风毁损一台设备，该设备的原价为800万元，已经计提折旧300万元，已计提减值准备20万元，其残料估计价值为100万元，发生的清理费用为10万元，收到保险公司的赔偿款200万元，假定不考虑相关税费的影响，则甲公司因该设备计入"营业外支出"科目的金额为（　　）万元。

A. 210　　　　B. 180　　　　C. 200　　　　D. 190

20. 甲公司2018年3月20日购入一台不需要安装的设备，购入时原价为500万元，预计使用5年，预计净残值为2万元，采用年数总和法计提折旧，则甲公司2019年应该计提的折旧额为（　　）万元。

A. 166　　　　B. 152.3　　　　C. 141.1　　　　D. 161.1

二、多项选择题（下列答案中有多个答案是正确的，请将正确答案前的英文字母填入括号内）

1. 下列各项中，符合资产定义的有（　　）。

A. 经营租出固定资产　　　　B. 融资租入固定资产
C. 经营租入固定资产　　　　D. 融资租出固定资产

2. 下列项目中，在购建时需通过"在建工程"科目核算的有（　　）。

A. 不需安装的固定资产　　　　B. 应予以资本化的固定资产后续支出
C. 需要安装的固定资产　　　　D. 应予以费用化的固定资产后续支出

3. 采用自营方式建造固定资产的情况下，下列项目中应计入固定资产入账价值的有（　　）。

    A. 工程耗用的工程物资

    B. 工程人员的职工薪酬

    C. 工程领用本企业的生产用原材料成本

    D. 企业行政管理部门为组织和管理生产经营活动而发生的管理费用

4. 下列税金中，应计入一般纳税人生产用固定资产入账价值的是（　　）。

    A. 印花税　　　　　　B. 关税　　　　　　C. 车辆购置税　　　　D. 增值税

5. 下列与企业购建厂房相关的支出中，构成小规模纳税人固定资产入账价值的有（　　）。

    A. 支付的增值税

    B. 支付的耕地占用税

    C. 支付的建筑工人工资

    D. 自建厂房借款在工程建造过程中发生的利息

6. 自行建造不动产工程领用本企业产品时，应编制的会计分录为（　　）。

    A. 借：在建工程　　　　　　　　　　B. 借：工程物资

    C. 贷：应交税费　　　　　　　　　　D. 贷：库存商品

7. 影响固定资产折旧的因素有（　　）。

    A. 固定资产原值　　　　　　　　　　B. 固定资产的使用年限

    C. 固定资产的净残值　　　　　　　　D. 固定资产减值准备

8. 下列固定资产中，当月不计提折旧的是（　　）。

    A. 当月增加的固定资产　　　　　　　B. 已提足折旧仍继续使用的固定资产

    C. 单独计价入账的土地　　　　　　　D. 当月减少的固定资产

9. 下列固定资产中，应计提折旧的有（　　）。

    A. 融资租赁方式租入的固定资产

    B. 按规定单独估价作为固定资产入账的土地

    C. 以经营租赁方式租出的固定资产

    D. 已提足折旧继续使用的固定资产

10. 我国会计实务中，允许使用的加速折旧法包括（　　）。

    A. 年数总和法　　　　　　　　　　　B. 年限平均法

    C. 双倍余额递减法　　　　　　　　　D. 偿债基金法

11. 下列关于固定资产的后续支出中，说法正确的有（　　）。

    A. 固定资产的后续支出是指固定资产在使用过程中发生的更新改造支出、修理费用等

    B. 固定资产的更新改造中，如有被替换的部分，应同时将被替换部分的账面余额从该固定资产原账面价值中扣除

    C. 企业生产车间发生的不可资本化的后续支出发生的固定资产日常修理费用，计入

"制造费用"科目

D. 企业专设销售机构发生的不可资本化的后续支出，计入"销售费用"科目

12. 双倍余额递减法和年数总和法的共同点有（　　）。

A. 属于加速折旧法　　　　　　　　B. 每期折旧率固定

C. 前期折旧额高，后期折旧额低　　D. 不考虑净残值

13. 对于固定资产的折旧，下列说法正确的是（　　）。

A. 当月增加的固定资产，当月不计提折旧，从下月起计提折旧

B. 固定资产提足折旧后，不论能否继续使用，均不再计提折旧

C. 提前报废的固定资产，也不再补提折旧

D. 不需用的固定资产，不需计提折旧

14. 下列各项中，需要对固定资产账面价值进行调整的有（　　）。

A. 对固定资产进行日常修理

B. 符合资本化条件的固定资产后续支出

C. 对融资租赁租入固定资产进行改良

D. 计提固定资产减值准备

15. 固定资产费用化的后续支出，可以计入（　　）科目。

A. 管理费用　　　B. 制造费用　　　C. 销售费用　　　D. 财务费用

16. 企业以下列方式减少的固定资产，不需要通过"固定资产清理"科目核算的有（　　）。

A. 盘亏的固定资产　　　　　　　　B. 出售的固定资产

C. 对固定资产进行改扩建　　　　　D. 对外捐赠的固定资产

17. 下列业务中，应通过"固定资产清理"科目核算的有（　　）。

A. 出售固定资产　　　　　　　　　B. 固定资产报废

C. 固定资产毁损　　　　　　　　　D. 固定资产对外投资

18. 下列各项中，应通过"固定资产清理"科目贷方核算的有（　　）。

A. 转入清理的固定资产净值　　　　B. 变价收入

C. 结转的清理净收益　　　　　　　D. 结转的清理净损失

19. 下列各项中，应通过"固定资产清理"科目借方核算的有（　　）。

A. 结转的清理净收益　　　　　　　B. 应支付的营业税

C. 发生的清理费用　　　　　　　　D. 应收取的责任人赔款

20. 下列各项中，经批准应计入"管理费用"科目的有（　　）。

A. 计量差错造成的存货盘亏

B. 管理不善造成的存货盘亏净损失

C. 管理不善造成的固定资产盘亏净损失

D. 无法查明原因的现金盘亏

三、判断题（正确的在括号内打"√"，错误的打"×"）

1. 企业对经营租入和融资租入的固定资产均不拥有所有权，故租入时均不必进行账务处理，只需在备查簿中进行登记。（　）

2. 对于已达到预定可使用状态但尚未办理移交手续的固定资产，可先按估计价值记账，待确定实际价值后，再行调整。（　）

3. 由于自然灾害造成的固定资产损失，应列入"营业外支出"处理。（　）

4. 企业购入的工程物资，其增值税进项税额如不能抵扣，则应计入工程物资的成本；如能抵扣，则应计入"应交税费——应交增值税"的借方。（　）

5. 企业生产车间以经营租赁方式将一台设备租给某单位使用，由于该固定资产的所有权尚未转移，企业对该固定资产仍应计提折旧，计提折旧时应计入"制造费用"科目。（　）

6. 工作量法计提折旧的特点是每年提取的折旧额相等。（　）

7. 企业在固定资产清理过程中出售清理废料发生的变价收入，应当直接作为营业外收入处理。（　）

8. 固定资产的后续支出是指固定资产在使用过程中发生的更新改造支出、修理费用等。企业对于固定资产的后续支出，应全部予以资本化，计入固定资产成本。（　）

9. 固定资产提足折旧后，不论能否继续使用，均不再计提折旧。（　）

10. 企业以经营租赁方式租入的固定资产发生的改良支出，不应资本化。（　）

11. 预计净残值是指假定固定资产预计使用寿命已满并处于使用寿命终了时的预期状态，企业目前从该项资产处置中获得的扣除预计处置费用后的金额。（　）

12. 将发生的固定资产后续支出计入固定资产成本的，应当终止确认被替换部分的账面价值。（　）

13. 固定资产应当按月计提折旧，并根据用途计入相关资产的成本或者当期损益。（　）

14. 固定资产减值损失一经确认，在以后会计期间可以转回。（　）

15. 与固定资产有关的经济利益预期实现方式有重大改变的，应当改变固定资产折旧方法。（　）

16. 固定资产的各组成部分具有不同使用寿命或者以不同方式为企业提供经济利益的，应当将各组成部分分别确认为单项固定资产。（　）

17. 已达到预定可使用状态但尚未办理竣工决算的固定资产，应当按照估计价值确定其成本，并计提折旧。待办理竣工决算后，再按实际成本调整原来的暂估价值，同时需要调整原已计提的折旧额。（　）

18. 企业固定资产折旧，一般应根据月末应计提折旧的固定资产的账面原值和月折旧率，按月计算提取，当月增加的固定资产，当月计提折旧，当月减少的固定资产，当月不计提折旧。（　）

19. 固定资产盘盈先通过"待处理财产损溢"科目，批准后再转入"营业外收入"科目中。（　）

20. 企业无论是采用年数总和法还是双倍余额递减法计提固定资产折旧，应计折旧总额均是相同的。（　）

四、计算及账务处理题

1. 宏达公司（一般纳税人）2018 年 12 月 1 日购入一台需要安装的生产用设备：
   (1) 增值税专用发票上注明价款 180 000 元，增值税 28 800 元，发生运费 2 000 元，增值税 200 元，全部款项以银行存款支付。
   (2) 在安装过程中，领用原材料 15 000 元，该材料购进时增值税进项税额 2 400 元。
   (3) 应付安装工人工资 3 000 元。
   (4) 该设备当月安装完毕，交付使用。
   要求：计算设备交付使用时的入账价值，编制设备购入至交付使用的会计分录。

2. 甲公司自行建造一仓库，购入为工程准备的各种物资价款 300 000 元，增值税 48 000 元，款项已用银行存款支付。建造过程中领用全部工程物资，同时还领用生产用的原材料一批，实际成本 20 000 元，该材料购进时增值税进项税额为 3 200 元；计算应支付工程人员工资 80 000 元，企业辅助生产车间为工程提供有关劳务支出 10 000 元，工程完工交付使用。
   要求：根据上述资料，编制会计分录。

3. 甲公司（一般纳税人）适用的增值税率为 16%，自行建造房屋一间，购入所需的各种物资 100 000 元，支付增值税 16 000 元，购入物资全部用于建造。另外还领用本企业所生产的产品一批，实际成本 2 000 元，售价 2 500 元，应付工程人员工资 22 800 元，支付其他费用 3 755 元，房屋达到预定可使用状态。
   要求：根据上述资料，编制会计分录。

4. 宏达公司（一般纳税人）购入不需安装设备一台，原价 200 000 元。该设备预计净残值 2 000 元，预计使用 5 年。
   要求：分别采用年限平均法、双倍余额递减法和年数总和法计算该设备各年折旧额。

5. 乙公司扩建营业用房，其账面原值为 280 000 元，已计提折旧 120 000 元。在扩建过程中以银行存款支付拆除费用 50 000 元，残料变价收入 70 000 元，款项存入银行，另外以银行存款支付扩建工程款 100 000 元，该工程完工达到预定可使用状态。
   要求：根据上述资料，编制相关会计分录。

6. 美华公司于 2018 年 9 月 5 日对一生产线进行改扩建，改扩建前该生产线的原价为 900 万元，已提折旧 200 万元，已提减值准备 50 万元。在改扩建过程中领用工程物资 300 万元，领用生产用原材料 50 万元，原材料的进项税额为 8 万元。发生改扩建人员工资 80 万元，用银行存款支付其他费用 61 万元。该公司对改扩建后的固定资产采用年限平均法计提折旧，预计尚可使用年限为 10 年，预计净残值为 41 万元。假定该固定资产于 2018 年 12 月 20 日达到预定可使用状态。
   要求：
   (1) 计算改扩建后固定资产的入账价值，编制上述与固定资产改扩建有关业务的会计分录。

（2）计算改扩建后的生产线 2019 年的应计提的折旧额，并编制计提折旧的会计分录。（金额单位用万元表示。）

7. 乙公司出售一幢厂房，该厂房原值 530 000 元，已提折旧 120 000 元，已提减值准备 30 000 元，出售时以银行存款支付清理费用 4 000 元，出售取得价款 450 000 元，不考虑其他税费。

要求：根据上述资料，编制相关会计分录。

8. 乙公司在财产清查中，发现一台设备丢失，该设备原价为 65 000 元，已提折旧 36 000 元。经查，上述盘亏设备由保管人员赔偿 1 000 元，其余损失经报批做营业外支出处理。

要求：根据上述资料，编制相关会计分录。

9. 乙公司（一般纳税人）购买生产用设备一台，价款为 500 000 元，增值税 80 000 元，支付运费 2 000 元，增值税 200 元，均以银行存款支付，设备交付安装。安装时领用生产用材料 30 000 元，购进该批材料时支付的增值税为 4800 元，支付安装工程人员工资 5 000 元。安装工程完工后，交付使用。该设备预计使用 10 年，净残值率为 5%，采用年限平均法计提折旧。该设备于交付使用后第九年年初报废，支付清理费 3 000 元，该设备清理完毕。

要求：根据上述资料，编制相关的会计分录。

10. 乙公司为增值税一般纳税人，适用的增值税率为 16%。2019 年 1 月因生产需要，决定用自营方式建造一间材料仓库。相关资料如下：

（1）1 月 5 日，购入建造用专项物资 35.1 万元，该批专项物资已验收入库，款项用银行存款付讫。

（2）领用上述专项物资，用于建造仓库。

（3）领用本公司生产的水泥一批用于仓库建设，该批水泥成本 2 万元，该批产品耗用原材料成本 1 万元，购进时增值税 0.16 万元。

（4）领用本公司外购原材料一批用于仓库建设，原材料实际成本 1 万元，应负担的增值税额为 0.16 万元。

（5）2019 年 1 月至 3 月，应付工程人员工资 2 万元，用银行存款支付其他费用 1.22 万元。

（6）2019 年 3 月 31 日，该仓库达到预定可使用状态，估计可使用 20 年，估计净残值为 2 万元，采用年限平均法计提折旧。

（7）2024 年 12 月 31 日，该仓库突遭火灾焚毁，残料估计价值 5 万元，经验收入库；用银行存款支付清理费用 2 万元；经保险公司核定应赔偿损失 7 万元，尚未收到赔款。公司确认了该仓库的毁损损失。

要求：

（1）计算该仓库的入账价值。

（2）计算 2019 年度该仓库应计提的折旧额。

（3）编制该公司 2019 年度与上述业务相关的会计分录。

（4）编制该公司 2024 年 12 月 31 日清理该仓库的会计分录。

第 八 章
Chapter Eight

投资性房地产

第一节 投资性房地产概述

房地产是土地和房屋及其权属的总称。在我国，土地归国家或集体所有，企业只能取得土地使用权。因此，房地产中的土地是指土地使用权。房屋是指土地上的房屋等建筑物及构筑物。随着我国社会主义市场经济的发展和完善，房地产市场日益活跃，企业持有房地产，除了用作自身管理、生产经营活动场所和对外销售外，还出现了利用房地产赚取租金或增值收益的活动，这甚至成为个别企业的主营业务。用于出租或增值的房地产就是投资性房地产，它在用途、状态、目的等方面与企业自用的厂房、办公楼等作为生产经营场所的房地产和房地产企业用于销售的房地产是不同的。

一、投资性房地产的概念、特征及确认条件

（一）投资性房地产的概念

投资性房地产是指为赚取租金或资本增值，或者两者兼有而持有的房地产，主要包括已出租的土地使用权、持有并准备增值后转让的土地使用权和已出租的建筑物。投资性房地产应当能够单独计量和出售。

（二）投资性房地产的特征

（1）投资性房地产是一种经营活动。投资性房地产的主要形式是出租建筑物、出租土地使用权，这实质上属于一种让渡资产使用权行为。房地产租金就是让渡资产使用权取得的使用费收入，是企业为完成其经营目标所从事的经营性活动以及与之相关的其他活动形成的经济利益总流入。投资性房地产的另一种形式是持有并准备增值后转让的土地使用权，尽管其增值收益通常与市场供求、经济发展等因素相关，但目的是为了增值后转让以赚取增值收益，也是企业为完成其经营目标所从事的经营性活动以及与之相关的其他活动形成的经济利益总流入。

（2）投资性房地产在用途、状态、目的等方面区别于作为生产经营场所的房地产和用于销售的房地产。企业持有的房地产除了用作自身管理、生产经营活动场所和对外销售之外，出现了将房地产用于赚取租金或增值收益的活动，这甚至成为个别企业的主营业务。这就需要将投资性房地产单独作为一项资产来核算和反映，与自用的厂房、办公楼等房地产和作为存货（已建完工商品房）的房地产加以区别，从而更加清晰地反映企业所持有房地产的构成情况和盈利能力。

（3）投资性房地产有两种后续计量模式。企业通常应当采用成本模式对投资性房地产进行后续计量，只有在满足特定条件的情况下，即有确凿证据表明其所有投资性房地产的公

允价值能够持续可靠取得的，也可以采用公允价值模式进行后续计量。但是，同一企业只能采用一种模式对所有投资性房地产进行后续计量，不得同时采用两种计量模式。

（三）投资性房地产的确认条件

投资性房地产只有在符合定义，并同时满足下列条件时，才能予以确认：①与该投资性房地产有关的经济利益能够流入企业；②该投资性房地产的成本能够可靠计量。

二、投资性房地产的范围

（一）已出租的土地使用权

已出租的土地使用权是指企业通过出让或转让方式取得并以经营租赁方式出租的土地使用权。企业计划用于出租但尚未出租的土地使用权，不属于此类。对于以经营租赁方式租入土地使用权再转租给其他单位的，不能确认为投资性房地产。

▶例8-1 2019年5月10日，甲公司与乙公司签订了一项经营租赁合同，约定自2019年6月1日起，甲公司以年租金8 000 000元租赁使用乙公司拥有的一块400 000平方米的场地，租赁期为8年。2019年7月1日，甲公司又将这块场地转租给丙公司，以赚取租金差价，租赁期为5年。以上交易假设不违反国家有关规定。

例8-1中，对于甲公司而言，这项土地使用权不能予以确认，也不属于其投资性房地产。对于乙公司而言，自租赁期开始日（2019年6月1日）起，这项土地使用权属于投资性房地产。

（二）持有并准备增值后转让的土地使用权

持有并准备增值后转让的土地使用权是指企业通过出让或转让的方式取得的并准备增值后转让的土地使用权。但是，按照我国有关规定认定的闲置土地，不属于持有并准备增值后转让的土地使用权，也就不属于投资性房地产。在我国实务中，持有并准备增值后转让的土地使用权的情况较少见。

（三）已出租的建筑物

已出租的建筑物是指企业拥有产权并以经营租赁方式出租的房屋等建筑物，包括自行建造或开发活动完成后用于出租的建筑物。

企业在判断和确认已出租的建筑物时，应当注意以下要点：

（1）用于出租的建筑物是指企业拥有产权的建筑物，企业以经营租赁方式租入再转租的建筑物不属于投资性房地产。

（2）已出租的建筑物是企业已经与其他方签订了租赁协议，约定以经营租赁方式出租的建筑物。一般应自租赁协议规定的租赁期开始日起，经营租出的建筑物才属于已出租的建筑物。

（3）企业将建筑物出租，按租赁协议向承租人提供的相关辅助服务在整个协议中不重大的，应当将该建筑物确定为投资性房地产。例如，企业将其办公楼出租，同时向承租人提供维护、保安等日常辅助服务，企业应当将其确认为投资性房地产。

三、不属于投资性房地产范围

下列项目不属于投资性房地产：

（1）自用房地产。自用房地产是指为生产商品、提供劳务或者经营管理而持有的房地产，如企业生产经营用的厂房和办公楼属于固定资产，企业生产经营用的土地使用权属于无形资产。

（2）作为存货的房地产。作为存货的房地产通常是指房地产开发企业在正常经营过程中销售的或为销售而正在开发的商品房和土地。这部分房地产属于房地产开发企业的存货，其生产、销售构成企业的主营业务活动，产生的现金流量也与企业的其他资产密切相关，因此，具有存货性质的房地产不属于投资性房地产。

（3）企业出租给本企业职工居住的宿舍，不属于投资性房地产。

（4）企业以经营方式租入建筑物或土地使用权再转租给其他单位或个人的，不属于投资性房地产，也不能确认为企业的资产。

（5）按照国家有关规定认定的闲置土地，不属于投资性房地产。

四、投资性房地产核算的账户设置

为了反映和监督投资性房地产的取得、后续计量、处置等情况，企业应当设置"投资性房地产""投资性房地产累计折旧"或"投资性房地产累计摊销""公允价值变动损益""其他业务收入""其他业务成本"等科目进行核算。投资性房地产作为企业主营业务的，应当设置"主营业务收入"和"主营业务成本"科目核算相关的损益。

"投资性房地产"科目核算企业采用成本模式计量的投资性房地产的成本或采用公允价值模式计量的投资性房地产的公允价值。"投资性房地产"科目的借方登记企业投资性房地产的取得成本、资产负债表日其公允价值高于账面余额的差额等；贷方登记资产负债表日其公允价值低于账面余额的差额、处置投资性房地产时结转的成本和公允价值变动等。企业可以按照投资性房地产的类别和项目进行明细核算。采用公允价值模式计量的投资性房地产，还应当分别设置"成本"和"公允价值变动"明细科目进行核算。

采用成本模式计量的投资性房地产的累计折旧或累计摊销，可以单独设置"投资性房地产累计折旧"或"投资性房地产累计摊销"科目，比照"累计折旧""累计摊销"等科目进行账务处理。

采用成本模式计量的投资性房地产发生减值的，可以单独设置"投资性房地产减值准备"科目，比照"固定资产减值准备""无形资产减值准备"科目进行账务处理。

"其他业务收入"和"其他业务成本"科目分别核算企业投资性房地产取得租金收入、处置投资性房地产实现的收入和投资性房地产计提的折旧或进行摊销、处置投资性房地产结转的成本。

第二节 投资性房地产的计量

一、投资性房地产的初始计量

企业取得的投资性房地产应当按照其取得时的成本进行初始计量。以下分外购、自行建造和内部转换三种情况进行说明。

（一）外购投资性房地产

企业外购投资性房地产的成本，包括购买价款、相关税费和可直接归属于该资产的其他支出。购入投资性房地产时，如后续计量采用成本模式的，借记“投资性房地产”科目，贷记“银行存款”等科目；如后续计量采用公允价值模式的，借记“投资性房地产——成本”科目，贷记“银行存款”等科目。

例8-2 2019年4月，江苏大华商贸有限公司从中南房地产开发有限公司购买江苏淮安市区一层写字楼用于对外出租。写字楼建筑面积为500平方米，金额500万元，增值税50万元。写字楼契税为20万元，全部款项均以银行存款支付。该项投资性房地产后续计量采用成本模式。相关票据如图8-1和图8-2所示。

江苏省增值税专用发票

发 票 联

国家税务局监制

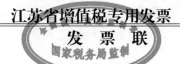

No. 24576241

开票日期：2019年04月03日

购货单位	名　　称：江苏大华商贸有限公司 纳税人识别号：286673195406582 地 址 、电 话：淮安市淮海北路12号 0517-8068666 开户行及账号：工商银行淮安清江支行 1110010806482122456	密码区	2302 -7 +0 <6 <92 -9 <23 <36 08 * 837532 -25758 < > * 810 5 * 01 -/ +0 * * <87 -6683 * <4 1 * + -016269 -37 - +7/8 > > >9

货物或应税劳务名称	规格型号	单位	数量	单价	金　额	税率（%）	税　额
产权证 32110088		m²	500	10000	5000000.00	10	500000.00
合　计					¥5000000.00		¥500000.00
价税合计（大写）	⊗伍佰伍拾万元整				（小写）¥：5500000.00		

销货单位	名　　称：中南房地产开发有限公司 纳税人识别号：2866712056436820 地 址 、电 话：淮安市淮海路124号 0517-85124625 开户行及账号：工商银行淮安淮海支行 4222303031232586742	备注	中南房地产开发有限公司 2866712056436820 发票专用章

第三联：发票联 购货方记账凭证

收款人：张晓　　复核：杨杨　　开票人：李明　　销货单位：（公章）

图8-1 销售不动产增值税专用发票

江苏省契税完税凭证

2019 年 4 月 22 日　　　　　　　淮安市契税征收管理所　　　　　　淮农税电字 0067990

单位	江苏大华商贸有限公司					税款所属时期		2019 年 4 月
地址	淮安市淮海北路 12 号							
税目	税率	成交面积	计税金额	减免额	应纳税额	滞纳金及罚款		实缴金额
房屋买卖	4%	500 平方米	¥5000000.00	0	¥200000.00			¥200000.00
金额合计	（大写）人民币贰拾万元整							

征收机关 地方税务局 契税专用章	填票人 王金 盖章	银行收讫 收款方式	备注	

图 8-2　契税完税凭证

大华商贸有限公司账务处理：

借：投资性房地产　　　　　　　　　　　　　　5 200 000
　　应交税费——应交增值税（进项税额）　　　　300 000
　　　　　　——待抵扣进项税额　　　　　　　　200 000
　　贷：银行存款　　　　　　　　　　　　　　　　5 700 000

（二）自行建造的投资性房地产

企业自行建造的投资性房地产，其成本由建造该项房地产达到预定可使用状态前发生的必要支出构成，包括土地开发费、建筑成本、安装成本、应予以资本化的借款费用、支付的其他费用和分摊的间接费用等。建造过程中发生的非正常损失，直接计入当期损益，不计入建造成本。建造完工达到预定可使用状态时，应按确定的成本，如后续计量采用成本模式的，借记"投资性房地产"科目，贷记"在建工程"等科目；如后续计量采用公允价值模式的，借记"投资性房地产——成本"科目，贷记"在建工程"等科目。

（三）内部转换形成的投资性房地产

企业将作为存货的房地产转换为投资性房地产的，应当按照该项存货在转换日的账面余额或公允价值，借记"投资性房地产"科目（后续计量采用成本模式下）或借记"投资性房地产——成本"科目（后续计量采用公允价值模式下）；按照其账面余额，贷记"开发产品"科目；按照其差额，贷记"其他综合收益"科目（贷方差额情况下）或借记"公允价值变动损益"科目（借方差额情况下）。已计提存货跌价准备的，还应同时结转存货跌价准备。

企业将自用的建筑物等转换为投资性房地产的，应当按照其在转换日的原价、累计折旧等，分别转入"投资性房地产""投资性房地产累计折旧""投资性房地产减值准备"等科目。或者按其在转换日的公允价值，借记"投资性房地产——成本"科目；按照已计提的累计折旧等，借记"累计折旧"等科目；按其账面余额，贷记"固定资产"等科目；按其差额，贷记"其他综合收益"科目（贷方余额情况下）或借记"公允价值变动损益"科目（借方差额情况下）。已计提固定资产减值准备的，还应同时结转固定资产减值准备。

二、投资性房地产的后续计量

（一）采用成本模式进行后续计量的投资性房地产

采用成本模式进行后续计量的投资性房地产，应当遵循以下会计处理规定：

（1）应按照固定资产或无形资产的有关规定，按期（月）对投资性房地产计提折旧或进行摊销，借记"其他业务成本"等科目，贷记"投资性房地产累计折旧"或"投资性房地产累计摊销"科目。

（2）对取得的租金收入，借记"银行存款"等科目，贷记"其他业务收入"等科目。

（3）投资性房地产存在减值迹象的，适用资产减值的有关规定。经减值测试后确定发生减值的，应当计提减值准备，借记"资产减值损失"科目，贷记"投资性房地产减值准备"科目。

> **注意** 已经计提减值准备的投资性房地产，其减值损失在以后的会计期间不得转回。

例8-3 2019年6月10日，江苏舜天股份有限公司与江苏国信公司签订了经营租赁合同，约定自购买日起将其购买的商用楼出租给江苏国信公司，为期3年，按照经营租赁合同约定，江苏国信公司每月支付江苏舜天股份有限公司租金8.8万元（含税）。6月30日，江苏舜天股份有限公司购入该商用楼，支付价款共计1 180万元，另支付相关税费20万元，预计使用年限20年。当年12月，这栋商用楼发生减值迹象，经减值测试，其可收回金额为1 053万元，以前未计提减值准备。江苏舜天股份有限公司账务处理如下：

（1）从7月份开始，应每月对投资性房地产计提折旧。

每月计提折旧5万元 [（1 180+20）÷20÷12] 时，编制会计分录如下：

借：其他业务成本　　　　　　　　　　　　　　50 000
　　贷：投资性房地产累计折旧　　　　　　　　　　50 000

（2）每月开具增值税专用发票，注明租金8万元，增值税0.8万元，收取的租金收入应确认为其他业务收入。确认租金收入时，编制会计分录如下：

借：银行存款　　　　　　　　　　　　　　　　88 000
　　贷：其他业务收入　　　　　　　　　　　　　　80 000
　　　　应交税费——应交增值税（销项税额）　　　 8 000

（3）期末投资性房地产账面价值 1 170 万元（1 200 - 5 × 6）> 可收回金额 1 053 万元，应计提减值准备，计提金额 117 万元（1 170 - 1 053），编制会计分录如下：

借：资产减值损失——计提的投资性房地产减值准备　1 170 000

　　贷：投资性房地产减值准备　　　　　　　　　　　　　　　　1 170 000

（二）采用公允价值模式进行后续计量的投资性房地产

企业有确凿证据表明其投资性房地产的公允价值能够持续可靠取得的，可以对投资性房地产采用公允价值模式进行后续计量，并应当遵循以下会计处理规定：

（1）投资性房地产采用公允价值模式进行后续计量的，不计提折旧，不进行摊销，也不需要计提减值准备，企业应当以资产负债表日的公允价值为基础，调整其账面余额。

（2）资产负债表日，投资性房地产的公允价值高于其账面余额的差额，借记"投资性房地产——公允价值变动"科目，贷记"公允价值变动损益"科目；公允价值低于其账面余额的差额做相反的会计分录。

（3）取得租金收入，借记"银行存款"等科目，贷记"其他业务收入"等科目。

●例 8 - 4　甲公司为从事房地产经营开发的企业，2019 年 9 月，甲公司与乙公司签订租赁协议，约定将甲公司新开发的一幢写字楼租赁给乙公司使用，租赁期为 10 年。2019 年 11 月 1 日，该写字楼开发完成并开始起租，写字楼的造价为 1 500 万元。2019 年 12 月 31 日，该写字楼的公允价值为 1 600 万元。甲公司采用公允价值计量模式，应编制会计分录如下：

（1）2019 年 11 月 1 日，甲公司开发完成写字楼并将其出租：

借：投资性房地产——成本　　　　　　　　　　　15 000 000

　　贷：开发成本　　　　　　　　　　　　　　　　　　　　　15 000 000

（2）2019 年 12 月 31 日，按照公允价值调整其账面价值，公允价值与原账面价值差额计入当期损益：

借：投资性房地产——公允价值变动　　　　　　　1 000 000

　　贷：公允价值变动损益　　　　　　　　　　　　　　　　　1 000 000

（三）投资性房地产后续计量模式的变更

为保证会计信息的可比性，企业对投资性房地产的计量模式一经确定，不得随意变更。存在确凿证据表明投资性房地产的公允价值能够持续可靠取得且能够满足采用公允价值模式条件的情况下，才允许企业对投资性房地产从成本模式计量变更为公允价值模式计量。将成本模式变更时，公允价值与账面价值的差额，调整期初留存收益。已采用公允价值模式计量的投资性房地产，不得从公允价值模式转为成本模式。

●例 8 - 5　2019 年 6 月，A 公司打算搬迁至新建办公楼，由于原办公楼处于商业繁华地段，A 公司准备将其出租，以赚取租金收入。2019 年 10 月 30 日，A 公司完成了搬迁工作，原办公楼停止自用。并与 B 公司签订了租赁协议，将其原办公楼租赁给 B 公司使用，租赁期开始日为 2019 年 10 月 30 日，租赁期为 3 年。2019 年 10 月 30 日，该办公楼原价为 5 000 万元，已计提折旧 1 425 万元，公允价值为 3 500 万元。假设 A 公司对投资性房地产采用公允价值模式计量。

A 公司的账务处理如下：

借：投资性房地产——成本　　　　　　　　　　　35 000 000
　　利润分配——未分配利润　　　　　　　　　　　750 000
　　累计折旧　　　　　　　　　　　　　　　　14 250 000
　贷：固定资产　　　　　　　　　　　　　　　　　　50 000 000

第三节　投资性房地产的处置

一、采用成本模式计量的投资性房地产的处置

企业出售、转让成本模式计量的投资性房地产，应当根据实际收到的金额，借记"银行存款"等科目，贷记"其他业务收入"科目；按该项投资性房地产的账面价值，借记"其他业务成本"科目；按照已计提的折旧或摊销，借记"投资性房地产累计折旧"或"投资性房地产累计摊销"科目；按其账面价值，贷记"投资性房地产"科目；原已计提减值准备的，借记"投资性房地产减值准备"科目。

● 例 8-6　甲公司将其出租的一栋写字楼确认为投资性房地产。采用成本模式计量。租赁期满后，甲公司将该栋写字楼出售给乙公司，增值税专用发票注明价款为 200 000 000 元，增值税 20 000 000 元，乙公司已用银行存款付清。出售时，该栋写字楼的成本为 180 000 000 元，已计提折旧 20 000 000 元，不考虑相关税费。甲公司的账务处理如下：

（1）取得的处置收入时：

借：银行存款　　　　　　　　　　　　　　　220 000 000
　贷：其他业务收入　　　　　　　　　　　　　　200 000 000
　　　应交税费——应交增值税（销项税额）　　　20 000 000

（2）结转处置成本时：

借：其他业务成本　　　　　　　　　　　　　160 000 000
　　投资性房地产累计折旧　　　　　　　　　　20 000 000
　贷：投资性房地产——写字楼　　　　　　　　180 000 000

二、采用公允价值模式计量的投资性房地产的处置

企业处置采用公允价值模式计量的投资性房地产时，应当按实际收到的金额，借记

"银行存款"等科目，贷记"其他业务收入"等科目；按该项投资性房地产的账面余额，借记"其他业务成本"科目；按其成本，贷记"投资性房地产——成本"科目；按其累计公允价值变动，贷记或借记"投资性房地产——公允价值变动"科目。同时按照原计入该项投资性房地产的公允价值变动，借记或贷记"公允价值变动损益"科目，贷记或借记"其他业务成本"。如果存在原转换日计入"其他综合收益"的金额，也一并结转。按照该项投资性房地产在转换日计入其他综合收益的金额，借记"其他综合收益"科目，贷记"其他业务成本"科目。

● 例 8-7　甲公司将其出租的一栋写字楼确认为投资性房地产，整体出租给乙公司使用，采用公允价值模式计量。2019 年 4 月 15 日，甲公司将该写字楼出售给乙公司，增值税专用发票注明价款为 180 000 000 元，增值税 18 000 000 元。甲公司已全部收到乙公司的购房款，存入银行。出售时，该栋写字楼的成本为 130 000 000 元，公允价值变动为借方余额 10 000 000 元，假定不考虑其他相关税费的影响，甲公司应编制以下会计分录：

(1) 取得处置收入时：

```
借：银行存款                                      198 000 000
    贷：其他业务收入                               180 000 000
        应交税费——应交增值税（销项税额）           18 000 000
```

(2) 结转处置成本时：

```
借：其他业务成本                                  140 000 000
    贷：投资性房地产——写字楼（成本）               130 000 000
              ——写字楼（公允价值变动）              10 000 000
```

(3) 将资产性房地产累计公允价值变动转入其他业务成本时：

```
借：公允价值变动损益                               10 000 000
    贷：其他业务成本                                10 000 000
```

本章内容在报表中的信息披露

资产负债表	
资　产	负债和所有者权益
流动资产：	
……	
流动资产合计	
非流动资产：	
……	
投资性房地产（=投资性房地产-投资性房地产累计折旧-投资性房地产减值准备）	
……	

本 章 习 题

一、单项选择题（下列答案中有一个是正确的，请将正确答案前的英文字母填入括号内）

1. 企业通常应当采用（　　）对投资性房地产进行后续计量。
   A. 成本模式
   B. 公允价值模式
   C. 成本模式或公允价值模式
   D. 重置成本模式

2. 按照《企业会计准则》的规定，下列属于投资性房地产的有（　　）。
   A. 房地产开发企业销售的或为销售而正在开发的商品房和土地
   B. 企业生产经营用的厂房、车间
   C. 企业生产经营用的办公楼
   D. 企业经营性出租用的办公楼

3. 自用房地产转换为采用公允价值模式计量的投资性房地产，投资性房地产应当按照转换当日的公允价值计量。转换当日的公允价值大于原账面价值的差额通过（　　）科目核算。
   A. 营业外收入
   B. 公允价值变动损益
   C. 其他综合收益
   D. 其他业务收入

4. 根据《企业会计准则》的规定，下列项目不属于投资性房地产的是（　　）。
   A. 已出租的建筑物
   B. 持有并准备增值后转让的土地使用权
   C. 已出租的土地使用权
   D. 持有并准备增值后转让的房屋建筑物

5. 企业对成本模式进行后续计量的投资性房地产摊销时，应该借记（　　）科目。
   A. 投资收益
   B. 其他业务成本
   C. 营业外收入
   D. 管理费用

6. 投资性房地产不论是成本模式计量还是公允价值模式计量，取得的租金收入均通过（　　）科目核算。
   A. 营业外收入
   B. 投资收益
   C. 其他业务成本
   D. 其他业务收入

7. 根据《企业会计准则第 3 号——投资性房地产》，下列项目中不属于投资性房地产的是（　　）。
   A. 自用的房屋建筑物
   B. 已出租的土地使用权
   C. 已出租的建筑物
   D. 持有并准备增值后转让的土地使用权

8. 下列关于投资性房地产核算的表述中，正确的是（　　）。
   A. 采用成本模式计量的投资性房地产不需要确认减值损失
   B. 采用成本模式计量的投资性房地产不需要计提折旧

    C. 采用公允价值模式计量的投资性房地产，公允价值的变动金额应计入资本公积

    D. 采用公允价值模式计量的投资性房地产，公允价值变动应计入公允价值变动损益

9. 企业采用公允价值模式对投资性房地产进行后续计量时，下列说法中错误的是（　　）。

    A. 企业不应对已出租的建筑物计提折旧

    B. 企业应对已出租的建筑物计提折旧

    C. 企业不应对已出租的土地使用权进行摊销

    D. 企业应当以资产负债表日投资性房地产的公允价值为基础调整其账面价值，公允价值
       与原账面价值之间的差额计入当期损益

10. 企业对以公允价值模式进行后续计量的投资性房地产取得的租金收入，应该贷记
    （　　）科目。

    A. 营业外收入　　　　B. 管理费用　　　　C. 其他业务收入　　D. 投资收益

11. 企业采用成本模式对投资性房地产进行后续计量时，下列说法中正确的是（　　）。

    A. 企业不应对已出租的土地使用权进行摊销

    B. 企业不应对已出租的建筑物计提折旧，期末应按公允价值计量

    C. 企业应对已出租的土地使用权进行摊销

    D. 企业不应对投资性房地产计提减值准备

12. 某企业采用成本模式对投资性房地产进行后续计量，2019 年 6 月 20 日达到预定可使用
    状态的自行建造的办公楼对外出租，该办公楼建造成本为 2 600 万元，预计使用年限为
    25 年，预计净残值为 100 万元。在采用年限平均法计提折旧的情况下，2019 年该办公
    楼应计提的折旧额为（　　）万元。

    A. 50　　　　　　　B. 25　　　　　　　C. 100　　　　　　D. 75

13. 长江公司于 2019 年 1 月 1 日将一幢商品房对外出租并采用公允价值模式计量，租期为 3
    年，每年 12 月 31 日收取租金 50 万元，出租时，该幢商品房的成本为 1 000 万元，公允
    价值为 1 100 万元，2019 年 12 月 31 日，该幢商品房的公允价值为 1 075 万元。长江公
    司 2019 年应确认的公允价值变动损益为（　　）万元。

    A. 损失 25　　　　　B. 收益 75　　　　　C. 收益 75　　　　　D. 损失 50

14. 2019 年 7 月 1 日，甲公司将一作为固定资产核算的办公楼出租并按照成本模式进行后续
    计量。该办公楼在转换前的账面原价为 2 000 万元，已计提折旧 100 万元，已计提减值
    准备 50 万元，转换日的公允价值为 1 925 万元，假定不考虑其他因素，转换日甲公司应
    借记"投资性房地产"科目的金额为（　　）万元。

    A. 1 850　　　　　　B. 1 900　　　　　　C. 1 925　　　　　　D. 2 000

15. 自用房地产转换为采用公允价值模式计量的投资性房地产，转换日该房地产公允价值小
    于账面价值的差额，正确的会计处理是计入（　　）。

    A. 其他综合收益　　　　　　　　　　B. 期初留存收益

    C. 营业外收入　　　　　　　　　　　D. 公允价值变动损益

二、多项选择题（下列答案中有多个答案是正确的，请将正确答案前的英文字母填入括号内）

1. 下列各项中，属于投资性房地产的有（   ）。
    A. 为生产商品、提供劳务或者经营管理而持有的房地产
    B. 作为存货的房地产
    C. 已出租的建筑物
    D. 持有并准备增值后转让的土地使用权

2. 关于投资性房地产的后续计量，下列说法中正确的有（   ）。
    A. 企业通常应当采用成本模式对投资性房地产进行后续计量
    B. 企业可以采用公允价值模式对投资性房地产进行后续计量
    C. 企业可以随时改变投资性房地产的后续计量模式
    D. 企业可以同时采用两种计量模式对投资性房地产进行后续计量

3. 企业采用公允价值模式对投资性房地产进行后续计量时，下列说法中正确的有（   ）。
    A. 企业不应对已出租的建筑物计提减值准备
    B. 企业应对已出租的土地使用权摊销
    C. 企业不应对已出租的土地使用权进行摊销
    D. 企业应当以资产负债表日投资性房地产的公允价值为基础调整其账面价值，公允价值
    与原账面价值之间的差额计入当期损益

4. 投资性房地产采用公允价值模式计量时，下列各项表述正确的有（   ）。
    A. 资产负债表日投资性房地产的公允价值变动计入当期损益
    B. 后续计量时不计提折旧或摊销
    C. 取得时发生的相关税费计入投资性房地产的初始成本
    D. 不得从公允价值模式转为成本模式

5. 企业将作为管理用的一栋办公楼转换为采用公允价值模式计量的投资性房地产时，下列
    说法正确的有（   ）。
    A. 该项投资性房地产应当按照办公楼的账面余额计量
    B. 该项投资性房地产应当按照转换当日的公允价值计量
    C. 转换当日的公允价值大于原账面价值的差额计入"其他综合收益"科目
    D. 转换当日的公允价值小于原账面价值的差额计入"公允价值变动损益"科目

6. 企业拥有的房地产可能作为（   ）进行核算。
    A. 固定资产   B. 无形资产   C. 投资性房地产   D. 存货

7. 自行建造的采用成本模式计量的投资性房地产，其成本包括（   ）。
    A. 土地开发费用   B. 建筑安装成本
    C. 建造过程中发生的非正常性损失   D. 应予以资本化的借款费用

8. 下列关于投资性房地产处置的表述中，不正确的有（   ）。
    A. 投资性房地产处置净收益计入营业外收入

　　B. 企业处置按成本模式计量的投资性房地产时，应将处置收入计入"其他业务收入"科目；按该项投资性房地产的账面价值，计入"其他业务成本"科目

　　C. 企业处置采用公允价值模式计量的投资性房地产时，应将处置收入计入"其他业务收入"科目；"其他业务成本"科目为投资性房地产账面价值的结转金额

　　D. 投资性房地产出售不会影响当期营业利润

9. 采用公允价值模式进行后续计量的投资性房地产，下列说法正确的有（　　）。

　　A. 不计提折旧或进行摊销，也不计提减值准备

　　B. 资产负债表日要以公允价值为基础调整账面价值。公允价值与原账面价值的差额计入公允价值变动损益

　　C. 会计上虽然不计算折旧，但是税法上还是需要计算折旧，减少应纳税所得额

　　D. 会计处理中确认的公允价值变动损益不计入应纳税所得额

10. 下列各项，应该计入"其他业务成本"或"其他业务收入"科目的有（　　）。

　　A. 转让投资性房地产收到的价款

　　B. 因投资性房地产经营租赁而缴纳的增值税

　　C. 投资性房地产的日常维修费用

　　D. 投资性房地产的折旧费用或摊销费用

11. 下列投资性房地产初始计量的表述正确的有（　　）。

　　A. 外购的投资性房地产按照购买价款、相关税费和可直接归属于该资产的其他支出

　　B. 自行建造投资性房地产的成本，由建造该项资产达到预定可使用状态前所发生的必要支出构成

　　C. 债务重组取得的投资性房地产按照债务重组的相关规定处理

　　D. 非货币性资产交换取得的投资性房地产按照非货币性资产交换准则的规定处理

12. 下列各项中，不属于投资性房地产的有（　　）。

　　A. 房地产企业持有的待售商品房　　B. 以经营租赁方式出租的商用房

　　C. 以经营租赁方式出租的土地使用权　　D. 以经营租赁方式租入后再转租的建筑物

13. 投资性房地产与自用房地产的主要区别是（　　）。

　　A. 投资性房地产用于出租是企业的一项经营活动

　　B. 投资性房地产主要通过租金收入为企业带来经济利益流入

　　C. 一般以成本模式计量，但符合条件的也可以公允价值模式计量

　　D. 投资性房地产一般价值较大，账面价值较小的可以作为固定资产或无形资产核算

14. 某企业对投资性房地产的以下处理中，不正确的有（　　）。

　　A. 甲投资性房地产为自行建造，以成本模式计量；乙投资性房地产为直接外购，有实际的市场交易价格，以公允价值模式计量

　　B. 将购入的准备持有一段时间待增值后出售的一幢住宅楼作为投资性房地产核算

　　C. 将投资性房地产的处置收益扣除账面价值列作投资收益

　　D. 将投资性房地产的租金收入列作其他业务收入

15. 下列属于投资性房地产特征的是（ ）。

    A. 为生产商品、提供劳务、出租或经营管理而持有的

    B. 使用寿命超过一个会计年度

    C. 目的是为赚取租金或资本增值

    D. 能够单独计量和出售

三、判断题（正确的在括号内打"√"，错误的打"×"）

1. 投资性房地产仅指为赚取租金的房地产。   （ ）

2. 自行建造投资性房地产的成本，由建造该项资产达到预定可使用状态前所发生的必要支出构成。   （ ）

3. 企业对投资性房地产，无论采用何种计量模式，均应计提折旧或进行摊销。   （ ）

4. 投资性房地产可能由成本模式转换为公允价值模式，也可能由公允价值模式转换为成本模式。   （ ）

5. 有确凿证据表明投资性房地产的公允价值能够持续可靠取得的，可以对投资性房地产采用公允价值模式进行后续计量。   （ ）

6. 采用公允价值模式计量的投资性房地产，不计提折旧或进行摊销，但发生减值时应计提减值准备。   （ ）

7. 若对投资性房地产采用公允价值模式进行后续计量，期末应对该投资性房地产计提减值准备。   （ ）

8. 投资性房地产取得的租金收入，确认为其他业务收入。   （ ）

9. 企业出售采用公允价值模式计量的投资性房地产时，应将原计入"公允价值变动损益"科目的金额转入"其他业务收入"科目。   （ ）

10. 投资性房地产采用成本模式计量，可以对其计提减值准备，但在持有期间该减值准备不得转回。   （ ）

11. 企业出售投资性房地产时，应将售价与账面价值的差额计入投资收益。   （ ）

12. 在成本模式下，投资性房地产取得的租金收入确认为其他业务收入；在公允价值模式下，投资性房地产取得的租金收入确认为公允价值变动损益。   （ ）

13. 投资性房地产收取的租金、期末公允价值变动以及处置，均属于"营业利润"的范畴。   （ ）

14. 企业租出并按出租协议向承租人提供保安和维修等其他服务的建筑物，不属于投资性房地产。   （ ）

15. 企业对投资性房地产的计量模式应当随着当地房地产市场状况而变更，房地产市场交易活跃时，采用公允价值模式计量；房地产市场交易不活跃时，采用成本模式计量。   （ ）

四、计算及账务处理题

1. 2019 年 3 月，甲企业购入一栋写字楼用于对外出租，增值税专用发票注明价款 1200 万元，增值税 120 万元，契税 50 万元，过户费 20 万元，全部款项以银行存款支付。甲企业采用成本模式进行后续计量。

   要求：做出甲企业相应的账务处理。

2. 2019 年 1 月，甲企业以银行存款 2 000 万元购入一块土地的使用权，并在该块土地上开始自行建造一栋厂房。建造工程中以银行存款支付建造费用 3 000 万元。2019 年 12 月厂房即将完工，与乙公司签订了经营租赁合同，该厂房于完工时开始起租。2020 年 1 月 1 日厂房完工并租出。甲企业采用成本模式进行后续计量。

   要求：做出甲企业相应的账务处理。

3. 甲企业一栋办公楼出租给乙企业使用，已确认为投资性房地产，采用成本模式进行后续计量。该栋办公楼的成本为 3 600 万元，按照直线法计提折旧，使用寿命为 20 年，预计净残值为零。按照经营租赁合同约定，乙企业每月支付甲企业租金 18 万元，增值税 1.8 万元。

   要求：做出甲企业按月计提折旧和收取租金时的账务处理。

4. 甲企业为从事房地产经营开发的企业。2017 年 3 月，甲企业与乙企业签订租赁协议，约定将甲企业开发的一栋精装修的写字楼于开发完成的同时开始租赁给乙企业使用，租赁期为 2 年。当年 5 月 1 日，该写字楼开发完成并开始起租，写字楼的造价为 2 000 万元。2017 年 12 月 31 日，该写字楼的公允价值为 3 000 万元。2018 年 12 月 31 日，该写字楼的公允价值为 2 800 万元。2019 年 4 月 30 日租赁期满，甲企业将该写字楼收回并不再用于出租，准备自用，当日该写字楼公允价值为 2 700 万元。甲企业对投资性房地产采用公允价值模式计量。

   要求：做出甲企业相应的账务处理。

5. 2017 年，甲企业将一幢写字楼出租给乙企业，采用成本模式计量。2019 年 1 月 1 日，假定甲企业持有的投资性房地产满足采用公允价值模式计量的条件，甲企业决定采用公允价值模式对该写字楼进行后续计量。2019 年 1 月 1 日，该写字楼的原价 1 000 万元，已提折旧 200 万元，未提取减值准备，公允价值 1 200 万元。甲企业按净利润的 10% 计提盈余公积。假定不考虑所得税因素。

   要求：做出甲企业对投资性房地产计量模式变更的账务处理。

6. 2019 年 3 月 31 日，甲企业一项投资性房地产租赁合同到期，为了提高厂房的租金收入，甲企业开始对厂房进行改扩建并决定工程完工后再继续出租。该厂房按照成本模式进行后续计量，原价为 2 000 万元，已计提折旧 800 万元。6 月 30 日，厂房改扩建工程完工，以银行存款支付工程改扩建支出 400 万元，即日起将该厂房出租给乙企业。

   要求：做出甲企业相应的账务处理。

7. 甲企业拥有一栋办公楼,用于本企业总部办公。2019 年 3 月 10 日,甲企业与乙企业签订了经营租赁协议,将该办公楼整体出租给乙企业使用,租赁期开始日为 2019 年 4 月 15 日,为期 5 年。2019 年 4 月 15 日,该办公楼的账面余额 3 000 万元,已计提折旧 800 万元。甲企业对投资性房地产采用成本模式计量。

   要求: 做出甲企业相应的账务处理。

8. 2019 年 3 月 1 日,甲企业将企业一项房地产停止自用,以经营性租赁方式租出,划分为投资性房地产,采用公允价值模式计量。该房地产原值 2 600 万元,累计折旧 800 万元,公允价值 2 000 万元。

   要求: 做出甲企业相应的账务处理。

9. 2019 年 4 月 1 日,甲企业因租赁期满,将出租的写字楼收回,准备作为办公楼用于本企业的行政管理。2019 年 5 月 1 日,该写字楼正式开始自用,相应由投资性房地产转换为自用房地产,当日的公允价值为 1 000 万元。该项房地产在转换前采用公允价值模式计量,原账面价值为 950 万元,其中,成本为 800 万元,公允价值变动为增值 150 万元。

   要求: 做出甲企业相应的账务处理。

10. 甲企业办公楼出租给乙企业使用,已确认为一项投资性房地产,采用成本模式计量。2019 年年末,该投资性房地产出现减值迹象,进行减值测试,确定其可收回金额为 1 000万元,该办公楼原值 1 500 万元,累计折旧 300 万元,未提取过减值准备。

   要求: 做出甲企业相应的账务处理。

第 九 章
Chapter Nine

无形资产和其他资产

本章学习目标 //////////////////

- 明确无形资产、其他资产的确认、特征和内容

- 掌握《企业会计准则第 6 号——无形资产》中关于无形资产取得、摊销、处置等业务的核算方法

- 掌握《企业会计准则第 8 号——资产减值》中关于无形资产减值的核算方法

- 熟悉无形资产、其他资产的会计核算岗位工作职责和账务处理流程，能根据原始凭证正确分析经济业务，熟练进行无形资产、其他资产业务的会计处理

- 具备相应的会计职业判断能力，学会无形资产在资产负债表中的披露方法

本章主要科目 //////////////////

- 无形资产
- 研发支出
- 累计摊销
- 无形资产资减值准备
- 长期待摊费用

第一节　无形资产

　　无形资产是企业非流动资产的一个组成部分，是没有实物形态的特殊资产，是企业生产经营不可缺少的独特资源。随着市场经济的逐步完善、市场竞争的日趋激烈和国际市场竞争的日益加剧，企业的经营活动必将越来越依赖于没有实物形态、能为企业带来巨额经济效益的无形资产。现在，以高新技术、知名品牌为代表的无形资产竞争正在逐渐代替以土地、资金、设备为代表的有形资产竞争，以技术型无形资产为核心的市场竞争正越来越得到市场的认可和社会的认同，拥有和掌握了一定数量的优质无形资产，就会在市场竞争中抢得先机，谋求到足够的市场份额，从而在激烈的市场竞争中居于有利地位。因此，企业要更加重视无形资产的开发和利用。

一、无形资产的确认

（一）无形资产的定义

　　无形资产是指企业拥有或者控制的没有实物形态的可辨认非货币性资产，通常包括专利权、非专利技术、商标权、著作权、特许权、土地使用权等。

　　无形资产具有以下特征：

　　1. 无形资产是由企业拥有或者控制并能为其带来未来经济利益的资源

　　无形资产作为一项资产，具有一般资产的本质特征，即由企业拥有或者控制并能为其带来未来经济利益。通常情况下，企业拥有或者控制的无形资产应当拥有其所有权并且能够为企业带来未来经济利益。但在某些情况下并不需要企业拥有其所有权，如果企业有权获得某项无形资产产生的未来经济利益，并能约束其他方获得这些经济利益，则表明企业控制了该无形资产。例如，对于会产生经济利益的技术知识，若其受版权、贸易协议约束（如果允许）等法定权利的保护，那么说明该企业控制了相关利益。但客户关系、人力资源等，由于企业无法控制其带来的未来经济利益，不符合无形资产的定义，不应将其确认为无形资产。

　　2. 无形资产不具有实物形态

　　无形资产通常表现为某种权利、某项技术或是某种获取超额利润的综合能力，它们不具有实物形态，如土地使用权、非专利技术等。需要指出的是，某些无形资产的存在有赖于实物载体。例如，计算机软件需要存储在介质中，但这并不改变无形资产本身不具有实物形态的特征。在确定一项同时包含无形和有形要素的资产是属于固定资产还是属于无形资产时，需要通过判断来加以确定，通常以哪个要素更重要作为判断的依据。例如，计算机控制的机械工具没有特定计算机软件就不能运行时，则说明该软件构成相关硬件不可缺少的组成部分，该软件应作为固定资产处理；如果计算机软件不是相关硬件不可缺少的组成部分，则该软件应作为无形资产处理。

3. 无形资产具有可辨认性

要作为无形资产进行核算，该资产必须是能够区别于其他资产可单独辨认的，如企业特有的专利权、非专利技术、商标权、土地使用权、特许权等。满足下列条件之一的，应当认定为其具有可辨认性：

（1）能够从企业中分离或者划分出来，并能单独或者与相关合同、资产或负债一起，用于出售、转移、授予许可、租赁或交换。

（2）源自合同性权利或其他法定权利，无论这些权利是否可以从企业或其他权利和义务中转移或者分离。如一方通过与另一方签订特许权合同而获得的特许使用权，通过法律程序申请获得的商标权、专利权等。

> **注意** 商誉通常是与企业整体价值联系在一起的，其存在无法与企业自身相分离，不具有可辨认性，不属于本章所指无形资产。

4. 无形资产属于非货币性长期资产

无形资产属于非货币性资产且能够在多个会计期间为企业带来经济利益。无形资产的使用年限在一年以上，其价值将在各个受益期间逐渐摊销。

（二）无形资产的确认条件

一项资产如要作为无形资产加以确认，首先要符合无形资产的定义，其次还要符合无形资产的确认条件。

1. 与该无形资产有关的经济利益很可能流入企业

作为无形资产确认的项目，必须具备其所产生的经济利益很可能流入企业这一条件。通常情况下，无形资产产生的未来经济利益可能包括在销售商品、提供劳务的收入当中，或者企业使用该项无形资产而减少或节约了成本，或者体现在获得的其他利益当中。例如，生产加工企业在生产工序中使用了某种知识产权，使其降低了未来生产成本。

注意　会计实务中，要确定无形资产所创造的经济利益是否很可能流入企业，需要实施职业判断。在实施这种判断时，需要对无形资产在预计使用寿命内可能存在的各种经济因素做出合理估计，并且应当有确凿的证据支持。例如，企业是否有足够的人力资源、高素质的管理队伍、相关的硬件设备、相关的原材料等来配合无形资产为企业创造经济利益。同时，更为重要的是关注一些外界因素的影响，例如，是否存在与该无形资产相关的新技术、新产品冲击，或据其生产的产品是否存在市场等。在实施判断时，企业管理层应对在无形资产的预计使用寿命内存在的各种因素做出最稳健的估计。

2. 该无形资产的成本能够可靠地计量

成本能够可靠地计量是确认资产的一项基本条件，对于无形资产而言，这个条件显得更为重要。例如，企业内部产生的品牌、报刊名、刊头、客户名单和实质上类似项目的支出，由于不能与整个业务开发成本区分开来，成本无法可靠计量，因此不应确认为无形资产。

二、无形资产的内容

无形资产主要包括专利权、商标权、非专利技术、著作权、土地使用权、特许权等。

（一）专利权

专利权是指国家专利主管机关依法授予发明创造专利申请人对其发明创造在法定期限内所享有的专有权利，包括发明专利权、实用新型专利权和外观设计专利权。发明专利证书如图9-1所示。它给予持有者独家使用或控制某项发明的特殊权利。《中华人民共和国专利法》明确规定，专利人拥有的专利权受到国家法律保护。专利权是允许其持有者独家使用或控制的特权，但它并不保证一定能给持有者带来经济效益，如有的专利可能会被另外更有经济价值的专利所淘汰等。因此，企业不应将其所拥有的一切专利权都予以资本化，作为无形资产管理和核算。一般而言，只有从外单位购入的专利或者自行开发并按法律程序申请取得的专利，才能作为无形资产管理和核算。这种专利可以降低成本，或者提高产品质量，或者将其转让出去获得转让收入。

企业从外单位购入的专利权，应按实际支付的价款作为专利权的成本。企业自行开发并按法律程序申请取得的专利权，应按照无形资产准则确定的金额作为成本。

图 9 - 1　发明专利证书

（二）商标权

商标是用来辨认特定的商品或劳务的标记。商标权是指专门在某类指定的商品或产品上使用特定的名称或图案的权利。商标经过注册登记就获得了法律上的保护。《中华人民共和国商标法》明确规定，经商标局核准注册的商标为注册商标，商标注册人享有商标专用权，受法律的保护。商标注册证如图9-2所示。

企业自创的商标并将其注册登记，所花费用一般不大，是否将其资本化并不重要。能够给拥有者带来获利能力的商标，往往是通过多年的广告宣传和其他传播商标名称的手段，以及客户的信赖等树立起来的。广告费一般不作为商标权的成本，而是在发生时直接计入当期损益。

按照《中华人民共和国商标法》的规定，商标可以转让，但受让人应保证使用该注册商标的产品质量。如果企业购买他人的商标，一次性支出费用较大的，可以将其资本化，作为无形资产管理。这时，应根据购入商标的价款、支付的手续费及有关费用作为商标的成本。

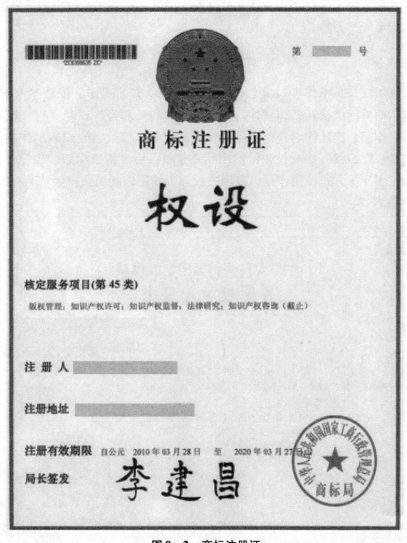

图9-2 商标注册证

（三）非专利技术

非专利技术即专有技术，或技术秘密、技术诀窍，是指先进的、未公开的、未申请专利、可以带来经济效益的技术及诀窍。其主要内容包括：①工业专有技术，即在生产上已经采用，仅限于少数人知道，不享有专利权或发明权的生产、装配、修理、工艺或加工方法的技术知识；②商业（贸易）专有技术，即具有保密性质的市场情报、原材料价格情报以及用户、竞争对象的情况和有关知识；③管理专有技术，即生产组织的经营方式、管理方式、培训职工方法等保密知识。非专利技术并不是专利法的保护对象，专有技术所有人依靠自我保密的方式来维持其独占权，可以用于转让和投资。

企业的非专利技术，有些是自己开发研究的，有些是根据合同规定从外部购入的。如果是企业自己开发研究的，应将符合《企业会计准则第 6 号——无形资产》规定的开发支出资本化条件的，确认为无形资产。对于从外部购入的非专利技术，应将实际发生的支出予以资本化，作为无形资产入账。

（四）著作权

著作权又称版权，是指作者对其创作的文学、科学和艺术作品依法享有的某种特殊权利。著作权包括两方面的权利，即精神权利（人身权利）和经济权利（财产权利）。前者指作品署名、发表作品、确认作者身份、保护作品完整性、修改已经发表的作品等各项权利，包括作品署名权、发表权、修改权和保护作品完整权；后者指以出版、表演、广播、展览、录制唱片、摄制影片等方式使用作品以及因授权他人使用作品而获得经济利益的权利。著作权登记证书如图 9－3 所示。

图 9－3　著作权登记证书

（五）土地使用权

土地使用权是指国家准许某一企业或单位在一定期间内对国有土地享有开发、利用、经营的权利。企业取得土地使用权，应将取得时发生的支出资本化，作为土地使用权的成本记入"无形资产"科目。土地使用证如图9-4所示。

中华人民共和国国有土地使用证

土地使用权人	东瑞公司		
坐落			
地号	2230025100410	图号	
地类（用途）	**工业用地**	取得价格（大写）	
使用权类型	**划拨**	终止日期	2078 年 6 月 1 日
使用权面积	2285 **平方米**	西安市人民政府（章） 2018 年 6 月 1 日	

图9-4　土地使用证

提示　企业取得的土地使用权通常应确认为无形资产。土地使用权用于自行开发建造厂房等地上建筑物时，土地使用权的账面价值不与地上建筑物合并计算其成本，而仍作为无形资产进行核算，土地使用权与地上建筑物分别进行摊销和提取折旧。但下列情况除外：①房地产开发企业取得的土地使用权用于建造对外出售的房屋建筑物，相关的土地使用权应当计入所建造的房屋建筑物成本。②企业外购的房屋建筑物，实际支付的价款中包括土地以及地上建筑物的价值，则应当对支付的价款按照合理的方法（如公允价值）在土地和地上建筑物之间进行分配；如果确实无法在土地使用权与地上建筑物之间进行合理分配的，应当全部作为固定资产核算。企业改变土地使用权的用途，将其作为用于出租或增值目的时，应将其转为投资性房地产。

（六）特许权

特许权又称经营特许权、专营权，是指企业在某一地区经营或销售某种特定商品的权利或是一家企业接受另一家企业使用其商标、商号、技术秘密等的权利。前者一般是指政府机关授权，准许企业使用或在一定地区享有经营某种业务的特权，如水、电、邮电通信等专营权、烟草专卖权等；后者指企业间依照签订的合同，有限期或无限期使用另一家企业的某些权利，如连锁店分店使用总店的名称等。

三、无形资产核算的账户设置

为了反映和监督无形资产的取得、摊销、处置和减值等情况，企业需要设置"无形资产""累计摊销""研发支出""无形资产减值准备"等科目。

"无形资产"科目核算企业持有的无形资产成本，借方登记取得无形资产的成本，贷方登记出售无形资产转出的无形资产账面余额，期末借方余额，反映企业无形资产的成本。该科目应按无形资产的项目设置明细账，进行明细核算。

"累计摊销"科目属于"无形资产"的调整科目，核算企业对使用寿命有限的无形资产计提的累计摊销金额。该科目贷方登记计提的无形资产摊销，借方登记处置无形资产转出的累计摊销，期末贷方余额，反映企业无形资产的累计摊销额。

自行研发无形资产的企业应设置"研发支出"科目，用以核算自行研究开发无形资产所发生的各项支出。该科目按研究开发项目，分别按"费用化支出"和"资本化支出"进行明细核算。

此外，企业无形资产发生减值的，还应当设置"无形资产减值准备"科目进行核算。

四、无形资产取得的核算

无形资产取得的方式是多种多样的，有外购无形资产、自行研发无形资产、投资者投入无形资产、接受捐赠无形资产等。本节重点介绍企业外购无形资产、自行研发无形资产的会计核算方法。

（一）外购无形资产的核算

1. 外购无形资产成本的确定

无形资产应当按照成本进行初始计量。企业外购无形资产的成本，包括购买价款、相关税费以及直接归属于使该项资产达到预定用途所发生的其他支出。其中，直接归属于使该项资产达到预定用途所发生的其他支出包括使无形资产达到预定用途所发生的专业服务费用、测试无形资产是否能够正常发挥作用的费用等，但不包括为引入新产品进行宣传发生的广告费、管理费用及其他间接费用，也不包括在无形资产已经达到预定用途以后发生的费用。

2. 外购无形资产的账务处理

企业购入无形资产，应按实际支付的购买价款、相关税费、使无形资产达到预定用途前所发生的可归属于该项资产的其他支出作为无形资产的成本，借记"无形资产"科目，贷记"银行存款"等科目。

> **例9-1** 2019年5月6日，淮洲公司从悦达公司购入一项商标权，购买价款50 000元，增值税3 000元，款项以银行存款支付。相关票据如图9-5所示。

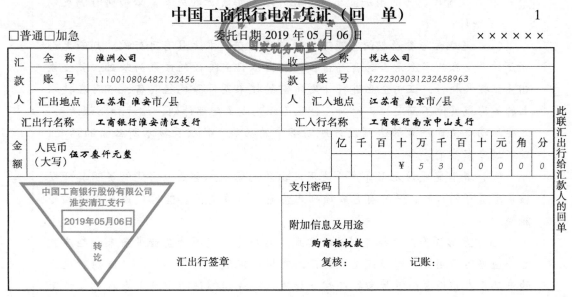

图 9-5　电汇凭证

借：无形资产——商标权　　　　　　　　　　50 000
　　应交税费——应交增值税（进项税额）　　 3 000
　　贷：银行存款　　　　　　　　　　　　　　　 53 000

（二）自行研发无形资产的核算

1. 自行研发无形资产成本的确定

企业自行研究开发项目一般分为两个阶段，即研究阶段和开发阶段。

研究阶段是指企业为获取并理解新的科学或技术知识而进行的独创性的有计划调查。其特点在于研究阶段基本上是探索性的，是为进一步的开发活动进行资料及相关方面的准备，已进行的研究活动将来是否转入开发、开发后是否会形成无形资产等具有较大的不确定性。例如：研究成果或其他知识的应用研究、评价和最终选择；材料、设备、产品、工序、系统或服务的替代品的研究。研究阶段支出一般不计入无形资产的成本。

开发阶段是指在进行商业性生产或使用前，将研究成果或其他知识应用于某项计划或设计，以生产出新的或具有实质性改进的材料、装置、产品等。例如：生产或使用前的原型和模型的设计、建造和测试；含新技术的工具、夹具、模具和冲模的设计；不具有商业性生产经济规模的试生产设施的设计、建造和运营；新的或经改造的材料、设备、产品、工序、系统或服务所选定的替代品的设计、建造和测试等。

企业自行研究开发项目所发生的支出应区分研究阶段支出和开发阶段支出，一般情况下，研究阶段的支出属于费用化支出，不计入无形资产的成本。开发阶段的支出，不满足资本化条件的，也计入费用化支出；满足资本化条件的，计入资本化支出，待研究开发项目达到预定用途时形成无形资产。

注意 在开发阶段，可将有关支出资本化计入无形资产的成本，必须同时满足以下条件：

（1）完成无形资产以使其能够使用或出售在技术上具有可行性。判断无形资产的开发在技术上是否具有可行性，应当以目前阶段的成果为基础，并提供相关证据和材料，证明企业进行开发所需的技术条件等已经具备，不存在技术上的障碍或其他不确定性。例如，企业已经完成了全部计划、设计和测试活动，这些活动是使资产能够达到设计规划书中的功能、特征和技术所必需的活动，或经过专家鉴定等。

（2）具有完成该无形资产并使用或出售的意图。企业应当能够说明其开发该无形资产的目的，并具有完成该项无形资产开发并使其能够使用或出售的可能性。

（3）无形资产产生经济利益的方式。无形资产能够为企业带来未来经济利益，应当对运用该无形资产生产的产品市场情况进行可靠预计，以证明所生产的产品存在市场并能够带来经济利益的流入，或能够证明市场上存在对该类无形资产的需求。若无形资产仅在企业内部使用，应当证明其有用性。

（4）有足够的技术、财务资源和其他资源支持，以完成该无形资产的开发，并有能力使用或出售该无形资产。企业能够证明可以取得无形资产开发所需的技术、财务资源和其他资源，以及获得这些资源的相关计划。企业自有资金不足以提供支持的，应能够证明存在外部其他方面的资金支持，如银行等金融机构声明愿意为该无形资产的开发提供所需资金等。

（5）归属于该无形资产开发阶段的支出能够可靠地计量。企业对研究开发的支出应当单独核算，如直接发生的研发人员工资、材料费、相关设备的折旧费等。同时从事多项研究开发活动的情况下，所发生的支出同时用于支持多项开发活动的，应当按照合理的标准在各项研究开发活动之间进行分配。无法合理分配的，应当计入当期损益，不计入开发活动成本。

2. 自行研发无形资产的账务处理

研究阶段的费用化支出，以及开发阶段不满足资本化条件的费用化支出，在发生时借记"研发支出——费用化支出"科目，贷记"原材料""银行存款""应付职工薪酬"等科目。期（月）末，应将"研发支出——费用化支出"科目归集的金额转入"管理费用"科目，借记"管理费用"科目，贷记"研发支出——费用化支出"科目。

开发阶段满足资本化条件的支出，借记"研发支出——资本化支出"科目，贷记"原材料""银行存款""应付职工薪酬"等科目。研究开发项目达到预定用途形成无形资产的，应按"研发支出——资本化支出"科目的余额，借记"无形资产"科目，贷记"研发支出——资本化支出"科目。

提示 自行研究开发无形资产发生的支出取得增值税专用发票可抵扣的进项税额，

借记"应交税费——应交增值税（进项税额）"

> **注意**　如果无法可靠区分研究阶段的支出和开发阶段的支出，应将其所发生的研发支出全部费用化，计入当期损益，计入"管理费用"科目。

● 例9-2　2018 年 5 月 6 日，淮洲公司开始自行研发一项技术，到 2018 年 12 月 31 日，发生研发支出合计 820 000 元，其中委托外单位进行市场调研，以银行存款支付调研费 100 000 元，耗用原材料 320 000 元，科研人员工资 400 000 元，经测试该项研发活动完成了研究阶段；从 2019 年 1 月 1 日开始进入开发阶段，发生开发支出 600 000元，取得的增值税专用发票上注明的增值税额为 96 000 元，假定符合《企业会计准则第 6 号——无形资产》规定的开发支出资本化的条件。2019 年 5 月 31 日，该项研发活动结束，最终开发出一项非专利技术。

2018 年 5 月 6 日到 12 月 31 日，发生研发支出时：

借：研发支出——费用化支出	820 000
贷：原材料	320 000
应付职工薪酬	400 000
银行存款	100 000

发生支出的会计期末，将费用化支出转入当期管理费用：

| 借：管理费用 | 820 000 |
| 　　贷：研发支出——费用化支出 | 820 000 |

2019 年 1 月 1 日起，开发阶段发生各种支出时：

借：研发支出——资本化支出	600 000
应交税费——应交增值税（进项税额）	96 000
贷：银行存款	696 000

2019 年 5 月 31 日，自行研发的无形资产达到预定用途时：

| 借：无形资产——非专利技术 | 600 000 |
| 　　贷：研发支出——资本化支出 | 600 000 |

五、无形资产摊销的核算

1. 无形资产使用寿命的确定

企业应当于取得无形资产时分析判断其使用寿命。无形资产的使用寿命为有限或可确定的，应当估计该使用寿命的年限，使用寿命可确定的无形资产，其成本需要摊销。无法预见无形资产为企业带来经济利益期限的，应当视为使用寿命不确定的无形资产，不需要进行成本摊销。

企业至少应当于每年年度终了，对使用寿命可确定的无形资产的使用寿命进行复核。无形资产的使用寿命与以前估计不同的，应当改变摊销期限，并按会计估计变更进行处理。

提示　对于使用寿命不确定的无形资产，如果有证据表明该无形资产的使用寿命可以确定，应当估计其使用寿命，视为会计估计变更，按使用寿命可确定的无形资产的相关规定处理。

2. 无形资产的摊销

无形资产在使用寿命期限内，应摊销的金额以无形资产的成本扣除预计残值后的金额确定，已计提减值准备的无形资产，还应扣除已计提的减值准备金额。

注意　使用寿命不确定的无形资产，其成本不需要摊销，但可计提减值准备。

使用寿命可确定的无形资产，其残值一般视为零，除非有第三方承诺在无形资产使用寿命结束时愿意以一定的价格购买该项无形资产，或者存在活跃的市场，通过市场可以得到该无形资产使用寿命结束时的残值信息，并且从目前情况看，在无形资产使用寿命结束时，该市场还可能存在的情况下，可以预计无形资产的残值。

企业应当按月对无形资产进行摊销。无形资产的摊销应当自无形资产可供使用时起，至终止确认时止。即当月达到预定用途的无形资产，当月开始摊销；当月处置的无形资产，处置当月不再摊销。

企业选择的无形资产摊销方法，应当能够反映与该项无形资产有关的经济利益的预期实现方式，并一致地运用于不同会计期间。这些方法包括年限平均法（即直线法）、生产总量法等。无法可靠确定经济利益预期实现方式的，应当采用直线法摊销。

无形资产的摊销额一般应当计入当期损益，企业管理用的无形资产，其摊销金额计入"管理费用"科目；出租的无形资产，其摊销金额计入"其他业务成本"科目；某项无形资产包含的经济利益通过所生产的产品或其他资产实现的，其摊销金额应当计入相关资产成本。

➡例9-3　2019年6月2日，淮洲公司购买了一项特许权，成本为2 400 000元，合同规定受益年限为10年，净残值为零，淮洲公司按直线法进行摊销。

计算出每月无形资产摊销金额 = 2 400 000 ÷ 10 ÷ 12 = 20 000（元）

每月摊销时的账务处理：

借：管理费用　　　　　　　　　　　　　　　　　　20 000
　　贷：累计摊销　　　　　　　　　　　　　　　　　　20 000

➡例9-4　2019年1月1日，淮洲公司将其自行开发完成的非专利技术出租给丁公司，该非专利技术成本为3 600 000元，双方约定的租赁期限为10年，净残值为零，淮洲公司按照直线法对该项无形资产进行摊销。

计算出每月无形资产摊销金额 = 3 600 000 ÷ 10 ÷ 12 = 30 000（元）

每月摊销时的账务处理：

借：其他业务成本　　　　　　　　　　　　　　　　30 000
　　贷：累计摊销　　　　　　　　　　　　　　　　　　30 000

六、无形资产减值的核算

由于无形资产所带来的收益具有很大的不确定性，为了更好地体现谨慎性会计信息质量的要求，企业应当在资产负债表日对无形资产逐项进行检查分析，对其带来未来经济利益的能力进行估计，若发现存在减值迹象，应当进行减值测试，计算可收回金额，以判断无形资产是否已经发生减值。对于使用寿命不确定的无形资产，无论是否存在减值迹象，每年都应当进行减值测试。

1. 无形资产发生减值的迹象

以下情况发生时，表明无形资产发生了减值：

（1）该无形资产已被其他新技术等所代替，使其为企业创造经济利益的能力受到重大不利影响。

（2）该无形资产的市价在当期大幅下跌。

（3）该无形资产已超过法律保护期限，但仍具有部分使用价值。

（4）其他足以表明该无形资产实质上已经发生了减值的情形。

2. 无形资产发生减值的会计处理

无形资产的可收回金额是指以下两项金额中较高者：①无形资产公允价值减去处置费用后的净额；②预计无形资产的持续使用和使用年限结束时的处置中产生的预计未来现金流量的现值。

无形资产在资产负债表日发生减值迹象时，其可收回金额低于账面价值的，企业应当将该无形资产的账面价值减记至可收回金额，减记的金额确认为减值损失，计入当期损益，同时计提相应的资产减值准备。

> **注意**　无形资产减值损失一经确认，在以后会计期间不得转回。

对于已计提减值准备的无形资产，应当按照其账面价值以及尚可摊销年限重新计算确定后续期间的摊销额。

●例 9-5 2019 年 12 月 31 日，市场上某项技术生产的产品销售势头较好，已对安淮公司产品的销售产生重大不利影响。安淮公司外购的相似专利技术的账面价值为 800 000 元，剩余摊销年限为 4 年，经减值测试，该专利技术的可收回金额为 650 000 元。

该专利权在资产负债表日的账面价值为 800 000 元，可收回金额为 650 000 元，可收回金额低于其账面价值，应按其差额 150 000 元（800 000 - 650 000）计提减值准备。

借：资产减值损失——计提的无形资产减值准备　　　150 000
　　贷：无形资产减值准备　　　　　　　　　　　　　　　150 000

七、无形资产处置的核算

无形资产的处置包括无形资产出售、出租、报废以及对外捐赠等情形。

1. 无形资产的出售

企业出售某项无形资产，表明企业放弃无形资产的所有权，应将所取得的价款与该无形资产账面价值和出售相关税费后的差额计入当期损益（资产处置损益）。

企业出售无形资产时，应按实际收到的金额，借记"银行存款"等科目；按已计提的累计摊销，借记"累计摊销"科目；原已计提减值准备的，借记"无形资产减值准备"科目；按应支付的相关税费，贷记"应交税费"等科目；按其账面余额，贷记"无形资产"科目，按其差额，贷记或借记"资产处置损益"科目。

● 例9-6　淮洲公司出售一项商标权，所得价款为1 000 000元，应缴纳的增值税为60 000元（适用增值税率为6%，不考虑其他税费）。该商标权成本为3 000 000元，出售时已摊销金额为1 800 000元，已计提的减值准备为320 000元。

淮洲公司的账务处理为：

借：银行存款　　　　　　　　　　　　　　　　　　1 000 000
　　累计摊销　　　　　　　　　　　　　　　　　　1 800 000
　　无形资产减值准备——商标权　　　　　　　　　　320 000
　　　贷：无形资产——商标权　　　　　　　　　　　　　　3 000 000
　　　　　应交税费——应交增值税（销项税额）　　　　　　60 000
　　　　　资产处置损益　　　　　　　　　　　　　　　　　60 000

2. 无形资产的出租

企业让渡无形资产使用权并收取租金，在满足收入确认条件的情况下，应确认相关的收入和费用。

出租无形资产取得租金收入时，借记"银行存款"等科目，贷记"其他业务收入"等科目；摊销出租无形资产的成本时，借记"其他业务成本"等科目，贷记"累计摊销"科目。

● 例9-7　2019年1月1日，淮洲公司将某商标权出租给乙公司使用，租期为4年，每年收取租金150 000元，租金收入适用的增值税率为6%，淮洲公司在出租期间内不再使用该商标权，该商标权系淮洲公司2018年1月1日取得的，初始入账价值为1 800 000元，预计使用年限为15年，该项无形资产采用直线法按年摊销。淮洲公司的账务处理为：

（1）2018年取得该商标权时：

借：无形资产——商标权　　　　　　　　　　　　　1 800 000
　　　贷：银行存款　　　　　　　　　　　　　　　　　　1 800 000

2018年摊销该无形资产时：

借：管理费用　　　　　　　　　　　　　　　　　　　120 000
　　　贷：累计摊销　　　　　　　　　　　　　　　　　　　120 000

提示　年摊销额＝1 800 000÷15＝120 000（元）

（2）2019年开始每年取得租金：

借：银行存款　　　　　　　　　　　　　　　　　　　159 000

　　贷：其他业务收入——出租商标权　　　　　　　　　　150 000
　　　　应交税费——应交增值税（销项税额）　　　　　　9 000
　　按年对该商标权进行摊销：
　　　　借：其他业务成本——商标权摊销　　　　　　　　120 000
　　　　　　贷：累计摊销　　　　　　　　　　　　　　　120 000

3. 无形资产的报废

　　如果无形资产预期不能为企业带来未来经济利益，例如，某无形资产已被其他新技术所替代或超过法律保护期，不能再为企业带来经济利益的，则不再符合无形资产的定义，应将其报废并予以转销，其账面价值转作当期损益。

　　转销时，应按已计提的累计摊销额，借记"累计摊销"科目；按已计提的减值准备，借记"无形资产减值准备"科目；按无形资产账面余额，贷记"无形资产"科目；按其差额，借记"营业外支出"科目。

　　●例9-8　淮洲公司拥有一项非专利技术，采用直线法进行摊销，预计使用期限为10年，现该项非专利技术已被内部研发成功的新技术所替代，并且根据市场调查，该非专利技术预期不能再为企业带来任何经济利益，故应当予以转销。转销时，该项非专利技术的成本为8 000 000元，已使用5年，累计计提减值准备2 500 000元，该项非专利技术的残值为0。假定不考虑其他相关因素。

　　淮洲公司的账务处理为：
　　　　借：累计摊销　　　　　　　　　　　　　　　　　4 000 000
　　　　　　无形资产减值准备　　　　　　　　　　　　　2 500 000
　　　　　　营业外支出——非流动资产毁损报废损失　　　1 500 000
　　　　　　贷：无形资产——非专利技术　　　　　　　　8 000 000

第二节　其他资产

一、其他资产的内容

　　其他资产是指除货币资金、交易性金融资产、应收及预付款项、存货、长期股权投资、持有至到期投资、可供出售金融资产、固定资产、无形资产等以外的资产，如长期待摊费用等。

　　长期待摊费用是指企业已经发生，但应由本期和以后各期负担的摊销期限在一年以上的各项费用。如以经营租赁方式租入固定资产的改良支出，即对租入的房屋等固定资产进行装修，以及为改进其使用功能等发生的支出。租入固定资产发生的改良支出应在剩余租赁期限与租赁资产尚可使用期限两者中较短的期间内进行合理的摊销。

二、其他资产的核算

企业应设置"长期待摊费用"科目，用于核算各种长期待摊费用。发生长期待摊费用时，借记"长期待摊费用"科目；取得的可在当期抵扣的增值税进项税额，借记"应交税费——应交增值税（进项税额）"，贷记"银行存款""原材料""应付职工薪酬"等科目；摊销长期待摊费用时，应根据费用支出的用途，按计算的分期摊销额，借记"管理费用""销售费用"等有关成本费用科目，贷记"长期待摊费用"科目。"长期待摊费用"科目期末借方反映尚未摊销完毕的长期待摊费用。"长期待摊费用"科目可按费用项目进行明细核算。

●▬ **例9-9** 某公司对其以经营租赁方式租入的办公楼进行装修，领用原材料216 000元，相关增值税为34 560元；应负担工资支出35 000元；用银行存款支付其他费用37 000元。假设租赁期3年后终止，租赁资产尚可使用10年。编制会计分录如下：

（1）发生费用时：

借：长期待摊费用——租入固定资产改良支出　　　288 000
　　　贷：原材料　　　　　　　　　　　　　　　　　　　216 000
　　　　　应付职工薪酬　　　　　　　　　　　　　　　　 35 000
　　　　　银行存款　　　　　　　　　　　　　　　　　　 37 000

（2）转出领用原材料本期不可抵扣的增值税13 824元（34 560×40%）时：

借：应交税费——待抵扣进项税额　　　　　　　　 13 824
　　　贷：应交税费——应交增值税（进项税额转出）　　　 13 824

（3）投入使用时开始摊销，每月摊销时：

每月摊销金额 = 288 000÷3÷12 = 8 000（元）

借：管理费用　　　　　　　　　　　　　　　　　　　8 000
　　　贷：长期待摊费用——租入固定资产改良支出　　　　　8 000

本章内容在报表中的信息披露

资产负债表	
资　　产	负债和所有者权益
流动资产：	
……	
一年内到期的非流动资产［＝长期待摊费用中将于一年内（含一年）摊销的部分］	
其他流动资产	
流动资产合计	

（续）

资　产	负债和所有者权益
非流动资产：	
……	
无形资产（＝无形资产－累计摊销－无形资产减值准备）	
开发支出（＝研发支出中资本化支出）	
长期待摊费用（＝长期待摊费用－将于一年内摊销完毕的长期待摊费用）	
……	

❧ 本章习题 ❧

一、单项选择题（下列答案中有一个是正确的，请将正确答案前的英文字母填入括号内）

1. 2019 年 3 月某企业开始自行研发一项非专利技术，至 2019 年 12 月 31 日研发成功并达到预定可使用状态，累计研究支出为 160 万元，累计开发支出为 500 万元（其中符合资本化条件的支出为 400 万元）。该非专利技术使用寿命不能合理确定，假定不考虑其他因素，该业务导致企业 2019 年度利润总额减少（　　）万元。
   A. 100　　　　　　B. 160　　　　　　C. 260　　　　　　D. 660

2. 甲公司为增值税一般纳税人，2019 年 1 月 5 日以 2700 万元购入一项专利权，另支付相关税费 120 万元。为推广由该专利权生产的产品，甲公司发生广告宣传费 60 万元。该专利权预计使用 5 年，预计净残值为零，采用直线法摊销。假设不考虑其他因素，2019 年 12 月 31 日该专利权的账面价值为（　　）万元。
   A. 2 160　　　　　B. 2 256　　　　　C. 2 304　　　　　D. 2 700

3. 下列各项中，关于无形资产摊销表述不正确的是（　　）。
   A. 使用寿命不确定的无形资产不应摊销
   B. 出租无形资产的摊销额应计入管理费用
   C. 使用寿命有限的无形资产处置当月不再摊销
   D. 无形资产的摊销方法主要有直线法和生产总量法

4. 下列各项中，与无形资产相关的会计处理表述不正确的是（　　）。
   A. 无法可靠区分研究阶段支出和开发阶段支出的，应将所发生的研发支出全部费用化
   B. 使用寿命有限的无形资产应自可供使用的当月开始摊销
   C. 不满足资本化条件的研发支出应当费用化
   D. 出租的无形资产摊销计入营业外支出

5. 下列各项中，已计提减值后其价值又得以恢复，可以在原计提减值准备金额内转回的是（　　）。
   A. 长期股权投资　　　　　　　　　　B. 采用公允价值模式计量的投资性房地产
   C. 持有至到期投资　　　　　　　　　　D. 无形资产

6. 某企业转让一项专利权，与此有关的资料如下：该专利权的账面余额 50 万元，已摊销 20 万元，计提资产减值准备 5 万元，取得转让价款 28 万元。假设不考虑其他因素，该企业应确认的转让无形资产净收益为（   ）万元。

   A. −2   B. 1.6   C. 3   D. 8

7. 出售商标权净收益应计入（   ）科目。

   A. 投资收益   B. 其他业务收入   C. 营业外收入   D. 主营业务收入

8. 下列各项中，不会引起无形资产账面价值发生增减变动的是（   ）。

   A. 对无形资产计提减值准备   B. 研究阶段支出
   C. 摊销无形资产   D. 转让无形资产所有权

9. 关于无形资产表述正确的是（   ）。

   A. 自行研究开发项目所发生的研究支出应计入无形资产成本
   B. 出租无形资产的摊销金额计入销售费用
   C. 使用寿命不确定的无形资产应按月摊销
   D. 转让无形资产所有权净收益计入营业外收入

10. 某企业 2016 年 1 月 1 日以 200 万元购入一项专利权，按 10 年采用直线法摊销。2017 年年末，该无形资产可收回金额为 100 万元。2019 年 1 月 1 日起，对该资产使用寿命进行复核时，发现该资产尚可使用寿命为 4 年，摊销仍采用直线法。则该专利权 2019 年应摊销金额为（   ）万元。

    A. 20   B. 35   C. 25   D. 30

11. A 公司自行研发一项新专利技术，发生研究费用 2 万元，可资本化的开发支出 3 万元。开发成功后申请专利权时，发生律师费 1 万元，注册费 1 万元，另发生广告宣传费 3 万元。则该专利权的入账价值为（   ）万元。

    A. 5   B. 8   C. 7   D. 10

12. A 公司自 2018 年 12 月 1 日开始自行研发新技术，2019 年 4 月 1 日研发成功并达到预定可使用状态。研究阶段支出 200 万元，开发阶段支出 300 万元，其中满足资本化条件的支出为 250 万元。假定不考虑其他事项，该无形资产的入账价值为（   ）万元。

    A. 300   B. 200   C. 250   D. 500

13. A 公司购买了一项专利权，成本为 200 万元，预计净残值为零，预计使用年限为 10 年，采用直线法摊销，每月的摊销金额为（   ）万元。

    A. 10   B. 20   C. 1.55   D. 1.67

14. 2019 年 1 月 1 日，A 公司将其一项专利技术出租，每月租金 10 万元，租赁期 2 年。该无形资产是 2016 年 3 月 31 日研发成功并达到预定可使用状态，成本为 200 万元，预计使用年限为 10 年，预计净残值为零。该项业务对 A 公司 2019 年度损益的影响为（   ）万元。

    A. 120   B. 100   C. 150   D. 200

15. 企业出售无形资产的净损失，应计入（　　）。

    A. 其他业务成本　　　B. 营业外支出　　　C. 投资收益　　　D. 管理费用

16. 下列项目中，应确认为无形资产的是（　　）。

    A. 企业自创的商誉　　　　　　　　　B. 企业内部研究开发项目的研究阶段支出

    C. 企业购入的专利权　　　　　　　　D. 企业掌握的客户关系

17. A 公司 2016 年 1 月 1 日，购入一项专利权，购买价款为 230 万元，预计使用 5 年，预计净残值为零。2018 年 12 月 31 日计提了 20 万元的减值准备，其他年限没有计提减值准备。2019 年 12 月 31 日，该无形资产的可收回金额为 40 万元，则应计提的无形资产减值准备为（　　）万元。

    A. 0　　　　　　　　B. 6　　　　　　　　C. -4　　　　　　　　D. 20

二、多项选择题（下列答案中有多个答案是正确的，请将正确答案前的英文字母填入括号内）

1. 下列各项中，属于无形资产的有（　　）。

    A. 商誉　　　　　　B. 单独计价入账的土地　　　　　C. 商标权

    D. 特许经营权　　　E. 专利权　　　F. 非专利技术　　　G. 著作权

2. 企业对使用寿命有限的无形资产进行摊销时，其摊销额应根据不同情况分别计入（　　）。

    A. 管理费用　　　　B. 制造费用　　　C. 财务费用　　　D. 其他业务成本

3. 下列各项中，关于无形资产摊销会计处理的表述正确的有（　　）。

    A. 管理用无形资产的摊销额均计入管理费用

    B. 出租无形资产的摊销额应计入其他业务成本

    C. 使用寿命有限的无形资产应当自可供使用当月起开始摊销

    D. 使用寿命不确定的无形资产不应摊销

4. 2017 年 1 月 1 日，某企业购入一项专利技术，当日投入使用，初始入账价值为 500 万元，摊销年限为 10 年，采用直线法进行摊销，2019 年 12 月 31 日该专利技术预计可收回金额为 270 万元，假定不考虑其他因素，2019 年 12 月 31 日关于该项专利技术的会计处理结果正确的有（　　）。

    A. 2019 年 12 月 31 日该项专利技术的账面价值为 270 万元

    B. 2019 年度的摊销总额为 45 万元

    C. 2019 年度的摊销总额为 50 万元

    D. 2019 年 12 月 31 日该项专利技术的账面价值为 300 万元

5. 下列各项中，应列入利润表"资产减值损失"项目的有（　　）。

    A. 原材料盘亏损失　　　　　　　　　B. 无形资产减值损失

    C. 应收账款减值损失　　　　　　　　D. 无形资产处置净损失

6. 下列资产减值准备中，在符合相关条件时可以转回的有（　　）。

    A. 坏账准备　　　　　　　　　　　　B. 存货跌价准备

    C. 无形资产减值准备   D. 固定资产减值准备

7. 下列各项资产减值准备中，一经确认，在相应资产持有期间内均不得转回的有（   ）。
    A. 坏账准备   B. 固定资产减值准备
    C. 存货跌价准备   D. 无形资产减值准备

8. 下列关于无形资产会计处理的表述中，正确的有（   ）。
    A. 无形资产均应确定预计使用年限并分期摊销
    B. 有偿取得的自用土地使用权应确认为无形资产
    C. 内部研发项目开发阶段支出应全部确认为无形资产
    D. 无形资产减值损失一经确认，在以后会计期间不得转回

9. 下列选项中，属于无形资产特征的有（   ）。
    A. 不具有实物形态   B. 具有不可辨认性
    C. 具有可辨认性   D. 属于非货币性长期资产

10. 下列选项中，构成外购无形资产入账价值的有（   ）。
    A. 购买价款   B. 契税   C. 广告宣传费   D. 差旅费

11. 关于自行研究开发的无形资产，下列说法中不正确的有（   ）。
    A. 研究阶段的支出应当资本化，确认为无形资产
    B. 研究阶段的支出应当费用化，月末转入当期损益
    C. 研发支出应当区分研究阶段支出与开发阶段支出
    D. 开发阶段的支出应当资本化，确认为无形资产

12. 关于无形资产的后续计量，下列说法中正确的有（   ）。
    A. 无形资产均应确定预计使用年限并分期摊销
    B. 无形资产的摊销方法应当反映与该项无形资产有关的经济利益的预期实现方式
    C. 使用寿命不确定的无形资产无须摊销
    D. 使用寿命不确定的无形资产，其摊销时间为 10 年

13. 关于无形资产会计处理的表述中，不正确的有（   ）。
    A. 使用寿命有限的无形资产，按照 10 年时间进行摊销
    B. 有偿取得的自用土地使用权应确认为无形资产
    C. 内部研发项目开发阶段支出应全部确认为无形资产
    D. 无形资产减值损失一经确认，在以后会计期间不得转回

14. 下列关于无形资产的净残值的描述中，正确的有（   ）。
    A. 对于使用寿命有限的无形资产，有第三方承诺在无形资产使用寿命结束时购买该无形资产的，该无形资产的净残值不为零
    B. 对于使用寿命有限的无形资产，企业可以根据活跃市场得到预计净残值信息，并且该市场在无形资产使用寿命结束时很可能存在的，该无形资产的净残值不为零
    C. 使用寿命有限的无形资产，净残值均为零

D. 使用寿命有限的无形资产，净残值均不为零

15. 下列关于无形资产后续计量的说法中，正确的有（　　）。
    A. 对使用寿命有限的无形资产，应摊销金额为其成本扣除残值后的金额
    B. 对于使用寿命不确定的无形资产，不存在减值问题
    C. 每年年末要对使用寿命不确定的无形资产的可收回金额复核，看是否存在减值迹象
    D. 无形资产减值准备一经计提，不得转回

16. 下列各项中，可能会引起无形资产账面价值发生增减变动的有（　　）。
    A. 发生减值
    B. 摊销无形资产
    C. 企业自行研发无形资产的，研究阶段发生的支出
    D. 企业自行研发无形资产的，开发阶段发生的支出

17. 下列各项中，应计入相关资产成本的有（　　）。
    A. 经营租赁租入管理用设备的改良支出
    B. 取得长期股权投资发生的相关税费
    C. 购进原材料在运输途中发生的合理损耗
    D. 按法定程序申请取得专利而发生的费用

三、判断题（正确的在括号内打"√"，错误的打"×"）

1. 开发阶段的支出都作为无形资产的成本。（　　）
2. 如果无法可靠区分研究阶段的支出和开发阶段的支出，应将其所发生的研发支出全部资本化。（　　）
3. 企业自用的无形资产，其摊销金额一般计入管理费用。（　　）
4. 使用寿命有限的无形资产应进行摊销。（　　）
5. 出租的无形资产，其摊销金额计入其他业务成本。（　　）
6. 对于企业取得的无形资产，均应当自可供使用当月起开始摊销，处置当月不再摊销。（　　）
7. 使用寿命有限的无形资产应当自达到预定用途的下月起开始摊销。（　　）
8. 专门用于生产某产品的无形资产，其所包含的经济利益通过所生产的产品实现的，该无形资产的摊销额应计入产品成本。（　　）
9. 出售无形资产的利得计入当期损益。（　　）
10. 无形资产包含商誉。（　　）
11. 无形资产包含单独计价入账的土地和土地使用权。（　　）
12. 企业无法可靠区分研究阶段和开发阶段支出的，应将其所发生的研发支出全部费用化计入当期损益。（　　）
13. 自行研发无形资产获得成功、申请专利权的，注册登记费要计入当期的"管理费用"科目。（　　）
14. 对于已计提减值准备的无形资产，应当按照其账面价值以及尚可摊销年限重新计算确定

后续期间的摊销额。　　　　　　　　　　　　　　　　　　　　　（　　　）

15. 使用寿命有限的无形资产，应当自达到预定用途的下月起开始摊销。　（　　　）

16. 对使用寿命有限的无形资产，其摊销期限应当自无形资产可供使用时起，处置当月不再摊销。　　　　　　　　　　　　　　　　　　　　　　　　　　（　　　）

17. 不再能够为企业带来经济利益的资产，其剩余价值应当全部计入当期损益。　（　　　）

18. 企业以经营租赁方式租入的固定资产发生的改良支出，应直接计入当期损益。　（　　　）

四、计算及账务处理题

1. 甲企业用银行存款 10 万元购入一项专利权，该企业经营期为 20 年，该项专利权法律规定的有效年限为 10 年，无残值。两年后，该企业将上述专利权的所有权转让，取得转让收入 10 万元，假设不考虑相关税费。

   要求：编制该企业购入专利权、每年专利权摊销和转让专利权的会计分录。

2. 甲上市公司自行研究开发一项专利技术，与该项专利技术有关的资料如下：

   （1）2018 年 1 月，该项研发活动进入开发阶段，以银行存款支付的开发费用 400 万元，其中满足资本化条件的支出为 300 万元。2018 年 7 月 1 日，开发活动结束，并按法律程序申请取得专利权，供企业行政管理部门使用。

   （2）该项专利权法律规定有效期为 5 年，采用直线法摊销，无残值。

   （3）2019 年 1 月 1 日，将该项专利权转让，实际取得价款为 280 万元，假设不考虑相关税费，款项已存入银行。

   要求：

   （1）编制甲上市公司发生开发支出的会计分录。

   （2）编制甲上市公司转销费用化开发支出的会计分录。

   （3）编制甲上市公司形成专利权的会计分录。

   （4）编制甲上市公司 2018 年 7 月专利权摊销的会计分录。

   （5）编制甲上市公司转让专利权的会计分录。

   （会计分录涉及的科目要求写出明细科目，答案中的金额单位用万元表示。）

3. 甲股份有限公司 2013 ～2019 年与无形资产业务有关的资料如下：

   （1）2013 年 12 月 1 日，以银行存款 600 万元购入一项无形资产（不考虑相关税费），该无形资产的预计使用年限为 10 年，无残值。

   （2）2017 年 12 月 31 日，预计该无形资产的可收回金额为 284 万元。该无形资产发生减值后，原预计使用年限不变。

   （3）2018 年 12 月 31 日，预计该无形资产的可收回金额为 259.6 万元，调整该无形资产减值准备后，原预计使用年限不变。

   （4）2019 年 4 月 1 日。将该无形资产对外出售，取得价款 290 万元并收存银行（不考虑相关税费）。

   要求：

   （1）编制购入该无形资产的会计分录。

（2）计算 2017 年 12 月 31 日该无形资产的账面净值。

（3）编制 2017 年 12 月 31 日该无形资产计提减值准备的会计分录。

（4）计算 2018 年 12 月 31 日该无形资产的账面净值。

（5）编制 2018 年 12 月 31 日调整该无形资产减值准备的会计分录。

（6）计算 2019 年 3 月 31 日该无形资产的账面净值。

（7）计算该无形资产出售形成的净损益。

（8）编制出售该无形资产的会计分录。

（答案中的金额单位用万元表示。）

4. 甲企业为增值税一般纳税人，投资性房地产按成本模式进行后续计量。

（1）甲公司自行研究、开发一项 C 技术，截至 2017 年 12 月 31 日，发生研究支出合计 200 万元，经测试该项研发活动完成了研究阶段，从 2018 年 1 月 1 日起进入开发阶段。

（2）2018 年为开发 C 技术发生开发支出 50 万元，假定符合资本化条件的支出为 30 万元。

（3）2018 年 6 月 20 日，该项研发活动结束，最终开发出一项企业自用的非专利技术 C，使用寿命年限为 5 年，无残值，采用直线法摊销。

（4）2019 年 6 月 20 日出售非专利技术 C，取得价款 25 万元，不考虑相关税费。

（5）2019 年 7 月 1 日，自用的土地使用权原值为 1200 万元，使用年限 10 年，已使用 5 年，开始用于出租。取得出租的土地使用权月租金收入 20 万元，已存银行；当日土地使用权的公允价值是 700 万元，不考虑相关税费。

要求：编制上述业务的会计分录。（答案中的金额单位用万元表示。）

5. 甲企业为增值税一般纳税人，2017～2019 年度发生的与无形资产有关的业务如下：

（1）2017 年 1 月 10 日，甲企业开始自行研发一项行政管理用非专利技术，截至 2017 年 5 月 31 日，用银行存款支付外单位协作费 74 万元，领用本单位原材料成本 26 万元（不考虑增值税因素），经测试，该项研发活动已完成研究阶段。

（2）2017 年 6 月 1 日研发活动进入开发阶段，该阶段发生研究人员的薪酬支出 35 万元，领用材料成本 85 万元（不考虑增值税因素），全部符合资本化条件，2017 年 12 月 1 日，该项研发活动结束，最终开发形成一项非专利技术并投入使用，该非专利技术预计可使用年限为 5 年，预计净残值为零，采用直线法摊销。

（3）2018 年 1 月 1 日，甲企业将该非专利技术出租给乙企业，双方约定租赁期限为 2 年，每月月末以银行转账结算方式收取租金 1.5 万元，不考虑相关税费。

（4）2019 年 12 月 31 日，租赁期限届满，经减值测试，该非专利技术的可回收金额为 52 万元。

要求：根据上述资料，不考虑其他因素，编制相关会计分录（答案中的金额单位用万元表示。）

6. 12 月 1 日，某企业无形资产账面价值为 800 万元，采用直线法摊销，无残值。12 月份有关业务如下：

（1）1 日，出租一项商标权的使用权，账面余额为 600 万元，已摊销 120 万元，本月应摊销 5 万元，收到本月租金 10 万元存入银行，不考虑相关税费。

（2）5 日，某项非专利技术自行研发成功并投入使用，其资本化支出为 200 万元，符合无形资产确认条件，但无法确定其预计使用年限。

（3）20 日，以有偿方式取得一项土地使用权，直接用于对外出租，实际成本为 5000 万元，预计使用年限为 50 年，采用公允价值模式进行后续计量，不考虑相关税费。

（4）30 日，出售一项管理用专利权，取得收入 200 万元。该专利权账面余额为 300 万元，已摊销 50 万元，未计提减值准备。

（5）31 日，资料（2）中非专利技术的可收回金额为 190 万元。

要求：根据以上资料，假定不考虑其他因素，编制相关会计分录。（答案中的金额单位用万元表示。）

附 录

主要参考法规

[1]《企业会计准则——基本准则》（2014 年 7 月 23 日财政部修订发布，自 2014 年 7 月 23 日起施行）

[2]《企业会计准则第 1 号——存货》（2006 年 2 月 15 日财政部发布，自 2007 年 1 月 1 日起在上市公司范围内施行）

[3]《企业会计准则第 2 号——长期股权投资》（2014 年 3 月 13 日财政部修订发布，自 2014 年 7 月 1 日起在所有执行企业会计准则的企业范围内施行，鼓励在境外上市的企业提前执行）

[4]《企业会计准则第 3 号——投资性房地产》（2006 年 2 月 15 日财政部发布，自 2007 年 1 月 1 日起在上市公司范围内施行）

[5]《企业会计准则第 4 号——固定资产》（2006 年 2 月 15 日财政部发布，自 2007 年 1 月 1 日起在上市公司范围内施行）

[6]《企业会计准则第 6 号——无形资产》（2006 年 2 月 15 日财政部发布，自 2007 年 1 月 1 日起在上市公司范围内施行）

[7]《企业会计准则第 8 号——资产减值》（2006 年 2 月 15 日财政部发布，自 2007 年 1 月 1 日起在上市公司范围内施行）

[8]《企业会计准则第 20 号——企业合并》（2006 年 2 月 15 日财政部发布，自 2007 年 1 月 1 日起施行）

[9]《企业会计准则第 22 号——金融工具确认和计量》（2017 年 3 月 31 日财政部修订发布，在境内外同时上市的企业以及在境外上市并采用国际财务报告准则或企业会计准则编制财务报告的企业，自 2018 年 1 月 1 日起施行；其他境内上市企业自 2019 年 1 月 1 日起施行；执行企业会计准则的非上市企业自 2021 年 1 月 1 日起施行）

[10]《企业会计准则第 39 号——公允价值计量》（2014 年 1 月 26 日财政部发布，自 2014 年 7 月 1 日起在所有执行企业会计准则的企业范围内实施，鼓励在境外上市公司的企业提前执行）

[11]《企业会计准则第 40 号——合营安排》（2014 年 2 月 17 日财政部发布，自 2014 年 7 月 1 日起在所有执行企业会计准则的企业范围内施行，鼓励在境外上市的企业提前执行）

[12]《企业会计准则第 42 号——持有待售的非流动资产、处置组和终止经营》（2017 年 4 月 28 日财政部发布，自 2017 年 5 月 28 日起施行）

［13］《企业会计准则——应用指南》（2006 年 10 月 30 日财政部发布，自 2007 年 1 月 1 日起在上市公司范围内施行）

［14］《企业会计准则解释第 3 号》（2009 年 6 月 11 日财政部发布，自 2009 年 1 月 1 日起施行）

［15］《企业会计准则解释第 5 号》（2012 年 11 月 5 日财政部发布，自 2013 年 1 月 1 日起施行）

［16］《现金管理暂行条例》（1988 年 9 月 8 日中华人民共和国国务院令第 12 号发布，根据 2011 年 1 月 8 日《国务院关于废止和修改部分行政法规的决定》修订）

［17］《人民币银行结算账户管理办法》（2002 年 8 月 21 日中国人民银行第 34 次行长办公会议通过，自 2003 年 9 月 1 日起施行）

［18］《关于全面推开营业税改征增值税试点的通知》（财政部国家税务总局 2016 年 3 月 23 日发布，自 2016 年 5 月 1 日起施行）

［19］《增值税会计处理规定》（财政部 2016 年 12 月 3 日发布，自发布之日起施行）

［20］《不动产进项税额分期抵扣暂行办法》（国家税务总局 2016 年 3 月 31 日发布，自 2016 年 5 月 1 日起施行）

［21］《关于修订印发 2018 年度一般企业财务报表格式的通知》（财政部 2018 年 6 月 15 日发布，自发布之日起施行）

参考文献

［1］ 企业会计准则编审委会员. 企业会计准则 2015 年版 ［M］. 上海：立信会计出版社，2015.

［2］ 企业会计准则编审委会员. 企业会计准则应用指南（含企业会计准则及会计科目）2015 年版 ［M］.

上海：立信会计出版社，2015.

［3］ 财政部会计资格评价中心. 初级会计实务 ［M］. 北京：经济科学出版社，2019.

［4］ 财政部会计资格评价中心. 中级会计实务 ［M］. 北京：经济科学出版社，2018.

［5］ 中国注册会计师协会. 会计 ［M］. 北京：中国财政经济出版社，2018.